Prof. Dr. Karl Dietrich Erdmann, geb. 1910 in Köln, seit 1953
Ordinarius für neuere Geschichte an der Universität Kiel (jetzt
emeritiert), ist einer der führenden deutschen Historiker der
Gegenwart; ehemaliger Vorsitzender des Verbandes deutscher
Historiker und des Deutschen Bildungsrates, Präsident des Comité International des Sciences Historiques; Herausgeber der
Zeitschrift ›Geschichte in Wissenschaft und Unterricht‹. Veröffentlichungen u.a.: ›Volkssouveränität und Kirche‹ (1950);
›Adenauer in der Rheinlandpolitik nach dem Ersten Weltkrieg‹
(1966); Hg.: Kurt Riezler, ›Tagebücher, Aufsätze, Dokumente‹
(1972); Mithg.: ›Akten der Reichskanzlei. Weimarer Republik‹
(1968 ff.).

Gebhardt
Handbuch der deutschen Geschichte

Neunte, neu bearbeitete Auflage,
herausgegeben von
Herbert Grundmann

Band 21

Karl Dietrich Erdmann:
Der Zweite Weltkrieg

Deutscher
Taschenbuch
Verlag

Band 21 der Taschenbuchausgabe enthält den ungekürzten Text des HANDBUCHS DER DEUTSCHEN GESCHICHTE, Band 4: Die Zeit der Weltkriege, Teil D.
Unsere Zählung Kapitel 1–15 entspricht den §§ 70–84 im Band 4 des Originalwerkes.
Der Tabellarische Anhang aus dem Band 4 der Originalausgabe findet sich am Schluß des Bandes 22 der Taschenbuchausgabe.

Juli 1980
Deutscher Taschenbuch Verlag GmbH & Co. KG,
München
© Ernst Klett Stuttgart 1976
Umschlaggestaltung: Celestino Piatti
Gesamtherstellung: C.H. Beck'sche Buchdruckerei,
Nördlingen
Printed in Germany · 3-423-04221-4

Vorbemerkung

In der Neufassung der Geschichte Deutschlands im Zeitalter der Weltkriege ist im Unterschied zur 8. Auflage des Gebhardtschen Handbuches die Darstellung bis zu den Jahren 1949/50 fortgeführt worden. Sie reicht bis zur Gründung der Republik Österreich, der Bundesrepublik Deutschland und der Deutschen Demokratischen Republik auf dem Boden des ehemaligen Deutschen Reiches. Den Schlußpunkt hier und nicht später anzusetzen, empfiehlt sich aus mehreren Gründen. Die Spaltung Deutschlands, die sich in den Jahren 1945 bis 1950 vollzog, gehört als die unmittelbare Auswirkung des Zweiten Weltkrieges noch in die Thematik des 4. Bandes hinein. Mit der Entstehung der deutschen Teilstaaten beginnt eine neue Periode der deutschen Geschichte. Das Bild dieser geschichtlichen Zeit, in der wir leben, ist mehr vom politischen Ermessens- als vom historischen Sachurteil bestimmt. Die fünf ersten Nachkriegsjahre hingegen beginnen sich von Fragestellungen und Quellen her der historischen Forschung zu erschließen. Über sie kann in einem Handbuch der Geschichte berichtet werden.

Die sehr intensiv zeitgeschichtliche Forschung, die seit der letzten Auflage neue Materialien erschlossen und mit neuen Fragestellungen durchdrungen hat, machte sowohl eine streckenweise erhebliche Überarbeitung wie eine thematische Erweiterung erforderlich. Bei der Erschließung der Literatur und der Gestaltung des Textes ist mir von Mitarbeitern des Historischen Seminars der Universität Kiel manche Hilfe zuteil geworden. Besonders habe ich Frau Ute Meyn und Frau Dr. Agnes Blänsdorf für ihre kritische Assistenz zu danken sowie den Herren Willy Schulz, Hans Peter Mensing und Rüdiger Wenzel für die laufende Führung der Literaturkartei und unverdrossene Hilfe bei der Bücherbeschaffung. Die beiden letzteren haben auch den Hauptanteil an der Erstellung des Registers. Für die Schulgeschichte hat Herr Dr. Wolfgang Wittwer unentbehrliche Vorarbeiten geleistet, für die Ergänzung des tabellarischen Anhangs Herr Dr. Peter Wulf. Teile des Manuskriptes sind gelesen und mit förderlichen Kommentaren versehen worden von Professor Dr. Jürgen Rohwer, Direktor der Bibliothek für Zeitgeschichte in Stuttgart (Zweiter Weltkrieg, besonders Seekrieg), und Professor Eric Kollman, USA (Entstehung der Zweiten Republik in Österreich). Manche Anregung und Hilfe kam aus dem Bundesarchiv Koblenz von meinen Mitarbeitern an der Edition der ›Akten der Reichskanzlei‹. Die Manuskripte sind mit größter Geduld und Sorgfalt von Frau Emmy Koch geschrieben worden. Dem Dank für die gute Zusammenarbeit im Historischen Seminar der Universität Kiel füge ich die an den Leser gerichtete Bitte hinzu, Unstimmigkeiten und Irrtümer anzumerken und sie den Verfasser wissen zu lassen.

Die Literatur für diesen Band ist bis einschließlich 1975 berücksichtigt worden.

Karl Dietrich Erdmann

Inhalt

Abkürzungsverzeichnis

AA	= Auswärtiges Amt
Abh. Ak.	= Abhandlung(en) der Akademie der Wissenschaften ..., phil.-hist. Klasse (wenn nicht anders angegeben)
ADAP	= Akten zur Deutschen Auswärtigen Politik
AHR	= The American Historical Review (New York 1895 ff.)
Adm.	= Admiral
all.	= alliiert
AöR	= Archiv des öffentlichen Rechts (1886 ff.)
Ausw. Pol.	= Hamburger Monatshefte für auswärtige Politik (1934 ff.)
B.	= Bund(es)
BA	= Bundesarchiv
Berl. Mh.	= Berliner Monatshefte (1929–1944)
Bes.	= Besatzung
BGBl.	= Bundesgesetzblatt
Dem., dem.	= Demokrat, demokratisch
DW[10]	= Dahlmann-Waitz, Quellenkunde der deutschen Geschichte, 10. Aufl., hg. v. H. Heimpel u. H. Geuss (seit 1965 im Erscheinen)
DZA	= Deutsches Zentralarchiv Potsdam oder Merseburg
EA	= Europa-Archiv, hg. v. W. Cornides (1947 ff.)
Ebf.	= Erzbischof
Ehg.	= Erzherzog
EHR	= The English Historical Review (London 1886 ff.)
GBl.	= Gesetzblatt
Gen.	= General
GFM	= Generalfeldmarschall
GWU	= Geschichte in Wissenschaft und Unterricht, Zeitschrift des Verbandes der Geschichtslehrer Deutschlands (1950 ff.)
FAZ	= Frankfurter Allgemeine Zeitung
Hdb.	= Handbuch
Hdwb.	= Handwörterbuch
Hg.	= Herausgeber; hg. v. = herausgegeben von
Hist. Vjschr.	= Historische Vierteljahresschrift (1898 ff.)
HJb.	= Historisches Jahrbuch der Görresgesellschaft (1880 ff.)
HZ	= Historische Zeitschrift (1859 ff.)
Hzg.	= Herzog
ICJ	= International Court of Justice
IMT	= International Military Tribunal
IWK	= Internationale Wissenschaftliche Korrespondenz zur Geschichte der deutschen Arbeiterbewegung, im Auftrag der Historischen Kommission Berlin (1965 ff.)
Jb., Jbb.	= Jahrbuch, Jahrbücher
JbbGOsteur.	= Jahrbücher für Geschichte Osteuropas (1936–1939; NF 1953 ff.)
JCS	= Joint Chiefs of Staff

K.	=	Kaiser
Kg.	=	König
Komm., komm.	=	Kommissar, kommissarisch
Kons., kons.	=	Konservativer, konservativ
Lab.	=	Labour Party
lib.	=	liberal
Lt.	=	Leutnant
Marsch.	=	Marschall
MdB	=	Mitglied des Bundestages
MdL	=	Mitglied des Landtages
MdR	=	Mitglied des Reichstages
MEW	=	Karl Marx und Friedrich Engels, Werke. 40 Bde. (Berlin-Ost 1957 ff.)
Min.	=	Minister, Ministerium
MIÖG	=	Mitteilungen des Instituts für österreichische Geschichtsforschung (Wien 1880 ff.); MÖIG = Mitteilungen des österreichischen Instituts für Geschichtsforschung, Bd. 39–55 (1928–1944)
Mon. Paed.	=	Monumenta Paedagogica, hg. von der Kommission für Deutsche Erziehungs- und Schulgeschichte der Deutschen Akademie der Wissenschaften zu Berlin. Reihe C: Entwicklung des Bildungswesens und der Pädagogik nach 1945 (Berlin-Ost 1968 ff.)
Ndr.	=	Neudruck
NF	=	Neue Folge
NPL	=	Neue Politische Literatur (1956 ff.)
OB	=	Oberbürgermeister
Ob.	=	Oberbefehlshaber
o. G.	=	ohne Geschäftsbereich
OKH	=	Oberkommando des Heeres
OKW	=	Oberkommando der Wehrmacht
Polit. Vjschr.	=	Politische Vierteljahresschrift. Zeitschrift der Deutschen Vereinigung für Politische Wissenschaft (1960 ff.)
Präs.	=	Präsident
R.	=	Reich(s)
ref.	=	reformiert
Reg.	=	Regierung
Rep.	=	Republikaner, republikanisch
RGBl.	=	Reichsgesetzblatt
RH	=	Revue historique (Paris 1876 ff.)
Rhein. Vjbll.	=	Rheinische Vierteljahresblätter, Mitteilungen des Instituts für geschichtliche Landeskunde der Rheinlande an der Universität Bonn (1931 ff.)
RK	=	Reichskanzlei; Reichskanzler
RSHA	=	Reichssicherheitshauptamt
SB	=	Sitzungsberichte der Akademie der Wissenschaften ..., phil.-hist. Klasse
StIG	=	Ständiger Internationaler Gerichtshof
StS.	=	Staatssekretär
Tb.	=	Taschenbuch
VB	=	Völkerbund

VfZG	= Vierteljahreshefte für Zeitgeschichte (1953 ff.)
Vors.	= Vorsitzender
VSWG	= Vierteljahresschrift für Sozial- und Wirtschaftsgeschichte (1903 ff.)
VuG	= Vergangenheit und Gegenwart, Zeitschrift für den Geschichtsunterricht und für staatsbürgerliche Erziehung (34 Bde., Leipzig 1911–1944)
WaG	= Welt als Geschichte, Zeitschrift für universalgeschichtliche Forschung (23 Bde., 1935–1963)
Wehrwiss. Rdsch.	= Wehrwissenschaftl. Rundschau (1951 ff.)
WRV	= Weimarer Reichsverfassung
ZfG	= Zeitschrift für Geschichtswissenschaft (Berlin-Ost 1953 ff.)
ZRG KA	= Zeitschrift der Savigny Stiftung für Rechtsgeschichte. Kanonistische Abteilung (1911 ff.)
Zs.	= Zeitschrift

Abkürzungen für Parteien und Organisationen sowie für einzelne Staats- und Parteiämter finden sich im Register.

In den Buchtiteln der biographischen Literaturzusammenstellungen vor den einzelnen Abschnitten sind historisch wichtige Personen bei ihrer ersten Nennung zur Erleichterung der Orientierung durch Großbuchstaben hervorgehoben, ebenso wie allgemein die Autorennamen.

Quellen- und Literaturverweise innerhalb des Handbuchs wurden auf die neue Einteilung in Taschenbücher umgestellt. So entspricht z. B. Bd. 19, Kap. 4 dem § 29 im Band 4 der Originalausgabe.

Bei Verweisen innerhalb eines Bandes wurde auf die Angabe des Bandes verzichtet und nur das Kapitel angegeben.

Allgemeine Bibliographie zur Gesamtperiode

Methodische Probleme der Zeitgeschichte (in engerem Sinne 1917 bis 1945, Rothfels) *und Gegenwartsgeschichte:* P. RASSOW, Der Historiker u. seine Gegenwart (1948); H. ROTHFELS, Zeitgesch. als Aufgabe, VfZG 1 (1953); F. ERNST, Zeitgeschehen u. Geschichtsschreibung, WaG 17 (1957); E. NOLTE, Zeitgeschichtsforschung und Zeitgeschichte, VfZG 18 (1970).

Forschungsinstitute und Zeitschriften: Inst. f. Weltwirtschaft, Kiel (umfassendes Archiv von Zeitungen u. Periodica auch für die dt. Zeitgesch.); Bibliothek f. Zeitgesch., Stuttgart (früher Weltkriegsbücherei, wichtige Bibliographien); Inst. f. Zeitgesch., München (zentrale Forschungsstelle, Schwerpunkt Weimarer Republik u. Nationalsozialismus), VfZG (1953 ff.); H. KRAUSNICK, Zur Arbeit d. Inst. f. Zeitgesch., GWU 19 (1968); Forschungsinstitut d. Dt. Gesellschaft für Ausw. Politik, Bonn (früher Inst. f. Europ. Politik u. Wirtschaft, Frankfurt/M.; Schwerpunkt Probleme d. europ. Ordnung nach 1945), Europa-Archiv (1946 ff., veröffentlicht laufend die wichtigsten Dokumente zur Gegenwartsgesch.); Kommission f. Gesch. d. Parlamentarismus u. d. polit. Parteien, Bonn; Hist. Kommission bei der Bayerisch. Akademie der Wissenschaften; Hist. Kommission zu Berlin beim Friedrich-Meinecke-Institut der FU Berlin, Internat. wissenschaftl. Korrespondenz zur Gesch. d. dt. Arbeiterbewegung (1965 ff., darin laufend Anzeigen über z. T. noch in Bearbeitung befindliche Diss.- u. Habil.-Schriften); Archiv d. Sozialen Demokratie (Forschungsinst. d. Friedr.-Ebert-Stiftung, Bonn), Archiv f. Sozialgesch. (1961 ff.); Johann-Gottfried-Herder-Inst., Marburg (Gesch. d. dt. Ostgebiete im Rahmen der Gesch. Ostmitteleuropas), Zs. f. Ostforsch. (1952 ff.); Wiener Library, London (im Rahmen einer Bibliothek f. dt. Zeitgesch. umfassendes Material über Antisemitismus u. Judenverfolgung), Bulletin (1947 ff.). – Informationen über diese u. andere in- u. ausländische Forschungsstellen zur Zeitgesch. in VfZG 1–3 (1953–1955) u. GWU 7 (1956).

Bibliographien, Archivalien: W. ROHR, Schicksal u. Verbleib des Schriftgutes der obersten Reichsbehörden, Archivar 8 (1955); B. POLL, Vom Schicksal d. dt. Heeresakten u. d. amtl. Kriegsgeschichtsschreibung, WaG 12 (1952); P. HEINSIUS, Das Aktenmaterial d. dt. Kriegsmarine, seine bisherige Auswertung u. sein Verbleib, ebd. 13 (1953); E. MURAWSKI, Die amtl. dt. Kriegsgeschichtsschreibung über den Ersten Weltkrieg, Wehrwiss. Rdsch. 9 (1959); W. MOMMSEN, Dt. Archivalien im Ausland, Archivar 3 u. 4 (1950/51); H. MAU, Die dt. Archive u. Dokumente in den Vereinigten Staaten, GWU 2 (1951). Einen Gesamtüberblick über die in die Hände der Alliierten gefallenen dt. Akten, eine Bibliographie der Aufsätze mit Informationen über Akten u. einen Nachweis von bisherigen Veröffentlichungen geben F. T. EPSTEIN/G. L. WEINBERG, Guide to Captured German Documents (2 Bde. New York 1952/59). F. T. EPSTEIN, Zur Quellenkunde der neuesten Gesch., ausländ. Materialien in den Archiven u. Bibliotheken der Hauptstadt der Vereinigten Staaten, VfZG 2 (1954); Guides to German records microfilmed at Alexandria, hg. v. American Historical Association (1958 ff.); A Catalogue of Files and Microfilms of the German Foreign Ministry Archives 1867–1920, hg. v. American Historical Association (Oxford 1959); A Catalogue of Files and Microfilms of the German Foreign Ministry Archives 1920–1945, hg. v. G. O. KENT (3 Bde. Stanford 1962–1966); H. PHILIPPI, Das Polit. Archiv des Ausw. Amtes. Rückführung u. Übersicht über die Bestände, Archivar 13 (1960);

J. Schmid, Der Bestand d. Ausw. Amtes im Dt. Zentral-Archiv Potsdam, in: Archivmitteilungen 12 (1962); F. Facius u.a., Das Bundesarchiv u. seine Bestände (²1968); L. Dennecke, Die Nachlässe in den Bibliotheken der BRD (1969); W. A. Mommsen, Verzeichnis d. Nachlässe in dt. Archiven (1971); G. Moltmann/K.-F. Reimers (Hg.), Zeitgesch. im Film- u. Tondokument. 17 hist., päd. u. sozialwiss. Beiträge (1970); H. Lötzke, Die Bedeutung der von der Sowjetunion übergebenen dt. Archivbestände für die dt. Geschichtsforschung, ZfG 3 (1955). – Grundlegend bis einschl. Berichtsjahr 1960 Dahlmann-Waitz, Quellenkunde d. Dt. Geschichte, 8. Buch, Abschn. 393–402 (¹⁰1965/66); unentbehrlich ferner Bibliogr. Vierteljahreshefte bzw. Bibliographien der Weltkriegsbücherei H. 1–40 (1934–1943) sowie Schriften der Bibliothek f. Zeitgesch., Weltkriegsbücherei NF (1962 ff.) Die Bücherschau d. Weltkriegsbücherei, umbenannt in Jahresbibliographie der Bibliothek f. Zeitgesch. NF (1960 ff.), bringt Listen der Neuerwerbungen. Über die Möglichkeiten der bibliograph. Erfassung der im Zweiten Weltkrieg in den verschiedenen Ländern erschienenen Lit. s. E. Zimmermann in Zs. f. Bibliothekswesen u. Bibliographie 2 (1955); hier vor allem Dt. Geschichtswissenschaft im Zweiten Weltkrieg, hg. v. W. Holtzmann/G. Ritter (1951); für die Erfassung des Schrifttums ab 1945 grundlegend F. Herre/H. Auerbach, Bibliographie zur Zeitgesch. u. zum Zweiten Weltkrieg für die Jahre 1945 bis 1950 (1955, Ndr. 1967) u. laufend Bibliographien zur Zeitgesch., Beilage zu VfZG; A. Milatz/Th. Vogelsang, Hochschulschriften zur neueren dt. Gesch. (1956); Dt. Dissertationen zur Zeitgesch., Auswahlbibliographie, hg. v. Dt. Inst. f. Zeitgesch. (B-Ost 1956 ff., Berichtszeitraum ab 1945); weitere Orientierung bei Th. Vogelsang, Die Zeitgesch. u. ihre Hilfsmittel, VfZG 3 (1955). – Regelmäßige Literaturüberblicke zur Zeitgesch.: M. Braubach, Hist. Jb. d. Görresges. 70 (1951 ff.); ferner Sammelreferate in GWU 1 (1950 ff.) u. NPL 1 (1956 ff.); K. Epstein, Neueres amerik. Schrifttum über die dt. Gesch. im 20. Jh., WaG 20 (1960).

Annalen: H. Schulthess, Europ. Geschichtskalender (für die Jahre 1860–1940); G. Egelhaaf, Hist.-polit. Jahresübersicht (für 1908–1936); Keesings Archiv der Gegenwart (1931–1955); Survey of International Affairs u. Documents on International Affairs (Inst. of Intern. Affairs, London 1920 ff. u. 1928 ff.).

Quellensammlungen: J. u. K. Hohlfeld (Hg.), Dokumente d. dt. Politik u. Gesch. von 1848 bis zur Gegenwart (8 Bde. o. J. 1952–1956), führen bis 1954, für die Zeit der Weltkriege ab Bd. 2; H. Michaelis/E. Schraepler, Ursachen u. Folgen ... Eine Dokumentensammlung zur Zeitgesch. ab 1917 (1958 ff.); G. F. de Martens, Recueil des principaux traités ... depuis 1761 u. Fortsetzungen, ist fortgeführt bis 1943; League of Nations Treaty series (1920–1943); Das Staatsarchiv (1861–1919 u. 1928); E. R. Huber, Dokumente zur dt. Verfassungsgesch., Bd. 2: 1851–1918 (1964), Bd. 3: 1918–1933 (1966), enthält auch Tabellen über Wahlergebnisse u. Ämterbesetzung 1871 bis 1933; E. Menzel/F. Groh/H. Hecker, Verfassungsregister, Teil 1 Deutschland (1954), enthält Bibliographie von Textsammlungen, Zeittafel u. Fundstellen aller dt. Verfassungen samt Vorentwürfen von 1806 bis zur Gegenwart. – Dokumente u. Materialien zur Gesch. d. dt. Arbeiterbewegung, R. II: 1914–1945, hg. v. Inst. f. Marxismus-Leninismus beim Zentralkomitee der SED, 5 Bde. für die Zeit von 1914–1923 (1957–1966).

Parlamentsberichte: vor allem Stenogr. Berichte über die Verhandlungen des Dt. Reichstages, 13. Legislaturperiode (1912–1918); Verhandlungen der Verfassunggebenden Dt. Nationalversammlung (1919/20); Stenogr. Berichte 1.–9. Wahlperiode (1920–1933); Verh. des Reichstages 1.–4. Wahlperiode (1933–1942).

Allgemeine Bibliographie zur Gesamtperiode

Gesetzgebung: Reichsgesetzblatt (bis 1945); Amtsblatt des Kontrollrates in Dtld. (1945–1948); A. DEHLINGER, Reichsrecht, Bundesrecht, Besatzungsrecht u. völkerrechtliche Verträge seit 1867, systematische Übersicht (³⁴1961), gibt Fundstellen zu jedem einzelnen Gesetz an.

Verfassungsgerichtsbarkeit: Die Rechtsprechung d. Staatsgerichtshofs für das Dt. Reich u. d. Reichsgerichts auf Grund Art. 13 Abs. 2 der Reichsverfassung, hg. v. H. LAMMERS/W. SIMONS (für 1920–1931, 2 Bde. 1929–1932).

Statistik: Statist. Jb. für das Dt. Reich (bis 1940, 1940/41); Anschluß zur Nachkriegsstatistik in Wirtschaftsstatist. d. dt. Besatzungszonen 1945–1948 in Verbindung mit der Produktionsstatist. der Vorkriegszeit (1948); ausgezeichnete Abrisse durch das Statist. Reichs- bzw. Bundesamt in: Dt. Wirtschaftskunde (1930) u. Wirtschaftskunde d. Bundesrepublik Dtld. (1955).

Wirtschafts- u. Sozialgeschichte: Außer allg. Lit. in Bd. 17: Gesellschaft, Wirtschaft u. Technik Dtlds. im 19. Jh., zur Einführung in die Forschungslage: K. E. BORN (Hg.), Moderne dt. Wirtschaftsgesch. (1966); H. BÖHME, Prolegomena zu einer Sozial- u. Wirtschaftsgesch. Dtlds. im 19. u. 20. Jh. (Tb. ³1969); H.-U. WEHLER, Moderne dt. Sozialgesch. (³1970). – Ferner G. STOLPER/K.HÄUSER/K. BURCHARDT, Moderne dt. Wirtschaftsgesch. (²1966); R. STUCKEN, Dt. Geld- u. Kreditpolitik 1914–1963 (³1964); J. KUCZYNSKI, Die Gesch. d. Lage d. Arbeiter unter dem Kapitalismus, Teil 1: Die Gesch. d. Lage d. Arbeiter i. Dtld. von 1789 bis zur Gegenw., Bde. 4–6 für die Zeit 1900–1945 (B-Ost 1964/67).

Parteiprogramme u. Parteigeschichte: W. MOMMSEN (Hg.), Dt. Parteiprogramme (²1964); K. BERCHTOLD (Hg.). Österr. Parteiprogramme (1967). Einen ideen- u. fraktionsgeschichtl. Überblick bietet L. BERGSTRÄSSER, Gesch. d. polit. Parteien in Dtld. (¹¹1965), enthält Bibliogr. d. Quellen (Parteitagsprotokolle, Rechenschaftsberichte, Parteihandbücher etc.) u. Darstellungen zur Gesch., Soziologie u. Rechtsstellung d. dt. Parteien; unter Berücksichtigung sozialer u. organisatorischer Gesichtspunkte W. TORMIN, Gesch. d. dt. Parteien seit 1848 (²1967); Th. NIPPERDEY, Die Organisation d. dt. Parteien vor 1918 (1961); H. GREBING, Gesch. d. dt. Parteien (1962); D. FRICKE (Hg.), Die bürgerl. Parteien in Dtld. (2 Bde. B-Ost 1968–1970). – Klassische parteisoziolog. Studien: M. OSTROGORSKI, La Démocratie et l'organisation des partis politiques (1901); M. WEBER, Politik als Beruf (²1926, Ndr. 1958, ⁵1969); ders., Wirtschaft u. Gesellschaft (⁴1956); R. MICHELS, Zur Soziologie d. Parteiwesens in d. mod. Demokratie (²1925, Ndr. 1957). Eine umfassende Analyse organisatorischer u. typolog. Aspekte d. Parteien: M. DUVERGER, Les Partis Politiques (³1958, dt. 1958); Vorarb. zu einer dt. ähnl. Darstel.: K. LENK/F. NEUMANN (Hg.), Theorie u. Soziologie d. polit. Parteien (1968). Eine umfassende soziologische Untersuchung der dt. Parteien liegt noch nicht vor; dazu W. ABENDROTH, Aufgabe u. Methoden einer dt. histor. Wahlsoziologie, VfZG 5 (1957). Ergiebig für Gesch., Soziologie u. Rechtsnatur d. dt. Parteien ist der Bericht einer Parteienrechtskommission des Bundesinnenministeriums: Rechtl. Ordnungen d. Parteiwesens. Probleme eines Parteiengesetzes (²1958). Aus der neueren staatsrechtl. Lit. seien hervorgehoben: G. LEIBHOLZ, Der Strukturwandel d. mod. Demokratie (1952); ders., Das Wesen d. Repräsentation u. der Gestaltwandel d. Demokratie im 20. Jh. (³1966); ders., Die Auflösung der liberalen Demokratie in Dtld. u. das autoritäre Staatsbild (1932).

Einzelne Richtungen: M. GREIFFENHAGEN, Das Dilemma des Konservatismus in Dtld. (1971); G.-K. KALTENBRUNNER (Hg.), Rekonstruktion des Konservatismus (1972). – G. de RUGGIERO, Gesch. d. Liberalismus in Europa (1930, Ndr. 1967); F. C. SELL, Tragödie d. dt. Liberalismus (1953). Gegenüber beiden bringt die soziologische Betrachtungsweise zur Geltung: Th. SCHIEDER, Das Verhältnis von politischer und gesellschaftlicher Verfassung und die Krise des bürgerlichen Liberalismus, HZ 177 (1954); ders., Der Liberalismus und der Strukturwandel der modernen Gesellschaft vom 19. zum 20. Jh., Relaz. del X. Congr. Internaz. di Scienze Storiche 5 (1955); Geschichte des dt. Liberalismus, Schriftenreihe der Friedrich-Naumann-Stiftung 10 (1966). – K. BACHEM, Vorgesch., Gesch. u. Politik d. dt. Zentrumspartei (9 Bde. 1927–1932, Ndr. 1965 ff.); K. BUCHHEIM, Gesch. d. christl. Parteien in Dtld. (1953), guter Überblick, geht aber am Problem des Freiheitsbegriffs im polit. Katholizismus vorbei. – J. DROZ, Le Socialisme démocratique 1864–1960 (1966); H. GREBING, Gesch. d. dt. Arbeiterbewegung (1966, Tb. 1970); Gesch. d. dt. Arbeiterbewegung, hg. v. Inst. f. Marxismus-Leninismus beim Zentralkomitee der SED (8 Bde. 1966); W. GOTTSCHALCH/F. KARRENBERG/F. STEGMANN, Gesch. d. sozialen Ideen in Dtld., hg. v. H. GREBING (= Dt. Hdb. d. Politik 3, 1969); C. JANTKE, Der vierte Stand. Die gestaltenden Kräfte d. dt. Arbeiterbewegung im 19. Jh. (1955); Die Archive der SPD, Archivar 20 (1967); J. JENSEN, Archiv d. Sozialen Demokratie. Übersicht über die Archivbestände (1970); K. KOSZYK, Die Presse d. dt. Sozialdemokratie. Eine Bibliographie (1966); J. MAITRON/G. HAUPT, Dictionnaire biographique de mouvement ouvrier international. Bd. 1: L'Autriche (1971); B. ANDREAS/ G. HAUPT, Bibliographie d. Arbeiterbewegung heute u. morgen, Internat. Rev. of Soc. Hist. 12 (1967). – B. VOGEL/D. NOHLEN/R.-O. SCHULTZE (Hg.), Wahlen in Dtld. Theorie – Geschichte – Dokumente 1848–1970 (1971).

Darstellungen: Eine breit angelegte wissenschaftl. Darstellung d. dt. Gesch. im 20. Jh. gibt es noch nicht. Im Rahmen von Handbüchern zur allg. Gesch. gut dokumentiert P. RENOUVIN, La crise européenne et la première guerre mondiale (⁵1969) u. M. BAUMONT, La faillite de la paix 1918–1938 (2 Bde. ⁵1967/68), Peuples et Civilisations, Bd. 19 u. 20; P. RENOUVIN, Les crises du XXᵉ siècle, Bd. I: De 1914 à 1929 (⁶1969), Bd. II: De 1929 à 1945 (⁵1970), Histoire des Relations Internationales Bd. 7 u. 8. Reich an Fragestellungen u. Forschungsproblemen H. HERZFELD, Die moderne Welt 1789–1945, 2. Teil (⁴1969). In P. RASSOW, Dt. Gesch. (³1973) geben ausgezeichneten Überblick W. CONZE für Weltkrieg und Weimarer Republik, H. MAU u. H. KRAUSNICK für Nationalsozialismus und Zweiten Weltkrieg, W. CORNIDES für die Nachkriegszeit bis 1948. In O. BRANDT/A. O. MEYER/L. JUST, Hdb. d. Dt. Gesch., Bd. 4/I (1971): W. FRAUENDIENST, Das Dt. Reich von 1890–1914, W. HUBATSCH, Der Weltkrieg 1914–1918, A. SCHWARZ, Die Weimarer Republik; Bd. 4/II (1965): W. HOFER, Die Diktatur Hitlers bis zum Beginn des Zweiten Weltkrieges, H. MICHAELIS, Der Zweite Weltkrieg. Deutsche Geschichte, hg. v. einem Autorenkollektiv, Bd. 2 u. 3 (B-Ost ²1967 u. 1968); H. HOLBORN, Dt. Geschichte der Neuzeit, Bd. 3: Das Zeitalter des Imperialismus 1871–1945 (1971); Politiker des 20. Jh., Bd. 1: Die Epoche d. Weltkriege, hg. v. R. HOČEVAR/H. MAIER/P. L. WEINACHT (1971); J. R. v. SALIS, Weltgeschichte der Neuesten Zeit, Bd. 2 u. 3 (²1962). – Über die Frage der hist. Zusammengehörigkeit von Erstem u. Zweitem Weltkrieg L. DEHIO, Dtld. u. die Weltpolitik im 20. Jh. (1955); über die Verschiedenartigkeit des Problems der Kriegsschuld 1914 u. 1939: A. HILLGRUBER, Dtlds. Rolle in der Vorgesch. d. beiden Weltkriege (1967). – Zur Entwicklung einzelner Sachgebiete im Überblick: F. HARTUNG, Dt. Verfassungsgesch. vom 15. Jh. bis zur Gegenwart (⁹1969); E. R. HUBER, Dt. Verfassungsgesch. seit 1789, Bd. 4: Struktur u. Krisen des Kaiserreichs (1969), Bd. 5: Weltkrieg, Revolution und Reichserneuerung. E. KEYSER, Bevölkerungsgeschichte Dtlds. (³1943); H.

SCHUBNELL, Der Trend der Bevölkerungsentwicklung in Dtld. Veröffentlichung der Dt. Akademie für Bevölkerungswissenschaft (1964); E. M. KULISCHER, Europe on the move. War and population changes 1917–1947 (New York 1948); B. KIESEWETTER, Europäische Wanderungsbilanz der Weltkriege, Europa-Archiv 5 (1950); G. RHODE, Völker auf dem Wege. Verschiebungen der Bevölkerung in Ostdtld. und Osteuropa seit 1917 (1952); K. M. BOLTE/D. KAPPE, Dt. Gesellschaft im Wandel (1966). – Besonders umstritten ist das Militarismusproblem: Hdb. zur dt. Militärgeschichte 1648–1939, hg. v. Militärhist. Forschungsamt, 3. Lieferung: W. SCHMIDT-RICHBERG/E. Gf. v. MATUSCHKA, Von der Entlassung Bismarcks bis zum Ende des Ersten Weltkrieges. 1890–1918 (1970); W. GÖRLITZ, Kleine Gesch. d. dt. Generalstabes (1967); W. SCHMIDT-RICHBERG, Die Generalstäbe in Dtld. 1871–1945, in: Beiträge zur Militär- u. Kriegsgesch. 3, hg. v. Militärgeschichtl. Forschungsamt (1962); von einem beteiligten, zuverlässigen Sachkenner W. ERFURTH, Die Gesch. d. dt. Generalstabes von 1918 bis 1945 (²1960); eine Sozialgesch. d. dt. Offizierkorps gibt K. DEMETER, Das dt. Offizierkorps in Gesellschaft u. Staat 1650–1945 (⁴1965); H. MODEL, Der dt. Generalstabsoffizier. Seine Auswahl u. Ausbildung in Reichswehr, Wehrmacht u. Bundeswehr (1968); F. HOSSBACH, Die Entwicklung d. Oberbefehls über das Heer in Brandenburg, Preußen u. im Dt. Reich von 1655–1945 (1957); E. BUSCH, Der Oberbefehl. Seine rechtliche Struktur in Preußen u. Dtld. seit 1848 (1967); W. HUBATSCH, Der Admiralstab u. die obersten Marinebehörden in Dtld. 1848–1945 (1958); G. W. F. HALLGARTEN, Das Wettrüsten. Seine Gesch. bis zur Gegenwart (a. d. Amerik. 1967). Grundlegend als Ausgangspunkt der weiteren Diskussion G. RITTER, Staatskunst u. Kriegshandwerk (Bd. 1 1954, ³1965, Bd. 2 ²1965, Bd. 3 1964, Bd. 4 1968); zum Ansatz des Gesamtwerkes kritisch L. DEHIO, Um den dt. Militarismus, HZ 180 (1955); aus der zahlreichen ausländ. Lit. hebt sich heraus G. A. CRAIG, The politics of the Prussian army 1640–1945 (1955, dt. 1960); zur Orientierung über die Probleme u. die Lit. H. HERZFELD, Das Problem d. dt. Heeres 1919–1945 (o. J. 1952); ders., Zur neueren Lit. über das Heeresproblem in der dt. Gesch., VfZG 4 (1956). – Über die Kirchen, ihre innere Entwicklung u. ihr Verhältnis zu Staat u. Gesellschaft unter starker Berücksichtigung der dt. Verhältnisse als guter Überblick über Probleme u. Lit. M. BENDISCIOLI, Chiesa e societa nei secoli XIX e XX, in: Questioni di storia contemporanea (1. Bd. 1953). – Zur Publizistik K. KOSZYK, Dt. Presse 1914–1945 (1972). – Zu den Ostproblemen historisch, wirtschaftlich u. völkerrechtlich: Das östl. Dtld. Ein Handbuch, hg. v. Göttinger Arbeitskreis (1959).

Zur Deutung d. dt. Gesch. im ZA d. Weltkriege hoben sich nach dem Zweiten Weltkrieg, nachdem sich die erste Flut der nur dem Augenblick verhafteten Schriften verlaufen hatte, als Festpunkte historischer Besinnung u. Auseinandersetzung heraus: F. MEINECKE, Die dt. Katastrophe. Betrachtungen u. Erinnerungen (zuerst 1946); L. DEHIO, Gleichgewicht oder Hegemonie. Betrachtungen über ein Grundproblem d. europ. Staatengesch. (zuerst 1948); G. RITTER, Das dt. Problem. Grundfragen dt. Staatslebens gestern u. heute (²1966); H. ROTHFELS, Die dt. Opposition gegen Hitler. Eine Würdigung (zuerst amerik. 1948, dt. 1949, ²1958, neue erw. Ausgabe Tb. 1969); ders., Zeitgeschichtl. Betrachtungen (²1963). Die Auseinandersetzung mit der dt. Gesch. im 20. Jh. hat einen neuen Anstoß erhalten durch die Werke von F. FISCHER, s. hierzu Lit. in Bd. 18, Kap. 5.

Allgemeine Bibliographie zum Zweiten Weltkrieg

Die in Band 20 genannte Lit. zum Dritten Reich gilt im allg. auch für den Zweiten Weltkrieg; allg. Lit. u. Hilfsmittel s.a. Allgem. Bibl. z. Gesamtperiode.

Bibliographien: M. GUNZENHÄUSER, Die Bibl. zur Gesch. des Zw. Weltkrieges, in: Jahresbibl. d. Bibliothek f. Zeitgesch. 33 (1961); P. GOSZTONY, Bibl. zur Gesch. des Zw. Weltkrieges, ebd. 37 (1967); J. ZIEGLER, World War II. Books in English, 1945–1965 (Hoover Bibliographical Series XLV, 1971); fortlaufende Angaben zur Lit. in Revue d'Histoire de la deuxième Guerre mondiale (Paris 1950ff.).

Methodische Fragen: H.-A. JACOBSEN, Zur Konzeption einer Gesch. des Zw. Weltkrieges 1939–1945. Disposition mit krit. ausgewähltem Schrifttum (1964); K. HILDEBRAND, Der Zw. Weltkrieg. Probleme u. Methoden seiner Darstellung, in: NPL 13 (1968), S. 485ff.; A. HILLGRUBER, Quellen u. Quellenkritik zur Vorgesch. des Zw. Weltkrieges, in: Wehrwiss. Rdsch. 14 (1964), S. 110ff.

Forschungseinrichtungen: Neben den in der Allgem. Bibl. z. Gesamtperiode genannten: Arbeitskreis für Wehrforschung, Stuttgart, Zeitschrift: Wehrwiss. Rdsch. (1951ff.); Bibliothek f. Zeitgesch. Stuttgart, Hg. der »Jahresbibliographie d. Bibliothek f. Zeitgesch.« (1960ff. als Fortsetzung der »Bücherschau d. Weltkriegsbücherei«) u. der »Schriften d. Bibliothek f. Zeitgesch.« (1962ff.); aus der DDR: Institut f. Gesch. bei d. Dt. Akademie d. Wissenschaften, Hg. des Bulletins des Arbeitskreises Zweiter Weltkrieg (Berlin-Ost 1963ff.); von franz. Seite: Comité d'Histoire de la deuxième Guerre mondiale, Hg. der Revue d'Histoire de la deuxième Guerre mondiale (1950ff.). Ausführl. Beschreibung u. weitere Angaben bei W. BENZ, Quellen zur Zeitgesch. (1973), S. 30ff.

Dokumente zur Außenpolitik der Mächte: DW 397/574–576; 718 bis 721a; amtl. Aktenausgaben s. Bd. 20, S. 18. – A. HILLGRUBER (Hg.), Staatsmänner u. Diplomaten bei Hitler. Vertrauliche Aufzeichnungen über Unterredungen mit Vertretern des Auslandes 1939–1944 (2 Bde. 1967 u. 1970). Die Außenpolitik der Sowjetunion im Vaterländischen Krieg (a.d. Russ., 3 Bde. 1946/47), Dokumentensammlung mit Reden Stalins, Vertragstexten, veröff. Noten, Chronologie; A. FISCHER (Hg.), Die sowj. Protokolle von den Kriegskonferenzen der »Großen Drei« (1968); Briefwechsel STALINS mit CHURCHILL, ATTLEE, ROOSEVELT u. TRUMAN 1941 bis 1945 (a.d. Russ., Berlin-Ost 1961); F. L. LOEWENHEIM u.a. (Hg.), ROOSEVELT and CHURCHILL, Their secret Wartime Correspondence (London 1975). – Documents on Polish-Soviet Relations 1939–1945 (2 Bde. London 1961 u. 1967). – Magda ADÁM u.a. (Hg.), Allianz Hitler–Horthy– Mussolini. Dok. zur ungar. Außenpolitik, 1933 bis 1944 (a.d. Ungar. 1966). – P. BLET u.a. (Hg.), Actes et documents du Saint Siège relatifs à la seconde guerre mondiale (für März 1939–1944, bisher 9 Bde., Città del Vaticano, 1965–75).

Erinnerungen, Aufzeichnungen, Lebensbeschreibungen:
  Deutschland:
  1. Kriegführung: H. HEIBER (Hg.), Hitlers Lagebesprechungen. Die Protokollfragmente seiner milit. Konferenzen 1942–1945 (1962); W. HUBATSCH (Hg.), Hitlers Weisungen für die Kriegführung 1939–1945 (1962); G. WAGNER (Hg.), Lagevorträge des Oberbefehlshabers der Kriegsmarine vor Hitler 1939–1945

(1972); F. HALDER, Hitler als Feldherr (1949), schärfste Kritik an Hitlers Kriegführung; ders., Kriegstagebuch. Tägl. Aufzeichnungen des Chefs des Generalstabes des Heeres 1939–1942 (3 Bde. 1962–1964); P. BOR, Gespräche mit Halder (1950); Gräfin Heidemarie SCHALL-RIAUCOUR, Aufstand u. Gehorsam. Offizierstum u. Generalstab im Umbruch. Leben u. Wirken von Generaloberst Franz HALDER, Generalstabschef 1938–1942 (1972); H. GREINER, Die oberste Wehrmachtführung 1939–1943 (1951); Greiner hat in den ersten Jahren das Kriegstagebuch des OKW geführt, geht bis zur Anlage des Rußlandfeldzuges, im Anhang Aufzeichnungen aus der Zeit der Stalingradkämpfe. – Zu Hitler im Krieg ferner G. ENGEL, Heeresadjutant bei Hitler 1939–1943. Aufz. d. Major Engel (1974); Aufrufe, Tagesbefehle u. Reden des Führers im Kriege, 1939–41 (1941); V. ZINCONE (Hg.), Les lettres secrètes échangées par Hitler et Mussolini (Jan. 1940–Mai 1943), eingel. von A. François-Poncet (a.d. Ital. Paris 1946); Tagebücher CIANOS s. Bd. 20, S. 20.

2. Soldaten: W. WARLIMONT, Im Hauptquartier der dt. Wehrmacht 1939–1945. Grundlagen, Formen, Gestalten (1962), krit. Beobachtungen zum milit. Führungschaos; B. v. LOSSBERG, Im Wehrmachtführungsstab, Bericht eines Generalstabsoffiziers (1949); S. WESTPHAL, Heer in Fesseln, aus den Papieren des Stabschefs von Rommel, Kesselring u. Rundstedt (1950); E. v. MANSTEIN, Verlorene Siege (⁸1964); ders., Aus einem Soldatenleben 1887–1939 (1958); vom dt. u. brit. Verteidiger in Nürnberg: P. LEVERKUEHN, Verteidigung Mansteins (1950), u. R. PAGET, Manstein, seine Feldzüge u. sein Prozeß (1952). H. GUDERIAN, Erinnerungen eines Soldaten (1951); A. KESSELRING, Soldat bis zum letzten Tag (1953); ders., Gedanken zum Zw. Weltkrieg (1955); G. BLUMENTRITT, Von Rundstedt, The soldier and the man (London 1952); L. RENDULIC, Gekämpft, gesiegt, geschlagen (1952); C. de BEAULIEU, Generaloberst Erich HOEPNER. Milit. Porträt eines Panzerführers (1969). – ROMMEL s. Kap. 4, Anm. 14 u. Kap 13, Anm. 11; PAULUS s. Kap. 13, Anm. 3. – Elisabeth WAGNER (Hg.), Der Generalquartiermeister. Briefe u. Aufzeichnungen des Generalquartiermeisters des Heeres E. WAGNER (1963); K. DÖNITZ, Zehn Jahre u. zwanzig Tage (²1963); ders., Mein wechselvolles Leben (1968); E. RAEDER, Mein Leben (2 Bde. 1956/57); W. GÖRLITZ, Generalfeldmarschall KEITEL. Verbrecher oder Offizier? Erinnerungen, Briefe u. Dokumente des Chefs OKW (1961). – W. BÄHR (Hg.), Kriegsbriefe gefallener Studenten, 1939–45 (1952); O. SCHUSTER (Hg.), Gefallen in Gottes Hand, Briefe gefallener Christen (o. J.); H. PABST, Der Ruf der äußersten Grenze, Tagebuch eines Frontsoldaten (1953). – Von Zeugnissen über die Gefangenschaft seien genannt: H. GOLLWITZER, Und führen wohin du nicht willst (Tb. 1951); H. DIEBOLD, Arzt in Stalingrad (Tb. ²1954). – Ein bedeutendes Zeugnis über die menschlichen Erfahrungen des Arztes im Kriege: Peter BAMM, Die unsichtbare Flagge (Tb. ¹⁰1963). – Über das Schicksal herausgehobener Soldaten u. Führer im Konflikt mit dem Kriegsmechanismus: J. THORWALD, Die ungeklärten Fälle: Udet, Dietl, Prien, Mölders, Todt, Lasch, Wlassow (1950).

3. Widerstand: s. Kap. 13.

4. Diplomaten: Neben den in Bd. 20, S. 19 genannten: P. KLEIST, Zwischen Hitler u. Stalin 1939–45 (1951); H. NEUBACHER, Sonderauftrag Südost 1940 bis 1945, Bericht eines fliegenden Diplomaten (1956); O. ABETZ, Das offene Problem. Ein Rückblick auf zwei Jahrzehnte dt. Frankreichpolitik (1951).

Italien: P. BADOGLIO, Italien im Zw. Weltkrieg. Erinnerungen u. Dokumente (a.d. Ital. 1947); H. CAVALLERO, Commando supremo. Diario 1940–1943 (1948); L. SIMONI, Berlin. Embassade d'Italie 1939–43 (Paris 1947).

Finnland: G. MANNERHEIM, Erinnerungen (a.d. Schwed. 1952); V. TANNER,

The winter war. Finland against Russia 1939–40 (Stanford Univ. 1957); ders., Vägen till fred 1943–44 (1952); W. ERFURTH, Der Finnische Krieg 1941–44 (1950); W. v. BLÜCHER s. Bd. 20, S. 19; PAASIKIVI s. Kap. 2, Anm. 5.

Ungarn: Admiral M. v. HORTHY, Ein Leben für Ungarn (1953); P. GOSZTONY, Miklós von Horthy (1973).

Rumänien: G. GAFENCU, Vorspiel zum Krieg im Osten (Zürich 1944); ders., Europas letzte Tage, eine polit. Reise i. J. 1939 (Zürich 1946).

Japan: Vom Außenminister im Kabinett des Gen. Tojo: Adm. Shigenori TOGO, Japan im Zw. Weltkrieg (a. d. Amerik. 1958); Botschafter in Rußland von 1936–38 u. in England von 1938–41 war Mamora SHIGEMITSU, Die Schicksalsjahre Japans (a. d. Engl. 1959); Kabinettsprotokolle s. Kap. 6, Anm. 5.

England: W. S. CHURCHILL, Der Zw. Weltkrieg (6 Bde. a. d. Engl. 1948–54); ders., Secret Session Speeches (1946); R. S. CHURCHILL, Winston S. Churchill, Bd. 1 u. 2 für die Zeit von 1874–1900 (London 1966/67); Forts. dieser Biographie von M. GILBERT, Winston S. Churchill, Bd. 3 u. 4 für die Zeit bis 1922 (London 1971 u. 1974); krit.: R. Rh. JAMES, Churchill: A Study in failure 1900–1939 (London 1970). – EDEN, Erinnerungen s. Bd. 20, S. 20; ders., Freedom and Order. Selected speeches (1939–1946). – C. R. ATTLEE, As it happened (1954); F. WILLIAMS, A Prime Minister Remembers. The war and post-war memoirs of Earl Attlee (London 1961). – H. MACMILLAN, The Blast of War 1939–1945 (London 1967); A. BRYANT, Kriegswende 1939–1943, Aus den Kriegstagebüchern des Feldmarschalls Lord ALANBROOKE, Chef des Empire Generalstabs (a. d. Engl. 1957); ders., Sieg im Westen. 1943–1946. Aus den Tagebüchern des Feldschalls Lord ALANBROOKE, Chef des Empire Generalstabs (a. d. Engl. 1960); Feldmarschall B. L. MONTGOMERY, Von El Alamein zum Sangro. Von der Normandie zur Ostsee (a. d. Engl. 1949); ders., Memoiren (a. d. Engl. 1958); A. MOOREHEAD, Montgomery. A biography (London 1967); I. NORTH (Hg.), Field-Marshal Earl Alexander of Tunis. The Alexander Memoirs 1940–1945 (London 1962); Lord A. W. TEDDER, With prejudice. The war memoirs of the Marshal of the Royal Air Force (London 1966).

Vereinigte Staaten: s. Bd. 20, S. 20 sowie Bd. 22, Kap. 1; H. S. TRUMAN, Memoiren (2 Bde. a. d. Am. 1955/56); E. SHERWOOD, Roosevelt und Hopkins (a. d. Am. 1950); J. C. GREW, Ten Years in Japan, 1932–1942 (1944); ders., Turbulent Era. A diplomatic record of forty years, 1904–1945 (2 Bde. Boston 1952); T. CAMPBELL/G. C. HERRING (Hg.), The Diaries of Edward R. Stettinius jr., 1943–1946 (London 1975); R. L. WALKER/E. R. STETTINIUS jr. (New York 1965); H. L. STIMSON/McGeorge BUNDY, On Active Service in Peace and War (New York 1948); Th. WYCKOFF, Henry L. Stimson, amerik. Kriegsminister im 2. Weltkrieg (Diss. Bonn 1967); C. HULL, The memoirs of Cordell Hull (New York 1948); W. C. PRATT, Cordell Hull, 1933–1944 (2 Bde. New York 1964); S. WELLES u. H. MORGENTHAU s. Bd. 22, Kap. 1, Anm. 22 u. 23; Senator VANDENBERG s. Kap. 7, Anm. 12; M. CLARK, I was there (New York 1950); D. D. EISENHOWER, Invasion. Gen. Eisenhowers eigener Kriegsbericht (dt. 1949); ders., Kreuzzug in Europa (dt. 1948); A. D. CHANDLER/S. E. AMBROSE, The papers of Dwight D. Eisenhower. The war years (5 Bde. Baltimore 1970); S. E. AMBROSE, The Supreme Commander. The war years of General Dwight D. Eisenhower (London 1971); Douglas MacARTHUR, Reminiscences (New York 1964); Reports of General Mac Arthur (4 Bde. Washington 1966); R. MURPHY, Diplomat unter Kriegern (a. d. Amerik. 1966), vom diplomat. Berater Eisenhowers u. Clays, Teilnehmer an den Konferenzen von Casablanca, Kairo, Jalta u. Potsdam; A. C. WEDEMEYER, Der verwaltete Krieg (a. d. Am. 1960).

Frankreich: Ch. de GAULLE, Mémoires de guerre (3 Bde. 1954–1959, dt. in

2 Bdn. 1955 u. 1961), Biogr. s. Bd. 22, Kap. 1, Anm. 32; P. REYNAUD, Au cœur de la mêlée, 1930–1945 (1951); M. WEYGAND, Mémoires (3 Bde. 1950–57); M. GAMELIN, Servir (3 Bde. 1946/47); C. CHAUTEMPS, Cahiers secrets de l'armistice (1963); A. GIDE, Tagebuch 1939–1949 (a.d. Engl. 1967). – Le procès du Maréchal PÉTAIN, Compte rendu sténographique (2 Bde. 1945); Le procès LAVAL, Compte rendu sténographique (1946). Vom Präsidenten des Obersten Gerichtshofes L. NOGUÈRES, Le véritable procès du Maréchal Pétain (1955); ders., La dernière étape: Sigmaringen (1956); Ch. M. SERRE, Rapport fait au nom de la commission chargée d'enquêter sur les événements survenus en France de 1933 à 1945 (2 Bde. 1947); P. BOURGET, Der Marschall. Pétain zwischen Kollaboration u. Résistance (a.d. Frz. 1968); R. GRIFFITH, Marshal Pétain (London 1970). Materialreiche Biographie eines ehem. Mitarbeiters Lavals: A. MALLET, Pierre LAVAL (2 Bde. 1954/55); ferner H. COLE, Laval. A Biography (London 1963); G. WARNER, Pierre Laval and the Eclipse of France (New York 1969); vom Standpunkt d. Résistance: H. MICHEL, Pétain, Laval, Darlan: trois politiques (1972).

Belgien: R. CAPELLE, Au service du Roi. Mémoires de l'ancien secrétaire du roi Léopold III (2 Bde. 1949); A. FABRE-LUCE, Une tragédie royale, l'affaire Léopold III (Paris 1948); R. van OVERSTRAETEN, Albert I. – Leopold III. Vingt ans de politique militaire belge 1920–1940 (o. J., 1949), Aufzeichnungen des milit. Beraters des Königs; P. STRUYE, L'évolution du sentiment public en Belgique sous l'occupation allemande (1945).

Holland: Zu MUSSERT s. Kap. 8, Anm. 10.

Dänemark: E. SCAVENIUS, Forhandlingspolitiken under Besaettelsen (Kopenhagen 1948).

Norwegen: Zu QUISLING s. Kap. 2, Anm. 15.

Polen: J. CIECHANOWSKI, Vergeblicher Sieg (dt. Zürich 1948); St. MIKOLAJCZIK, The rape of Poland, pattern of Soviet aggression (New York 1948).

Tschechoslowakei: E. BENEŠ, Memoirs. From Munich to new War and new Victory, 1938–1943 (London 1954); F. PRINZ (Hg.), Wenzel JAKSCH – Edvard Beneš. Briefe u. Dokumente aus dem Londoner Exil 1939–1943 (1973); M. K. BACHSTEIN, Wenzel Jaksch u. die Sudetendeutsche Sozialdemokratie (1973), behandelt das Londoner Exil u. die Auseinandersetzungen zwischen Jaksch u. Beneš.

Sowjetunion: STALIN s. Bd. 18, Kap. 22; MAISKI s. Bd. 20, S. 20; V. BERESCHKOW. In diplomat. Mission bei Hitler in Berlin 1940–41 (a.d. Russ. 1967); ders., Mit Stalin in Teheran (a.d. Russ. 1969); G. K. SCHUKOW, Erinnerungen u. Gedanken (a.d. Russ. 1969); S. M. SCHTEMENKO, Im Generalstab (a.d. Russ. Berlin-Ost 1970).

Jugoslawien: J. B. TITO s. Kap. 5, Anm. 21; Kap. 8, Anm. 14.

Spanien: R. SERRANO SUÑER, Zwischen Hendaye u. Gibraltar, Feststellungen u. Betrachtungen angesichts einer Legende über unsere Politik während zweier Kriege (Zürich 1948). Aufschlußreich für die span. Politik sind auch die Erinnerungen von Sir S. HOARE, Gesandter in besonderer Mission (a.d. Engl. 1949). Ferner C. G. BOWERS, My mission to Spain (New York 1954). Apologetisch über die Hitler hinhaltende Politik Francos der Gen.-Direktor im span. Außenministerium J. M. DOUSSINAGUE, España tenía razón, 1939–45 ([2]1950).

Darstellungen: L. GRUCHMANN, Der Zw. Weltkrieg (Tb. 1967); H. MICHAELIS, Der Zw. Weltkrieg 1939–1945 (1972); A. HILLGRUBER (Hg.), Probleme des Zw. Weltkrieges (1967); O. HAUSER (Hg.), Weltpolitik: 1939–1945. 14 Vorträge (1975); A. HILLGRUBER/G. HÜMMELCHEN, Chronik des Zw. Weltkrieges

(1966). – H.-A. JACOBSEN, 1939–1945. Der Zw. Weltkrieg in Chronik u. Dokumenten (⁵1961); ders., Der Zw. Weltkrieg. Grundzüge der Politik u. Strategie in Dokumenten (Tb. 1965). Aus den zahlreichen ausländ. Darstellungen heben sich heraus die umfassende Darstellung des Gesamtkrieges unter Voranstellung der polit. u. wirtschaftl. Aspekte vom Inst. of Internat. Aff., London, ins Werk gesetzt: A. TOYNBEE (Hg.), Survey of Internat. Aff. 1939–46 (1952ff.); H. MICHEL, La Seconde Guerre Mondiale, in: Peuples et Civilisations, Bd. 21, 1 u. 2 (Paris 1968/69), unentbehrlich auch wegen der reichen bibliogr. Angaben zur westl. Forschung; R. CARTIER, Der Zw. Weltkrieg (a.d. Franz. 2 Bde. 1975); B. H. LIDDELL HART, History of the Second World War (8 Bde. London 1966–69, Auswahl dt. 2 Bde. 1972); L. WOODWARD, Diplomatic History of the Second World War, in: New Cambridge Mod. History, Bd. 12 (1968); W. G. TRUCHANOWSKI (Hg.), Gesch. der internat. Beziehungen 1935–45 (a.d. Russ. 1965); G. A. DEBORIN, Der Zw. Weltkrieg (a.d. Russ. 1959); W. SCHUMANN/ K. DRECHSLER (Hg.), Dtld. im Zw. Weltkrieg, 4 Bde., bisher erschienen 2 Bde. (Berlin-Ost 1974 u. 1975).

Amtl. Kriegsgeschichtsschreibung: Für folgende Länder gibt es offizielle Werke über den Krieg, von denen nicht alle abgeschlossen sind: Australien, Belgien, Brasilien, England, Finnland, Griechenland, Indien, Italien, Jugoslawien, Kanada, Neuseeland, Niederlande, Niederländisch-Indien, Norwegen, Polen, Sowjetunion, Tschechoslowakei. Verzeichnis des Bestandes bei H.-A. JACOBSEN, Zur Konzeption einer Gesch. des Zw. Weltkrieges (1964), u. C. W. NIMITZ/ E. B. POTTER/J. ROHWER, Seemacht (1974). Aus der engl. Kriegsgesch. sind bes. zu nennen die Serie Grand Strategy mit 6 Bdn. von J. R. M. BUTLER, M. HOWARD u. J. EHRMANN (1956–1971); aus der Serie Campaigns: K. T. DERRY, The Campaign in Norway (1952); L. F. ELLIS, The War in France and Flanders 1939–1940 (1953); ders., Victory in the West (2 Bde. 1962 u. 1968); I. S. O. PLAYFAIR u. a., The Mediterranean and Middle East (4 Bde. 1954 bis 1966); S. W. ROSKILL, The War at sea 1939–1945 (3 Bde. 1954–1961); Ch. WEBSTER/ N. FRANKLAND, The strategic Air Offensive against Germany 1939–45 (4 Bde. 1961); aus der United Kingdom Civil Series sei hervorgehoben: Statistical Digest of the War, prep. by the Central Statistical Office. – Als Einführung u. Überblick zu der auf 85 Bde. geplanten, seit 1946 in Angriff genommenen Serie United States Army in World War II gibt es einen Master Index, Readers Guide I (1955). Von den veröff. Bdn. hervorzuheben F. C. POGUE, The Supreme Command (1954), behandelt im wesentl. die Entscheidungen General Eisenhowers für die Zeit vom Dez. 1943 bis Juli 1945; G. A. HARRISON, Cross Channel Attack (1951); M. MATLOFF/E. M. SNELL, Strategic Planning for coalition warfare 1941 to 1942 (1953); M. MATLOFF, Strategic Planning … 1943 to 1944 (1960); G. F. HOWE/A. W. GARLAND/M. BLUMENSON, The Mediterranean Theater of Operations (3 Bde. 1957–1969); K. R. GREENFIELD (Hg.), Command Decisions (1959). – Exilpoln. Gesch.schreibung des Feldzugs Sept. 1939 s. Bibliogr. VfZG Nr. 2865 u. 6614. – Amtl. sowj. Darstellungen: Gesch. des Großen Vaterländischen Krieges der Sowjetunion, redig. vom Inst. f. Marxismus-Leninismus beim ZK der KPSS (6 Bde. a.d. Russ. Berlin-Ost 1962–1968); Gesch. des Zw. Weltkrieges 1939–1945 (auf 12 Bde. berechnet, russ. 1973ff., dt. ab 1976).

Sonstige Darstellungen milit. Vorgänge: Neben der Lit. in den entspr. Kapiteln P. E. SCHRAMM (Hg.), Kriegstagebuch des Oberkommandos der Wehrmacht 1940 bis 1945, geführt v. H. Greiner u. P. E. Schramm (4 Bde. 1961–1969); hierzu editionskritisch E. JÄCKEL, Dokumentationen zur Gesch. des Zw. Weltkrieges,

NPL 9 (1964); W. HUBATSCH/P. E. SCHRAMM, Die dt. milit. Führung in der Kriegswende (1964); über die operativen Entschlüsse auf dt. Seite B. H. LIDDELL HART, Dt. Generale des Zw. Weltkrieges. Aussagen, Aufzeichnungen u. Gespräche (a. d. Engl. 1964), aufgrund von Gesprächen mit kriegsgefangenen dt. Generalen faire Würdigung durch den brit. Kriegshistoriker, durch neuere Forschungen in manchem überholt. – H.-A. JACOBSEN/J. ROHWER (Hg.), Entscheidungsschlachten des Zw. Weltkrieges (1960); Beschreibungen zahlreicher einzelner Schlachten u. Operationen in der Reihe: Einzelschriften zur milit. Gesch. des Zw. Weltkrieges, hg. vom Militärgeschichtl. Forschungsamt Freiburg; ferner in den Serien: Die Wehrmacht im Kampf (1954ff.); Die dt. Divisionen (1952ff.). – L. de JONG, Die dt. fünfte Kolonne im Zw. Weltkrieg (a. d. Holl. 1959), ausgezeichnet in der krit. Unterscheidung zwischen Phantasievorstellungen u. Wirklichkeit.

Luftkrieg: DW 397/694–700. – K. KÖHLER, Bibliographie zur Luftkriegsgesch. (Lit. bis 1960), in: Schriftenreihe der Bibliothek f. Zeitgesch. (1966). – K.-H. VÖLCKER, Die dt. Luftwaffe 1933–1939. Aufbau, Führung u. Rüstung (1967); ders. (Hg.), Dokumente u. Dokumentationsphotos zur Gesch. der dt. Luftwaffe (1968); D. IRVING, Die Tragödie der dt. Luftwaffe. Aus den Akten u. Erinnerungen von Feldmarschall MILCH (a. d. Engl. 1970); G. W. FEUCHTER, Der Luftkrieg (³1964); H. RUMPF, Das war der Bombenkrieg. Dt. Städte im Feuersturm. Ein Dokumentarbericht (1961), vgl. auch Kap. 10; E. HAMPE (Hg.), Der zivile Luftschutz im Zw. Weltkrieg. Dokumentation u. Erfahrungsberichte über Aufbau u. Einsatz (1963). – United States Strategic Bombing Survey, Overall Economic Effects Division: The effects of strategic bombing on the German war economy (Washington 1945); A. VERRIER, The Bomber Offensive (London 1968); aus der amtl. engl. Kriegsgesch. Ch. WEBSTER/N. FRANKLAND (s. o.); aus der austral. amtl. Reihe J. HERRINGTON, Air war against Germany and Italy 1939–43 (1955). Wichtig auch für die dt. Luftkriegführung im Mittelmeerraum G. SANTORO, L'aeronautica italiana nella seconda guerra mondiale (2 Bde. 1957). – Lit. zur Luftschlacht um England s. Kap. 4.

Seekrieg: DW 397/687–693. – Ausführl. Bibliographie in: E. B. POTTER/C. W. NIMITZ/J. ROHWER, Seemacht. Von der Antike bis zur Gegenwart (1974); J. ROHWER/G. HÜMMELCHEN, Chronik des Seekrieges 1939–1945 (1968), erw. Ausgabe: Chronology of the war at sea 1939–45 (2 Bde., London 1972/74); K. ASSMANN, Dt. Schicksalsjahre (1950), war Chef der Hist. Abt. der Kriegsmarine, auch heute noch aufschlußreich für die strateg. Vorstellungen Raeders. Grundlegende Darstellung der seestrategischen Planungen: M. SALEWSKI, Die dt. Seekriegsleitung 1935–1945 (4 Bde. 1970–1975); J. ROHWER, Der U-Bootkrieg u. sein Zusammenbruch 1943, in: Entscheidungsschlachten (s. o.); ders., Die U-Boot-Erfolge der Achsenmächte 1939–1945 (1968); G. BIDLINGMAIER, Einsatz der schweren Kriegsmarineeinheiten im ozeanischen Zufuhrkrieg. Strategische Konzeption u. Führungsweise der Seekriegsleitung Sept. 1939 bis Febr. 1942 (1963); F. RUGE, Der Seekrieg 1939–1945 (1969); ders., Entscheidung im Pazifik 1941–45 (²1954). Erinnerungen: RAEDER u. DÖNITZ s. S. 18; K. J. v. PUTTKAMER, Die unheimliche See. Hitler u. die Kriegsmarine (1952). – Aus der amtl. engl. Kriegsgesch. PLAYFAIR u. ROSKILL (s. o.); W. N. MEDDLICOTT, The economic Blockade (2 Bde. 1952–59); aus der amerik. Kriegsgesch. E. S. MORISON, History of the United States naval operations in World War II (15 Bde. 1947ff.), sowie HOWE/GARLAND/BLUMENSON (s. o.).

Abwehr: DW 397/708–717. – M. GUNZENHÄUSER, Gesch. des geheimen Nachrichtendienstes (Spionage, Sabotage, Abwehr). Lit.bericht u. Bibliographie (1968). – P. LEVERKUEHN, Der geheime Nachrichtendienst der dt. Wehrmacht im Kriege ([2]1957); W. Schellenberg, Memoiren (1959), von dem Leiter der 1944 zusammengefaßten polit. u. milit. Abwehr; zu Canaris, dem nach dem 20. Juli hingerichteten Leiter der milit. Abwehr, s. Lit. Bd. 20, S. 19; W. v. SCHRAMM, Verrat im Zw. Weltkrieg. Vom Kampf der Geheimdienste in Europa (1967); G. BUCHHEIT, Der dt. Geheimdienst. Gesch. der milit. Abwehr (1966). – A. DULLES, Im Geheimdienst (a. d. Amerik. 1963).

Propaganda: Lit.berichte: L. LESER, Psychologische Kriegführung gegen Dtld. im Zw. Weltkrieg, Bücherschau der Weltkriegsbücherei 30 (1958); ders., Flugblattpropaganda gegen Dtld., ebd. 28 (1956). – H. v. WEDEL, Die Propagandatruppen der dt. Wehrmacht (1962); E. MURAWSKI, Der dt. Wehrmachtbericht 1939–1945. Ein Beitrag zur Untersuchung der geistigen Kriegführung. Mit einer Dokumentation der Wehrmachtberichte vom 1. 7. 1944 bis zum 9. 5. 1945 (1962); J. SCHRÖDER, Der Kriegsbericht als propagandistisches Kampfmittel der dt. Kriegführung im Zw. Weltkrieg. (Diss. Berlin 1965); R. SCHNABEL, Mißbrauchte Mikrofone. Dt. Rundfunkpropaganda im Zw. Weltkrieg (1967). – C. BRINITZER, Hier spricht London. Von einem der dabei war (1969); B. WITTEK, Der brit. Ätherkrieg gegen das dt. Reich. Die deutschsprachigen Kriegssendungen der British Broadcasting Corporation (1962); J. A. COLE, Hier spricht der Großdeutsche Rundfunk. Der Fall Haw-Haw (a. d. Engl. 1965).

Heeresorganisation: DW 397/591–596. – s. Lit. zu Bd. 20, Kap. 16. – G. TESSIN, Verbände und Truppen der dt. Wehrmacht u. Waffen-SS im Zw. Weltkrieg 1939–1945, 10 Bde., davon erschienen Bd. 2–4: Die Landstreitkräfte (1966–1970).

Kriegsgefangene: DW 397/523–525. – E. MASCHKE (Hg.), Zur Gesch. der dt. Kriegsgefangenen des Zw. Weltkrieges (15 Bde. 1962–1974).

Menschenverluste: H. ARNTZ, Menschenverluste zweier Weltkriege, Bull. d. Presse- u. Inf. Amtes d. Bundesreg. (3. April 1953). Übersichtl. Tabellen bietet W. KÖLLMANN, Bevölkerung u. Raum in Neuerer u. Neuester Zeit, 2. Bd. III. Teil (Ploetz-Verlag [3]1965). Dt. Bevölkerungsbilanz des 2. Weltkriegs, Wirtschaft u. Statistik 8 N.F., H. 10 (Okt. 1956); Verluste der dt. Wehrmacht (Heer, Kriegsmarine, Luftwaffe) vom 1. 9. 1939–31. 1. 1945, in: Wehrwiss. Rdsch. 12 (1962).

Rüstungstechnik: DW 397/701–707 – R. LUSAR, Die dt. Waffen u. Geheimwaffen des Zw. Weltkrieges u. ihre Weiterentwicklung ([5]1964), wertvolle waffentechn. Informationen, unhaltbar im hist. Urteil; D. IRVING, Die Geheimwaffen des Dritten Reiches (a. d. Engl. Tb. 1964); W. A. BOELCKE (Hg.), Dtlds. Rüstung im Zw. Weltkrieg. Hitlers Konferenzen mit Albert Speer 1942–1945 (1969); zu A. SPEER s. Lit. Kap. 11.

Wirtschaft: DW 397/701–707; Lit. Kap. 11. – Materialreiche Information über Wirtschaft u. Rüstungstechnik bei Ploetz: Gesch. des Zw. Weltkrieges, 2. Teil: Die Kriegsmittel (1960); L. DINKLAGE/H. J. WITTHÖFT, Die dt. Handelsflotte 1939 bis 1945 (2 Bde. 1972).

Innere Verhältnisse: W. A. BOELCKE (Hg.), Kriegspropaganda 1939–1941. Geheime Ministerkonferenzen im Reichspropagandaministerium (1966); ders.

(Hg.), »Wollt Ihr den totalen Krieg?« Die Geheimen Goebbels-Konferenzen 1939 bis 1943 (Tb. 1967); s. auch die Tagebücher u. Reden von Goebbels Bd. 20, Kap. 2, Anm. 5; H. BOBERACH (Hg.), Meldungen aus dem Reich. Auswahl aus den geheimen Lageberichten des Sicherheitsdienstes der SS 1939–1944 (1965); ders. (Hg.), Richterbriefe. Dokumente zur Beeinflussung d. dt. Rechtsprechung 1942–1944 (1975); Marlis G. STEINERT, Hitlers Krieg u. die Deutschen. Stimmung u. Haltung der dt. Bevölkerung im Zw. Weltkrieg (1970).

Bundesgenossen:

Italien: DW 397/792–800. – s. Lit. zu Kap. 12. – J. SCHRÖDER, Italien im Zw. Weltkrieg. Eine Bibliographie (1974); E. RAGIONIERI/E. COLLOTI u. a., L'Italie dans la deuxième Guerre mondiale, in: Revue d'histoire de la deuxième Guerre mondiale (1973); F. SIEBERT, Italiens Weg in den Zw. Weltkrieg (1962); F. W. DEAKIN, Die brutale Freundschaft. Hitler, Mussolini u. der Untergang des ital. Faschismus (a. d. Engl. 1964); G. BOCCA, Storia d'Italia nella guerra fascista, 1940–43 (Bari 1969); R. De FELICE (Hg.), L'Italia fra Tedeschi e Alleati. La politica estera fascista e la seconda guerra mondiale (Bologna 1973); M. DELZELL, Mussolini's Enemies. The Italian anti-fascist resistance (Princeton 1961).

Finnland: DW 397/776. – s. Kap. 2, Anm. 5, Kap. 6, Anm. 1; Kap. 14, Anm. 8. – L. A. PUNTILA; The Political History of Finland 1809–1966 (Helsinki 1974); P. H. KROSBY, Finland, Germany and the Soviet Union, 1940–1941. The Petsamo Dispute (Wisconsin 1968). Lit.bericht: V. NIITEMAA, Finnland u. der 2. Weltkrieg, Bücherschau der Weltkriegsbücherei 29 (1957).

Ungarn: DW 397/844–845. – C. A. MACARTNEY, October Fifteenth. A history of modern Hungary 1929–1945 (2 Bde. Edinburgh 1956/57); M. BROSZAT, Dtld., Ungarn, Rumänien. Entwicklung u. Grundfaktoren nat.soz. Hegemonial-u. Bündnispolitik 1938–1941, HZ 206 (1968); s. auch Kap. 14, Anm. 18; M. D. FENYO, Hitler, Horthy and Hungary. German-Hungarian Relations 1941–1944 (London 1972); zur ungar. Forschung s. P. GOSZTONY, Die ungar. Gesch.wiss. u. der Zw. Weltkrieg, 1960–1970 (1971).

Rumänien: DW 397/826–829. – s. Kap. 14, Anm. 15. – A. HILLGRUBER, Südost-Europa im Zw. Weltkrieg. Lit.bericht u. Bibliographie in: Schriften der Bibliothek f. Zeitgesch. (1962); H. WEBER, Die Bukowina im Zw. Weltkrieg (1972); E. BANTEA/C. NICOLAE/G. ZAHARIA, La Roumanie dans la guerre anti-hitlérienne (Bukarest 1970); G. ZAHARIA, Pages de la résistance antifasciste en Roumanie (Bukarest 1974); G. ZAHARIA u. a., Romania 1944–1947. Gli anni della rivoluzione democratico-popolare (a. d. Rumän. Rom 1971).

Japan: DW 397/790–791. – Lit.bericht s. Bd. 20, S. 23; ferner Kap. 5, Anm. 9; Kap. 6, Anm. 5 u. Lit. zu Kap. 7. – T. HATTORI, The Complete History of the Greater East Asia War (4 Bde., Übersetzung a. d. Japan. auf Mikrofilmen in der Bibliothek f. Zeitgesch., Stuttgart); Lit. zum Kriegsende in Japan s. Bd. 22, Kap. 3, Anm. 17.

Gegner:

England: DW 397/543–548. – Sir L. WOODWARD, British Foreign Policy in the Second World War (5 Bde. London 1962, erw. Neuausg. Bd. 1–3 London 1970–73); A. CALDER, The people's War. Britain 1939–45 (London 1969); V. G. TRUCHANOWSKIJ, British Foreign Policy during World War II, 1939–1945 (Moskau 1970).

Vereinigte Staaten: DW 397/847–851. – s. Kap. 6, Anm. 7 u. Lit. zu Kap. 7 u. Bd. 22, Kap. 1. – K. R. GREENFIELD, American strategy in World War II. A reconsideration (Baltimore 1963); H. STEIN, American Civil-Military Decisions. A Book of Case Studies (Alabama 1963).

Frankreich: DW 397/777–786. – s. Lit zu Kap. 1 u. Kap. 3. – R. ARON, Histoire de Vichy 1940–1944 (Paris 1954); ders., Histoire de la libération de la France (²Paris 1959); Le gouvernement de Vichy 1940–1942. Institutions et politiques (Colloque sur le gouvernement de Vichy et la Révolution nationale, Paris 6–7 mars 1970, Paris 1972); J. DURAND, Vichy 1940–1944 (Paris 1972); A. S. MILWARD, The New Order and the French Economy (Oxford 1970).

Belgien: DW 397/768–771. – s. Lit. zu Kap. 3. – G. JACQUEMYNS, La société belge sous l'occupation allemande 1940–44 (3 Bde. 1950); C. GUTT, La Belgique au carrefour, 1940–1945 (Paris 1971); A. de JONGHE, Hitler en het politieke lot van Belgie, del I, 28 mai – 19. nov. 1940 (1972); M. G. HAUPT, Der »Arbeitseinsatz« der belg. Bevölkerung während des Zw. Weltkrieges (1970); W. WAGNER, Belgien in der dt. Politik während des Zw. Weltkrieges (1974).

Holland: DW 397/810–813. – L. de JONG, Het Koninkrijk der Nederlanden in den Tweede Wereldoorlog, bisher 4 Bde. bis März 1940 (Den Haag 1969–1972); Gabriele HOFFMANN, NS-Propaganda in den Niederlanden. Organisation u. Lenkung der Publizistik unter dt. Besatzung 1940–1945 (1972); K. KWIET, s. Kap. 8, Anm. 10; zur Judenverfolgung in Holland s. Kap. 9.

Luxemburg: DW 397/809. – s. Lit. zu Kap. 3.

Dänemark u. Norwegen: DW 397/773–775. – s. Lit. zu Kap. 2 u. Kap. 8. – V. SJØQVIST, Danmarks udenrigspolitik 1933–1940 (1971); V. La COUR, Danmark under Besaettelsen (3 Bde. 1946/47); F. WENDT, Besaettelse og Atomtid 1939–1970, Bd. 14 in: J. DANSTRUP/H. KOCH (Hg.), Danmarks Historie (1972); J. BARFOD/E. KRUCHOW, Danmark under 2. verdenskrig. Kilder og tekster (²1972); H. KIRCHHOFF/H. S. NISSEN/H. POULSEN, Besaettelsestidens historie (1965); ferner die Beiträge des »Besaettelsestidsprojekt«, hg. von der Udgiverselskab for Danmarks nyeste historie (DNH). – Zu Norwegen vgl. die Serie Norge og den 2. Verdenskrig, hg. von der Samtidshistorisk Forskningsgruppe unter der Leitung von M. SKODVIN; ders., Samtid og Historie (Oslo 1975), ausgewählte Aufsätze bes. zur Besatzungszeit; ferner N. M. UDGAARD, Great power politics and Norwegian foreign policy. A study of Norway's foreign relations Nov. 1940–Febr. 1948 (1973); Lit.bericht: Norges krig 1940 bis 1945, in: Norsk militaerhistorisk bibliografi (1969).

Polen: DW 397/819–825. – s. Lit. zu Kap. 8. – W. MARKERT (Hg.), Osteuropahandbuch. Polen (1959).

Tschechoslowakei: s. Kap. 8, Anm. 19; Kap. 14, Anm. 12. – K. BOSL (Hg.), Das Jahr 1945 in der Tschechoslowakei. Internat., nat. u. wirtschaftl.-soziale Probleme (1971).

Sowjetunion: DW 397/832–838. – s. Lit. Bd. 20, S. 22, u. zu den Kap. 5, 6, 8. – B. S. TELPUCHOWSKI, Die sowj. Gesch. des Großen Vaterländ. Krieges 1941–1945, hg. u. krit. eingel. von A. HILLGRUBER/H.-A. JACOBSEN (1961); M. P. GALLAGHER, The Soviet History of the World War II. Myths, Memoirs and Realities (New York u. London 1963); J. ERICKSON, The Soviet High Command 1918–1941 (London 1962); V. L. ISRAELJAN, Anti-Hitler-Coalition (a. d. Russ. 1971); A. WERTH, Rußland im Krieg 1941–1945 (a. d. Engl. Tb. 1965).

Griechenland: DW 397/787–789. – s. Kap. 8, Anm. 13.

Jugoslawien: DW 397/801–807. – s. Lit. Kap. 5. – A. HILLGRUBER, Südost-Europa im Zw. Weltkrieg. Lit.bericht u. Bibliographie, in: Schriften der Bibliothek f. Zeitgesch. N. F., H. 1 (1962); W. MARKERT (Hg.), Osteuropahandbuch. Jugoslawien (1954); K.-D. GROTHUSEN, Lit.bericht über die Gesch. Jugoslawiens. Veröff. 1945 bis 1966, HZ Sonderheft 3 (1969).

1. Entfesselung des Zweiten Weltkrieges

Neutrale: DW 397/1571f., 1830f., 1839, 1846.

Schweiz: E. BONJOUR, Gesch. der schweiz. Neutralität (8 Bde. 1967–1975); W. RINGS, Schweiz im Krieg 1933–1945 (1974).

Schweden: s. Lit. zu Kap. 2, ferner die Beiträge in der Reihe Sverige under andra världskriget (SUAV), hg. von F. LINDBERG/S. U. PALME/G. T. WESTIN.

Spanien: D. S. DETWILER, Hitler, Franco u. Gibraltar. Die Frage des span. Eintritts in den Zw. Weltkrieg (1962); O. DANCKELMANN, Franco zwischen Hitler u. den Westmächten (Berlin-Ost 1970); aufschlußreich für die Lage Spaniens während des Zw. Weltkrieges auch die Berichte des päpstl. Nuntius in Madrid Siconiani in Actes et doc. du Saint Siège, Bd. 8 (1974).

Vatikan: Dok. s. S. 17 u. Bd. 20, Kap. 13, Anm. 2. – C. FALCONI, Das Schweigen des Papstes, eine Dokumentation (a. d. Ital. 1966); E. JÄCKEL, Zur Politik des Hl. Stuhles im Zw. Weltkrieg. Ein ergänzendes Dokument, GWU 15 (1964); J. BECKER, Der Vatikan u. der 2. Weltkrieg (Festschr. K. Kluxen 1972).

Kapitel 1
Die Entfesselung des Zweiten Weltkrieges

Am 22. August, am Tag vor der Unterzeichnung des Paktes mit Stalin, erklärte Hitler vor den Oberbefehlshabern und Kommandierenden Generälen, daß er bereits im Frühjahr den Entschluß gefaßt habe, die für unvermeidlich gehaltene Auseinandersetzung mit Polen durchzuführen[1]. Die Lage sei günstig, und Deutschland könne nicht länger warten. »Wir haben nichts zu verlieren, nur zu gewinnen. Unsere wirtschaftliche Lage ist infolge unserer Einschränkungen so, daß wir nur noch wenige Jahre durchhalten können.« Nicht vor dem Kriege habe man sich zu fürchten, denn der Osten liefere alles, was Deutschland brauche. Er fürchtete eher eine Wiederholung von München: »Ich habe nur Angst, daß mir noch im letzten Augenblick irgendein Schweinehund einen Vermittlungsplan vorlegt.«[2] An einem Grund zum Angriff auf Polen werde es nicht fehlen: »Ich werde propagandistischen Anlaß zur Auslösung des Krieges geben, gleichgültig ob glaubhaft. Der Sieger wird später nicht danach gefragt, ob er die Wahrheit gesagt hat oder nicht. Bei Beginn und Führung des Krieges kommt es nicht auf das Recht an, sondern auf den Sieg.« Das eigentliche Ziel dieses Krieges war nicht die Angliederung von Danzig oder die Befreiung der Deutschen in Westpreußen, Posen und Schlesien von polnischer Herrschaft. Schon am 23. Mai hieß es in dem Bericht über Hitlers Besprechung mit den obersten militärischen Führern: »Danzig ist nicht das Objekt, um das es geht. Es handelt sich für uns um die Erweiterung des Lebensraumes im Osten und Sicherstellung der Ernährung sowie die Lösung des Baltikum-Problems. Lebensmittelversorgung ist nur von dort möglich, wo geringe Besiedelung herrscht.«[3]

Der Pakt mit der Sowjetunion war ein Schock für die mit Deutschland befreundeten Staaten. Japan protestierte, da dieser Vertrag im Widerspruch zum Antikominternpakt stehe[4]. Auch Franco rückte von Hitler ab[5]. Wie war die Haltung des italienischen Bundesgenossen? Bei Abschluß des Stahlpaktes hatte Mussolini in einer an Hitler gerichteten Denkschrift vom 30. Mai erklärt, daß der Krieg unvermeidlich sei, daß aber die Achsenmächte wenigstens noch drei Jahre Frieden benötigten, um ihre Vorbereitungen zu beenden[6]. Hitler betrieb im Sommer 1939 den russischen Pakt, ohne Mussolini über seine unmittelbaren Absichten zu verständigen. Beunruhigt und in Ungewißheit über die deutschen Pläne, reiste Anfang August der italienische Außenminister Ciano nach Deutschland, um von Hitler und Ribbentrop klare Auskunft zu verlangen. Über die in Salzburg vom 11. bis 13. August geführten Gespräche besitzen wir deutsche und italienische Berichte, in Einzelheiten voneinander abweichend, aber in der Substanz identisch. So bestreitet Ribbentrop in seinen Nürnberger Aufzeichnungen, daß er, wie Ciano in seinem Tagebuch berichtet, auf dessen Frage: »Was wollt ihr? Den Korridor oder Danzig?« geantwortet habe: »Jetzt nicht mehr. Wir wollen den Krieg.« Eindeutig ist, daß Hitler und Ribbentrop den italienischen Gesprächspartner über die deutsche Absicht, »die polnische Frage so oder so zu lösen«, nicht im Zweifel ließen[7]. Ciano trug ein vorbereitetes Pressecommuniqué in der Tasche, das ihm Mussolini mit auf den Weg gegeben hatte. Es sprach von der Möglichkeit diplomatischer Verhandlungen. Hitler wollte von einer solchen Vermittlung nichts wissen. Sein Terminplan stand fest. Wenn der Feldzug gegen Polen rechtzeitig vor Einsatz der Schlammperiode durchgeführt werden sollte, mußte er Ende August, Anfang September beginnen. Die Haltung Mussolinis war unsicher und schwankend. Er hielt es für unmöglich, jetzt schon Krieg zu führen. Aber er wagte es auch nicht, sich von Hitler zu trennen; denn glückte der Schlag, den Hitler plante, so hoffte er seinen Teil der Beute zu erhalten. In den Gesprächen mit Ciano hatte Hitler auf Kroatien und die dalmatinische Küste hingewiesen.

Hat Hitler wirklich geglaubt, daß die Westmächte nicht eingreifen würden? Unmittelbar vor dem Paktabschluß mit der

Sowjetunion erklärte Chamberlain in einem Brief an Hitler vom 22. August, daß Großbritannien entschlossen sei, in jedem Falle zu der an Polen gegebenen Garantieerklärung zu stehen. Das Mißverständnis von 1914 dürfe sich nicht wiederholen. Deutschland müsse wissen, daß es im Falle des Krieges England zum Gegner haben werde[8]. Hitler antwortete am 23. August mit Beteuerungen seines guten Willens gegenüber England[9]. Am 25. August, 15 Uhr, setzte er den Beginn des Angriffs auf den 26. morgens fest. Aber die schon anrollende Kriegsmaschine wurde noch einmal angehalten. Um 18.15 Uhr wurde der Angriffsbefehl widerrufen. Dies geschah unter dem Eindruck zweier Nachrichten. England hatte sein Garantieversprechen für Polen zu einem förmlichen Bündnisvertrag erweitert, der ausdrücklich die bestehenden Grenzen Polens garantierte[10], und Mussolini ließ Hitler wissen, daß er sich am Kriege nicht beteiligen werde. Er tat dies in der Form exorbitanter Anforderungen von Kriegsmaterial, die die Lieferfähigkeit Deutschlands bei weitem übertrafen und die er zudem sofort verlangte[11]. Vor allem war auch der italienische Botschafter in Berlin Attolico in engem Einvernehmen mit v. Weizsäcker[12] bestrebt, Deutschland vom Kriege zurückzuhalten. Er versuchte in diesem letzten Augenblick doch noch durch Mussolini eine europäische Konferenz zustande zu bringen.

Hitler aber hatte die Hoffnung nicht aufgegeben, daß es ihm gelingen könnte, England und Polen zu trennen. Am 25. mittags bat er den britischen Botschafter Henderson zu sich und erklärte ihm, daß er den dringenden Wunsch habe, sich mit England zu verständigen. Natürlich müsse das Danzig- und Korridor-Problem gelöst werden. Es sei für Deutschland nicht möglich, länger die polnischen Provokationen zu ertragen. Er lockte und drohte zugleich. Er sei »unter allen Umständen entschlossen, diese mazedonischen Zustände an seiner Ostgrenze zu beseitigen«. Aber sofort nach dem Krieg gegen Polen werde er »mit einem großen umfassenden Angebot« an England herantreten. Er bejahe das britische Imperium und sei »bereit, sich für dessen Bestand persönlich zu verpflichten und die Kraft des Deutschen Reiches dafür einzusetzen«. Die begrenzten deutschen Kolonialforderungen könnten im Wege friedlicher Verhandlungen geregelt werden. Deutschland sei auch bereit, eine Begrenzung der Rüstungen zu vereinbaren. Im Westen besitze Deutschland kein Interesse. Eine Grenzkorrektur hier stehe »außerhalb jeder Erwägung«. Die Alternative sei der Krieg, den

Deutschland im Unterschied zu 1914/18 nicht auf zwei Fronten zu führen haben werde. Auf keinen Fall werde Großbritannien aus diesem Krieg stärker hervorgehen; schon der letzte Krieg habe das bewiesen. Er bat Henderson, sich nach London zu begeben und der britischen Regierung eine Verbalnote des gleichen Inhalts zu übermitteln[13]. Am gleichen Nachmittag des 25. August ließ er durch den französischen Botschafter Coulondre an Daladier die Versicherung übermitteln, daß Deutschland jeden Anspruch auf Elsaß-Lothringen preisgegeben habe[14]. Drei Tage vergingen mit Warten. In der Nacht vom 28. zum 29. überbrachte Henderson die Antwort. Die britische Regierung schlug direkte deutsch-polnische Verhandlungen vor[15]. Am 29. abends erklärte Hitler, daß er den englischen Verhandlungsvorschlag annehme. Er sei bereit, einen mit allen Vollmachten versehenen polnischen Unterhändler bis 30. August Mitternacht zu erwarten[16]. Hitler begründete die kurze Befristung des Verhandlungstermins mit den polnischen Übergriffen auf die deutsche Minderheit, die jederzeit ein Eingreifen Deutschlands notwendig machen könnten. Das Minderheitenproblem hatte seit 1933 keine Rolle in den deutsch-polnischen Beziehungen gespielt. Jetzt erhielt es neue Schärfe. Es kam zu Ausschreitungen, die polnischer Nervosität entsprangen, teils aber auch durch deutsche Provokationen ausgelöst wurden[17].

Henderson entgegnete, die Erklärung Hitlers käme einem Ultimatum gleich. Dennoch versuchte er, über seinen polnischen Kollegen Lipski in Berlin die polnische Regierung zu veranlassen, einen Unterhändler zu entsenden. Die britische und französische Regierung rieten zu Mäßigung und Entgegenkommen. Beck hatte sich auf Drängen der britischen Regierung am 28. August zu direkten deutsch-polnischen Verhandlungen bereit erklärt. Die britische Vorstellung ging dahin, daß zwischen Deutschland und Polen in der Danzig- und Korridorfrage eine Lösung gefunden und danach die polnischen Grenzen unter internationale Garantie gestellt werden sollten. Das wäre auf eine Art Ostlocarno nach vorheriger Regelung der Grenzprobleme hinausgelaufen. Was die polnische Seite anging, so hat Beck keinerlei Bereitschaft zu sachlichen Zugeständnissen erkennen lassen, die eine solche Lösung ermöglicht hätten. Er wies es von sich, den Weg Schuschniggs und Hachas zu gehen. Wäre es wirklich der Weg Schuschniggs und Hachas gewesen? Im Unterschied zu Österreich und der Tschechoslowakei bestand kein Zweifel an der Entschlossenheit des polnischen Volkes, im Falle unzumutbarer Forderungen zu kämpfen, und anders als jene hatte Polen die bindende Zusage, daß die Westmächte zu Hilfe kommen würden. So hat Polen, indem es sich weigerte, sachliches Entgegenkommen in den Fragen zu zeigen, die seit den unglücklichen Bestimmungen des Versailler Vertrages geregelt werden mußten, die Chance verpaßt, eine um so stärkere moralische Position zu gewinnen für die Abwehr aller Zumutungen gegen die polnische Integrität und Unabhängigkeit. Freilich bestand gerade diese Grenzlinie für Hitler nicht, dem es eben nicht um Danzig und die Revision, sondern um »Lebensraum« ging. Die polnische Regierung verkündete, statt einen Unterhändler zu senden, am 30. August die Generalmobilmachung. Um Mitternacht begab sich Henderson zu Ribbentrop. Dieser erklärte, daß nun die Frist der deutschen Verhandlungsbereitschaft verstrichen sei. Er verlas dann den Text von Vorschlägen, die die Reichsregierung einem polnischen Unterhändler habe vorlegen wollen[18]. Henderson bat, wie es der diplomatischen Gepflogenheit entspricht, um Aushändigung des Textes, den Ribbentrop verweigerte. Das war eine Taktlosigkeit, die nicht auf Frieden, sondern auf Krieg berechnet war. Es ist jedoch nicht so, daß Henderson sich nicht des genauen Inhalts dieser deutschen Vorschläge bewußt geworden wäre. Denn in dieser Lage schaltete sich Göring ein.

Göring war vielleicht schon am Zustandekommen der Gespräche des Ministerialdirektors Wohltat mit Wilson und Hudson im Sommer des Jahres beteiligt gewesen, die auf eine Entspannung des deutsch-britischen Verhältnisses zielten (vgl. Bd. 20, Kap. 19). Er hätte wie Mussolini für den Augenblick lieber den Krieg vermieden. Vor allem lag ihm daran, England von Polen zu trennen. Er bediente sich hierzu eines schwedischen Friedensfreundes, Birger Dahlerus[19]. Namentlich nach dem 25. August, in den letzten kritischen Tagen vor Kriegsausbruch, ist Dahlerus wiederholt zwischen Berlin und London hin- und her geflogen, um neben den offiziellen diplomatischen Verhandlungen inoffizielle persönliche Mitteilungen zwischen Hitler und Göring auf der einen Seite, Chamberlain und Halifax auf der anderen Seite hin- und herzutragen. Sachlich sind in diesem persönlichen Meinungsaustausch keine Momente enthalten, die über die offiziellen Verhandlungen hinausgingen, es sei denn der ausgesprochene Wunsch Görings, nichts unversucht zu lassen, um dennoch zu einer Regelung zu gelangen. So übermittelte er jetzt in der Nacht vom 30. zum 31. August den

Inhalt der deutschen Vorschläge an Dahlerus, der sie an die britische Botschaft weitergab. Henderson telegraphierte sie am 31. morgens nach London und teilte sie ebenfalls dem polnischen Botschafter Lipski in Berlin mit. Henderson hatte keinen ungünstigen Eindruck von dem Inhalt der deutschen Vorschläge. Sie waren in der Tag von einer bemerkenswerten Zurückhaltung und blieben weit zurück hinter den exzessiven Lebensraumvorstellungen, die das eigentliche Ziel Hitlers waren. Danzig, so lautete der Vorschlag, sollte deutsch werden, Gdingen polnisch bleiben. Im Korridorgebiet sollte eine Abstimmung unter einer internationalen Kommission durchgeführt werden. Blieb es polnisch, so sollte Deutschland eine exterritoriale Auto- und Eisenbahn nach Ostpreußen erhalten; wurde es deutsch, so sollte eine ähnliche Verbindung für Polen nach Gdingen hergestellt werden. Außerdem sollten wirtschaftliche Schäden, die den Minderheiten seit 1918 zugefügt worden waren, wiedergutgemacht und deren zukünftige Rechtsstellung in einem gegenseitigen Minderheitenabkommen neu geregelt werden. Polen hatte ähnliche deutsche Vorschläge ein halbes Jahr zuvor schon zurückgewiesen. So hätte wahrscheinlich auch jetzt keine Aussicht auf ihre Annahme bestanden, selbst wenn sie von deutscher Seite von vornherein als offener Vorschlag auf den Tisch gelegt worden wären. Durch Vermittlung der britischen Regierung und durch das Drängen der Franzosen, die am liebsten gesehen hätten, wenn Polen den von Hitler verlangten bevollmächtigten Unterhändler entsandt hätte, wurde Beck immerhin veranlaßt, wenigstens einen Schritt entgegenzukommen. Der polnische Botschafter Lipski wurde beauftragt, der Reichsregierung mitzuteilen, daß Polen bereit sei, den von der britischen Regierung übermittelten Vorschlag auf direkte Verhandlungen zu prüfen. Er kam jedoch nicht als Bevollmächtigter zur Entgegennahme oder gar zur Annahme von Vorschlägen. Göring ließ durch Dahlerus der britischen Regierung den Text eines Chiffretelegramms der polnischen Regierung an Lipski übermitteln, das von einer deutschen Stelle aufgefangen worden sei. Es enthielt die Weisung an Lipski, sich unter keinen Umständen in sachliche Diskussionen einzulassen und keine mündlichen oder schriftlichen Vorschläge entgegenzunehmen[20].

Lipski wurde von seiner Regierung jedenfalls nicht beauftragt, unzweideutig zu erklären, daß Polen bereit sei zu verhandeln. Polen hat die hier liegenden taktischen Möglichkeiten nicht ergriffen[21]. Hitler konnte nun das deutsche Volk glauben machen, daß er den Frieden durch ein vernünftiges Angebot habe retten wollen, aber durch den Starrsinn Polens zum Kriege gezwungen worden sei[22]. Als Lipski, der sich am 31. August, 13 Uhr, bei Ribbentrop angemeldet hatte, fünfeinhalb Stunden später empfangen wurde, war es auf alle Fälle bereits zu spät. Am gleichen Mittag des 31. August, um 12.40 Uhr, hatte Hitler erneut den Befehl zum Angriff auf Polen gegeben, der am nächsten Vormittag im Morgengrauen begann. Am späten Abend des 31. August lieferte der Sicherheitsdienst der SS den von Hitler am 22. August angekündigten »propagandistischen Anlaß«, indem er, teilweise in den Uniformen polnischer Freischärler, Überfälle auf verschiedene Grenzorte fingierte[23]. So konnte Hitler am Morgen des 1. September vor dem deutschen Reichstag verkünden, sein großzügiges Angebot sei von den Polen mit bewaffneten Anschlägen beantwortet worden; daher werde jetzt »zurückgeschossen«.

Lit. wie zu Bd. 20, Kap. 19. – Daß nicht »Ausbruch«, sondern »Entfesselung des Zw. Weltkrieges« der adäquate Ausdruck ist, begründet W. HOFER in seinem gleichnamigen Buch. Gegen die allgemein akzeptierte Meinung, daß Hitler zielstrebig auf den Eroberungskrieg im Osten hingearbeitet hat, ist zu Beginn der 6oer Jahre die These vertreten worden, Hitler habe nur durch Bluffs u. Drohungen die Revision des Versailler Vertrages durchsetzen wollen. Daß daraus ein Weltkrieg wurde, sei die Schuld Englands. So neben anderen A. J. P. TAYLOR, Die Ursprünge des Zw. Weltkrieges (a. d. Engl. 1962). Zur Zurückweisung dieser These durch die Forschung vgl. H. BOOMS, Der Ursprung des 2. Weltkrieges – Revision oder Expansion, GWU 16 (1965).

[1] Text in: Ursachen u. Folgen 13, Nr. 2824 c–d. Zu den verschiedenen Niederschriften mit unterschiedlichen Formulierungen vgl. W. BAUMGART, Zur Ansprache Hitlers vor den Führern der Wehrmacht am 22. Aug. 1939, VfZG 16 (1968); dazu H. BOEHM/W. BAUMGART, Miszelle in: VfZG 19 (1971). Zitate im Text nach einer Niederschrift, die, wie Baumgart schlüssig dargelegt hat, vermutlich von Canaris stammt.

[2] Gen. Adm. Boehm, der an der Besprechung teilnahm, bestreitet, daß diese Äußerung gefallen sei, VfZG 19 (1971), S. 299. In anderen Versionen ist die Rede von »Saukerl«, ADAP, Serie D, Bd. 7, S. 172 Anm., oder »Kerl«, so in der Niederschrift des Teilnehmers Gen. Liebmann, VfZG

16 (1968), S. 146. Kein Zweifel besteht daran, daß Hitler ein abermaliges München vermeiden wollte.

[3] Ursachen u. Folgen 13, Nr. 2806 a.

[4] Vgl. Bd. 20, Kap. 15, Anm. 26; ADAP, Serie D, Bd. 7, Nr. 262; Th. SOMMER, Dtld. u. Japan zw. den Mächten 1935–40 (1962), S. 282 ff.

[5] ADAP, Serie D, Bd. 7, Nr. 524.

[6] ADAP, Serie D, Bd. 6, Nr. 459, Anl.; F. SIEBERT, Italiens Weg in den Zw. Weltkrieg (1962).

[7] ADAP, Serie D, Bd. 7, Nr. 43 u. 47 (Ribbentrop); Bericht CIANOS an Mussolini über die Unterredung mit R. vom 12. Aug. 1939 in Archives secrètes du Comte Ciano (Paris o. J.), S. 297; ders., Tagebücher 1939–1943 (Bern 1947), S. 122 f. – Zusammenstel-

lung der Dok. in Ursachen u. Folgen 13, Nr. 2821.

[8] Doc. Brit. For. Pol. Serie 3, Bd. 7, Nr. 145.

[9] ADAP, Serie D, Bd. 7, Nr. 201; Darstellung der Bemühungen Hitlers, England aus dem Krieg gegen Polen herauszuhalten, vgl. Bd. 20, Kap. 19, Anm. 20.

[10] Ursachen u. Folgen 13, Nr. 2826f–g.

[11] Briefe Mussolinis an Hitler vom 25. u. 26. Aug. 1939, ADAP, Serie D, Bd. 7, Nr. 271 u. 301.

[12] Vgl. dazu L. HILL (Hg.), Die Weizsäcker-Papiere 1933–1950 (1974), S. 157ff.; U. v. HASSELL, Vom andern Deutschland. Aus den nachgelassenen Tagebüchern 1938–1944 (1946), S. 81ff.

[13] ADAP, Serie D, Bd. 7, Nr. 265; Doc. Brit. For. Pol., Serie 3, Bd. 7, Nr. 283 u. 284. – Zu Hendersons Bemühungen, den Bruch zw. Dtld. u. England zu verhindern, vgl. dessen Erinnerungen: Sir N. HENDERSON, Failure of a Mission (London 1940) sowie R. STRAUCH, Sir Nevile Henderson. Ein Beitrag zur diplomat. Vorgesch. des Zw. Weltkrieges (1959).

[14] Ursachen u. Folgen 13, Nr. 2834.

[15] Doc. Brit. For. Pol., Serie 3, Bd. 7, Nr. 426, 447, 455, 472, 501; ADAP, Serie D, Bd. 7, Nr. 384.

[16] Doc. Brit. For. Pol., Serie 3, Bd. 7, Nr. 490, 502; ADAP, Serie D, Bd. 7, Nr. 421.

[17] P. AURICH, Der dt.-poln. September 1939. Eine Volksgruppe zw. den Fronten (1969).

[18] ADAP, Serie D, Bd. 7, Nr. 461. Über den Verlauf der Unterredung Berichte Hendersons, Doc. Brit. For. Pol., Serie 3, Bd. 7, Nr. 571 u. 574; P. SCHMIDT, Statist, S. 456ff.

[19] Zum Folgenden B. DAHLERUS, Der letzte Versuch (1948). Diese Verhandlungen haben ihren Niederschlag auch in den brit. Akten gefunden.

[20] Hiervon abweichend die poln. Version. Beide Fassungen: Ursachen u. Folgen 13, Nr. 2841d u. Anm.

[21] Brit. Kritik an diesem Verhalten Polens: Bericht Henderson 31.8. 1939, Doc. Brit. For. Pol. III/7, Nr. 575 u. Halifax an brit. Botschafter in Warschau 1.9. 1939, ebd. Nr. 632.

[22] Amtl. dt. Rundfunkmitteilung 31.8. 1939, Ursachen u. Folgen 8, Nr. 2841g.

[23] H. GROSCURTH, Tagebücher eines Abwehroffiziers 1938–1940 (1970), S. 180; über ein von SD-Leuten in Zivil durchgeführtes Unternehmen militär. Art: J. RUNZHEIMER, Der Überfall auf den Sender Gleiwitz im Jahre 1939, VfZG 10 (1962).

Kapitel 2
Teilung Polens, Finnischer Winterkrieg, Besetzung Dänemarks und Norwegens

Mussolini hatte in der Krise der letzten Augusttage versucht, zu vermitteln und eine europäische Konferenz zuwege zu bringen. Sie war nicht zustande gekommen, weil Hitler darauf bestand, daß zunächst die Westmächte zustimmen sollten, diese aber ihrerseits die Bedingung stellten, daß Hitler vorweg auf seine Angriffspläne verzichtete. Auch nachdem die deutschen Armeen am Morgen des 1. September nach Polen eingebrochen

waren, setzte Mussolini seine Bemühungen fort[1]. England und
Frankreich verlangten jetzt, daß Hitler zunächst seine Truppen
aus Polen zurückrufe. Wie wenig Frankreich, wo die Parole
»Für Danzig sterben?« die öffentliche Meinung am Sinn des
Krieges zweifeln ließ, bereit war, sich in die Ungewißheit eines
Waffenganges zu stürzen, zeigte der Versuch, Hitler wenigstens
zu einem symbolischen Rückzug zu bewegen. Aber Hitler
dachte nicht an Nachgeben, und er hatte so unrecht nicht mit
seiner Vermutung, daß die Westmächte faktisch Polen nicht
helfen würden. Am 3. September erklärten sie zwar den Krieg
an das Reich, und die Engländer schickten im Laufe der nächsten Wochen ein Expeditionskorps in Stärke von zehn Divisionen auf den Kontinent, die Franzosen tasteten sich auch bis in
das Vorfeld des Westwalls vor, aber weder zu Lande noch in der
Luft versuchten England und Frankreich, Polen auch nur durch
einen energischen Angriff gegen den Westen Deutschlands zu
entlasten.

Polen, das alles auf eine Karte gesetzt hatte, brach in wenigen
Wochen zusammen. Neben der überlegenen Zahl der deutschen
Angriffsdivisionen entschieden die Luftwaffe und die in geschlossenen Verbänden raumausgreifend operierende Panzerwaffe den Feldzug[2]. Die Rote Armee griff trotz deutschen
Drängens erst am 17. September ein mit der in Berlin Verstim-
mung hervorrufenden Begründung, daß sie den Ukrainern und
Weißrussen im östlichen Polen Schutz gewähren müsse gegen
die deutsche Bedrohung[3]. Aus der deutsch-russischen Umklam-
merung entkamen nur Bruchteile der polnischen Armee nach
Ungarn und Rumänien. Am 27. September brach unter den
deutschen Luftangriffen der Widerstand Warschaus zusammen.
In Paris konstituierte sich eine exilpolnische Regierung unter
dem Staatspräsidenten Raskiewisz und dem Ministerpräsiden-
ten General Sikorski.

Am frühen Morgen des gleichen Tages begannen in Moskau
Verhandlungen zwischen Ribbentrop, Stalin und Molotow über
einen deutsch-sowjetischen Grenz- und Freundschaftsvertrag,
der den Nichtangriffspakt vom 23. August ergänzte. Der Vertrag wurde am 28. September unterzeichnet. In einem begleiten-
den Geheimabkommen wurde die Teilung Polens und des Balti-
kums vollzogen und die Aussiedlung der Baltendeutschen vereinbart[4]. Abweichend von der ursprünglich verabredeten
Grenze wurde nunmehr einem Wunsch Stalins entsprechend
Litauen (mit Ausnahme einer Grenzberichtigung zugunsten

Deutschlands) der russischen Interessensphäre zugesprochen, dafür der deutsche Anteil an Polen um Lublin und einen Teil der Woiwodschaft Warschau bis an die Buglinie erweitert.

In den Ostseestaaten löste Rußland seinen Wechsel alsbald ein. Estland, Lettland und Litauen wurden zu Beistandsverträgen und zur Abgabe von Stützpunkten an die Rote Armee gezwungen. Die Weigerung Finnlands, das von der Sowjetunion zur Sicherung Leningrads begehrte Hangö preiszugeben, führte zum finnisch-russischen Winterkrieg[5]. Am 30. November 1939 fielen russische Truppen über Finnland her. Sie trafen auf einen unerwartet harten Widerstand. Die russischen Truppen schienen schlecht ausgerüstet und schlecht ausgebildet. Im Jahr 1936 hatten politische Prozesse gegen die Generalität der Roten Armee diese fast ihrer gesamten älteren Führerschaft beraubt. Der Eindruck jener Vorgänge wurde durch das Versagen der Roten Armee in Finnland bekräftigt und bestärkte nicht zuletzt Hitler in seiner geringen Einschätzung der Kampfkraft der Sowjetunion. Der Überfall auf das kleine finnische Volk brachte diesem die Sympathie der ganzen Welt ein. Die Sowjetunion wurde aus dem Völkerbund verstoßen, Freiwillige aus den westlichen Völkern, vor allem Schweden, traten in die finnische Armee ein. Die britische Regierung plante eine Landung in Norwegen, um mit einem Hilfskorps durch Schweden hindurch die Finnen zu unterstützen[6]. Sie gedachte hierbei zugleich, die schwedischen Erztransporte nach Deutschland zu unterbinden, die im Sommer über die Ostsee, im Winter entlang der norwegischen Küste von Narvik aus liefen. Finnland rief auch Deutschland um Hilfe an. Aber trotz der alten, tief gegründeten Sympathien zwischen dem deutschen und finnischen Volk erlaubte es der Pakt mit Rußland nicht, dem bedrängten Land mit Material, Waffen oder Menschen zu Hilfe zu kommen. Für einen Augenblick sah es aus, als würden in Finnland die Sowjetunion und die Westmächte aufeinanderstoßen. Das wäre eine für Deutschland ungewöhnliche Chance gewesen. Aber Stalin brach den Feldzug rechtzeitig ab, um nicht die Westmächte von Deutschland weg und auf die Sowjetunion zu ziehen. Er wartete auf seine Stunde und begnügte sich mit verhältnismäßig geringem Gewinn, der für Rußland dennoch eine erhebliche Verbesserung seiner strategischen Position einbrachte. Finnland mußte im Frieden von Moskau am 12. März 1940 die Karelische Landenge abtreten, auch Teile von Ostkarelien und einzelne Inseln. Hangö wurde ein sowjetischer Stützpunkt. Überdies erhielt die Sowjetunion Transitrechte zum Eismeerhafen Petsamo[7].

Hitler machte nach dem Polenfeldzug, während dessen Dauer er den drei Wehrmachtteilen offensive Aktionen im Westen untersagt hatte, erneut den Versuch, die Westmächte abzuschütteln. Am 6. Oktober hielt er vor dem Reichstag eine Rede, die auf der Basis der deutschen Erfolge ein Friedensangebot an England enthielt[8]. Freilich war er sich nicht sicher, daß England tatsächlich nachgeben und ihm selber ein so leichter Triumph beschieden sein würde. Daher gab er drei Tage später die erste Weisung zur Vorbereitung des Feldzuges im Westen. Im Grunde wünschte er diesen Entscheidungskampf, nachdem er den Rücken im Osten für den Augenblick frei glaubte. Die britische Regierung lehnte es in einer Unterhausrede Chamberlains vom 12. Oktober ab, mit Hitler Frieden zu schließen. Während sich nun Deutschland in den neu gewonnenen Gebieten einrichtete, die durch Versailles an Polen gefallenen ehemals deutschen Gebiete sowie das Wartheland unmittelbar in das Reich eingliederte und das übrige Polen als Generalgouvernement unter Hans Frank der deutschen Herrschaft unterstellte, wurden zugleich die Voraussetzungen für die Weiterführung des Krieges, nun gegen den Westen, geschaffen. Wirtschaftlichen Rückhalt gab ein mit der Sowjetunion am 11. Februar 1940 geschlossenes Wirtschaftsabkommen[9]. Solange Rußland aufgrund dieses Abkommens Getreide, Baumwolle, Eisen, Platin, Mangan und Öl lieferte, brauchte das Reich nichts von einer Blockade zu befürchten. Deutschland lieferte als Gegenleistung Produktionsgüter und Kriegsgerät. Aber auch militärisch kam das Bündnis mit der Sowjetunion Deutschland zugute. Deutschen Schiffen wurde im Kola-Fjord in der Nähe von Murmansk eine Versorgungsmöglichkeit geboten, die von heimkehrenden Blockadebrechern benutzt wurde. Die ganze Masse des deutschen Heeres konnte vom Osten nach dem Westen verlegt werden. Nur sieben Divisionen blieben an der russischen Grenze stehen. Hinter dem Westwall und der Maginot-Linie standen sich im Winter 1939/40 das französische und das deutsche Heer unbeweglich gegenüber.

Währenddessen bereitete sich der Kampf um Norwegen vor[10]. Der Weg entlang der 2000 Meilen norwegischer Küste gab der deutschen Schiffahrt die Möglichkeit, durch den englischen Blockadegürtel hindurchzugelangen. Hier wurde vor allem das wichtige schwedische Erz transportiert, das von Schweden mit der Bahn nach Narvik, von dort zu Schiff nach Deutschland gebracht wurde. England war ebenso daran interessiert, diesen Seeweg durch Verminung und Besetzung norwegischer Küstenstützpunkte zu unterbinden, wie Deutschland bestrebt sein mußte, dies zu verhindern. Die norwegische Regierung war bemüht, das Land aus dem Krieg herauszuhalten, obwohl kein Zweifel bestehen konnte, daß Norwegen durch seine wirtschaftlichen Interessen wie durch seine Sympathie der englischen Seite zuneigte und im Fall des Verlustes seiner Neutralität gegen Deutschland stehen würde[11]. Am 12. März 1940 beschloß das britische Kabinett die Hilfsaktion für Finnland über Norwegen und Schweden durchzuführen, obwohl die beiden Länder auf ihrer Neutralität bestanden. Frankreich war bereit, sich an diesem Unternehmen mit mehreren Divisionen zu beteiligen. Daladier und der französische Generalstabschef Gamelin hofften, durch eine Ausweitung des Krieges auf Skandinavien der geplanten deutschen Westoffensive zuvorkommen zu können. Nachdem am gleichen Tage diesem Plan durch den plötzlichen Friedensschluß Finnlands mit der Sowjetunion die politische Voraussetzung genommen worden war, entschied sich das britische Kabinett am 28. März für die Verminung norwegischer Küstengewässer. Anschließend sollten Narvik, Trondheim, Bergen und Stavanger besetzt werden. Die ersten Pläne hierzu reichen bis zum September 1939 zurück. Auch auf deutscher Seite wurden in der Seekriegsleitung seit längerem Überlegungen über eine eventuelle Landung in Norwegen angestellt. Hierbei spielten unterschiedliche Motive offensiver und defensiver Natur eine Rolle: Erwerb von Stützpunkten für die Seekriegführung gegen die britischen Zufahrtswege im Nordatlantik, Sicherung der skandinavischen Erzzufuhr nach Deutschland entlang der norwegischen Küste, Unterbindung der Zufuhr von Erz und Holz von Norwegen nach England. Ausgangspunkt für die Einschätzung Norwegens in der deutschen Seestrategie ist eine Denkschrift des Vizeadmirals Wolfgang Wegener aus dem Jahre 1926 über ›Die Seestrategie des Weltkriegs‹. Diese im Marineoffizierskorps umstrittene Schrift übte an der Marinekonzeption von Tirpitz, die auf eine Seeschlacht in der Nordsee angelegt gewesen war, Kritik und forderte statt dessen den offensiven Kampf um die atlantischen Seehandelswege von geeigneten Stützpunkten aus. Seit 1937 wurden in der Seekriegsleitung Überlegungen zum »Fall Norwegen« angestellt. Am 10. Oktober 1939, einen Tag nachdem Hitler seine erste Weisung für den »Fall Gelb«, die Vorbereitung des Angriffs im Westen, gegeben hatte, wies ihn Großadmiral Raeder auf die Bedeutung von Stützpunkten an der norwegischen Küste als alternative Möglichkeit für die weitere Kampfführung gegen England hin. Durch den finnisch-russischen Winterkrieg erhielt Norwegen erhöhte Aktualität. Man rechnete auf deutscher Seite mit einer britischen Landung. Von OKW und Seekriegsleitung wurden nunmehr auf Weisung Hitlers im Dezember 1939/Januar 1940 konkrete Operationsstudien ausgearbeitet. Der Altmark-Zwischenfall vom 16. Februar (vgl. Anm. 11) bestätigte den Eindruck, daß präventive Maßnahmen erforderlich seien. Nach dem plötzlichen Abschluß des finnisch-russischen Krieges gewann die Seekriegsleitung allerdings Mitte März den fälschlichen Eindruck, daß nunmehr mit britischen Landungsabsichten in Norwegen für die nächste Zeit nicht mehr zu rechnen sei.

Hitler hatte nach Zurückweisung seines Friedensangebotes nach dem Polenfeldzug zunächst geplant, sich gegen den Westen zu wenden, um durch die Niederwerfung Belgiens, Hollands und Frankreichs die Kanalküste und damit eine Basis für den U-Boot- und Luftkrieg gegen England zu gewinnen, in dem er den Hauptgegner sah. Halder und v. Brauchitsch verstanden es jedoch, Hitler durch militärische Erwägungen zu veranlassen, den Termin immer wieder hinauszuzögern. Der Polenfeldzug hatte Mängel in der Materialausrüstung und im Ausbildungsstand der Truppe erkennen lassen, die Wetterlage war ungünstig, zudem erhöhten die Belgier ihre Abwehrbereitschaft in dem Maße, wie sich die Nachrichten verdichteten, daß Deutschland einen Angriff vorbereite. Zu diesen Hinweisen auf die deutschen Pläne gehörten auch die Dokumentenreste aus der Mappe eines Kurieroffiziers, die infolge der Notlandung einer Luftwaffenmaschine bei Mecheln in belgische Hände gefallen waren[12]. Halder und v. Brauchitsch, aber auch Göring beurteilten die Chancen für einen Angriff im Westen durchaus pessimistisch. Pläne für den Sturz des Regimes, an denen Halder beteiligt war und in deren Mittelpunkt Beck stand, gediehen jedoch nicht über Planungen hinaus, obwohl damals die Opposition auf mancherlei Wegen und besonders über den Vatikan Verbindung zu englischen Regierungsstellen gewann und für den Fall, daß Hitler gestürzt würde, die Aussicht auf einen Verständigungsfrieden zu bestehen schien[13].

Wenn sich Hitler noch vor dem Angriff im Westen zum Norwegen-Unternehmen entschloß, so ging der Anstoß hierzu von Raeder aus. Am 26. März trug er Hitler vor, eine Landung in Norwegen sei früher oder später notwendig. Er drängte auf eine schnelle Entscheidung, um die auf diese Aktion seit Wochen festgelegte Flotte baldmöglichst wieder für den unmittelbaren Einsatz im Kampf gegen die englischen Zufuhren verfügbar zu machen. Am 1. April befahl Hitler, am 8./9. April das Unternehmen »Weserübung« gegen Dänemark und Norwegen durchzuführen. So kam es, daß, ohne unmittelbar aufeinander bezogen zu sein, in den ersten Apriltagen 1940 eine britische und eine deutsche Operation gegen Norwegen gleichzeitig ins Werk gesetzt wurden. Am 8. April legte die britische Flotte vor der norwegischen Küste Minensperren aus. Am gleichen Tage setzte sich von England aus eine Flotte mit einem Expeditionskorps in Bewegung, um westnorwegische Häfen zu besetzen. Der deutsche Angriff auf Norwegen, eine kombinierte See-, Land- und Luftunternehmung, war in der Planung ebenso verwegen wie in der Durchführung kühn und entschlossen. Die Besetzung Dänemarks vollzog sich fast reibungslos, obwohl Absicht und Zeitpunkt der Aktion, die einen Bruch des deutsch-dänischen Nichtangriffspaktes darstellte, durch das dem deutschen Widerstand angehörende Mitglied der Abwehr, Oberst Oster, über den holländischen Militärattaché den Dänen vorher bekannt wurden[14].

In Norwegen gelang es den deutschen Einheiten, den Briten zuvorzukommen und eine Reihe der wichtigsten Küstenplätze sowie Oslo zu besetzen. In Narvik landeten Teile einer Gebirgsdivision unter Generalleutnant Dietl. Sie hatten hier wechselvolle Kämpfe gegen später landende alliierte Truppen zu bestehen. Bei Narvik wie beim Kampf um den Oslofjord erlitt die deutsche Flotte größere Verluste. Insgesamt verlor sie beim Kampf um Norwegen neben kleineren Fahrzeugen und sechs U-Booten drei Kreuzer und zehn Zerstörer. Hierdurch erklärt sich zum Teil die zögernde Haltung, die später die Marineleitung in den Planungen für eine Landung auf den Britischen Inseln einnahm. Die Landoperationen in Norwegen unter dem Kommando des Generals v. Falkenhorst führten gegen einen zäh und tapfer kämpfenden Gegner zur Vereinigung der von der Westküste und von Oslo her vorstoßenden Verbände. Die in Andalsnes und Namsos gelandeten alliierten Verbände wurden auf die Häfen zurückgedrängt und zur Wiedereinschiffung gezwungen. Nachdem die letzten britischen Einheiten das Land am 8. Juni verlassen hatten, kapitulierte das norwegische Heer am 10. Juni 1940. König Haakon und die Regierung flohen am 7. Juni nach England, um von hier aus einen im Laufe der Jahre wachsenden inneren Widerstand in Norwegen zu organisieren. Nur eine kleine Gruppe von Norwegern, die Nasjonal-Samling des ehemaligen Kriegsministers Vidkun Quisling, war bereit, mit der deutschen Besatzungsmacht zusammenzuarbeiten[15]. Quisling erstrebte ein unabhängiges Norwegen in einem von Deutschland geführten Bund der germanischen Völker. Trotz seiner Sympathien für das nationalsozialistische Deutschland hat er jedoch niemals eine Zusage Hitlers für die Unabhängigkeit Norwegens erhalten. Der eigentliche Herr im Lande war der Reichskommissar Terboven und nicht Quisling, auch wenn dieser später, im Februar 1942, eine Regierung bildete und die bisherige Verfassung außer Kraft setzte.

Im Unterschied zu Norwegen arbeitete die dänische Regierung, nachdem sie die Waffenstreckung der Truppe befohlen hatte, auch unter der deutschen Besatzung zunächst weiter. Erst als sich in der letzten Kriegsphase auch im dänischen Volk der Widerstand verstärkte, trat der im November 1942 ernannte »Reichsbevollmächtigte« Dr. Best im August 1943 an die Spitze der Verwaltung des Landes[16]. Am 29. August wurde der Ausnahmezustand erklärt und das dänische Heer entwaffnet. Die Flotte versenkte sich selbst.

Die schwedische Regierung konnte durch weitgehendes Entgegenkommen gegenüber deutschen Forderungen, so in der Frage der Erzlieferungen und des Transits nach Norwegen sowie durch den Verzicht auf die Unterstützung des norwegischen Widerstandes, die Souveränität und Integrität des Landes retten, war aber fortan zur verstärkten Rücksichtnahme auf Deutschland gezwungen[17].

[1] Dazu F. SIEBERT (s. Kap. 1, Anm. 6) u. B. MARTIN, Friedensinitiativen u. Machtpolitik im Zw. Weltkrieg 1939–1942 (1974), S. 34ff. – P. KIRCHEISEN, Die Dtld.politik der Westmächte während des polnischen Krieges (Diss. Halle-Wittenberg 1965); G. ROSSILANDI, La drôle de Guerre. La vie politique en France, le 2 septembre 1939 (Paris 1971).

[2] DW 397/601–604. – Dieser auch von westl. Militärtheoretikern wie Liddell-Hart u. de Caulle entwickelte operative Gedanke des Panzereinsatzes gelangte durch Guderian in der dt. Armee zur Anwendung; H. GUDERIAN, Erinnerungen eines Soldaten (1951). – N. v. VORMANN, Der Feldzug 1939 in Polen. Die Operationen des Heeres (1958); H. ROOS, Die militärpolit. Lage u. Planung Polens gegenüber Dtld. vor 1939, in: Wehrwiss. Rdsch. 7 (1957); ders., Der Feldzug in Polen von Sept. 1939, ebd. 9 (1959).

[3] ADAP, Serie D, Bd. 8, Nr. 78; W. SUKIENNICKI, The Establishment

of the Soviet Regime in Eastern Poland in 1939, in: Journal of Central Europ. Aff. 23 (1963/64). Guter Überblick über die russ. Politik seit Ausbruch des Zw. Weltkrieges u. ausführliche Lit.angaben bei A. HILLGRUBER, Der Zw. Weltkrieg, 1939–1945, in: D. GEYER (Hg.), Osteuropa-Handbuch. Sowjetunion, Außenpolitik I (1972). Grundlegende sowj. Darstellung: Gesch. des Großen Vaterländischen Krieges der Sowjetunion (1960), Bd. 1.

[4] Text u. Zusatzprotokolle in ADAP, Serie DD, Bd. 8, Nr. 157–161. H. v. RIMSCHA, Die Umsiedlung der Deutschbalten aus Lettland im Jahre 1939 (o. J., 1959); H. HECKER, Die Umsiedlungsverträge des Dt. Reiches während des Zw. Weltkrieges (1971); W. v. RÜDIGER, Aus dem letzten Kapitel dt.-balt. Gesch. in Lettland, 1919–1939 (2 Bde. 1954/55); s. auch Lit. Kap. 3, Anm. 14.

[5] Neben den entsprechenden Abschnitten in den Erinnerungen von W. v. BLÜCHER u. des finn. Oberbefehlshabers Marschall MANNERHEIM (s. o. S. 18 f.) s. die Erinnerungen des damaligen finn. Diplomaten u. späteren Staatspräsidenten J. K. PAASIKIVI, Meine Moskauer Mission (a. d. Finn. 1966) sowie die Darstellung des Führers der finn. Sozialisten u. damaligen Außenministers Väinö TANNER, The Winter War. Finland against Russia 1939–40 (a. d. Finn., Stanford Univ. Press 1957); ferner M. JAKOBSON, Diplomatie im Finnischen Winterkrieg 1939–1940 (a. d. Amerik. 1970); A. F. UPTON, Finland 1939–40 (London 1974); Eloise ENGLE/I. PAANANEN, The Winter War. The Russo-Finnish Conflict 1939–40 (London 1973).

[6] Vgl. CHURCHILL, Der Zw. Weltkrieg, Bd. 1, 2, S. 203 ff.; N. ÖRVIK, Das engl.-norweg. Handelsabkommen u. die alliierten Interventionspläne im russ.-finn. Krieg, VfZG 4 (1956). Zur Auseinandersetzung in Schweden über das Ausmaß der Finnland zu gewährenden Hilfe: A. JO-HANNSON, Finlands sak. Svensk politik och opinion under vinterkriget 1939–1940 (Stockholm 1973).

[7] Ursachen u. Folgen 14, Nr. 2947.

[8] DOMARUS, Hitler, Reden 2, S. 1377 ff.; zum Friedensangebot MARTIN, S. 57 ff.

[9] ADAP, Serie D, Bd. 8, Nr. 607 u. 636. Zu den russ. Lieferungen an Dtld. F. FRIEDENSBURG, Die sowj. Kriegslieferungen an das Hitlerreich (1962); W. BIRKENFELD, Stalin als Wirtschaftspartner Hitlers (1939–41), in: Vjschr. f. Soz.- u. Wirtsch. Gesch. 53 (1966).

[10] DW 397/605–607. – W. HUBATSCH, »Weserübung«. Die dt. Besetzung Dänemarks u. Norwegens 1940 ([2]1960). Die hier vertretene These, die dt. Skandinavienaktion sei defensiver Natur gewesen, ausgelöst durch die unmittelbar bevorstehende alliierte Landung in Norwegen, korrigiert C.-A. GEMZELL, Raeder, Hitler u. Skandinavien. Der Kampf für einen maritimen Operationsplan (Lund 1965). Vf. weist nach, daß der Gedanke an eine eventuelle Besetzung Skandinaviens im Falle eines Krieges mit England in den 20er Jahren auftauchte und in den 30er Jahren in die Überlegungen der Marine einbezogen wurde. Er urteilt: »Offensive und defensive Motive waren dabei innig und unzertrennlich verflochten«, und betont, »daß Raeders Norwegen-Engagement offensichtlich nicht durch tatsächliche Kenntnis von englischen Absichten gegen Norwegen ausgelöst wurde« (S. 276). Ähnlich, aber ausgewogener in der Beurteilung Raeders: M.SALEWSKI, Die dt. Seekriegsleitung 1935–1945, Bd. 1 (1970). – Das Norwegenunternehmen im Zusammenhang der polit. Konstellation schildert H.-D. LOOCK, Quisling, Rosenberg u. Terboven. Zur Vorgeschichte u. Geschichte der nat.soz. Revolution in Norwegen (1970), dort Angaben zu Quellen u. Lit. – Wichtigste norweg. Darstellungen: O.RISTE, War comes to Norway (a. d. Norweg. 1966);

M. Skodvin (Hg.), Mellom nøytrale og allierte (Oslo 1968); ders. (Hg.), Fra nøytral til okkupert (Oslo 1969); J. Andenaes/O. Riste/M. Skodvin, Norway and the Second World War (1966). – s. Lit. S. 25.

[11] Die schwierige Lage des neutralen Staates im Konflikt der Großmächte beleuchtet der Altmark-Fall. Ein brit. Zerstörer brachte am 16. Febr. 1940 in norweg. Gewässern diesen dt. Dampfer auf, der engl. Kriegsgefangene an Bord hatte. Der Überfall löste einen norweg. Protest u. brit. Gegenprotest aus: H. Knackstedt, Der Altmark-Zwischenfall, Wehrwiss. Rdsch. 9 (1959).

[12] H.-A. Jacobsen, 10. Jan. 1940, Die Affäre Mecheln, Wehrwiss. Rdsch. 4 (1954); Dok. hierzu in ders., Dok. zur Vorgeschichte des Westfeldzuges (1956), Nr. 46–55; J. Vanwelkenhuyzen, Die Niederlage u. der »Alarm« im Jan. 1940, VfZG 8 (1960). – Lit. zum Feldzugplan s. Kap. 3.

[13] Hierzu E. Kosthorst, Die dt. Opposition gegen Hitler zw. Polen- u. Frankreichfeldzug ([2]1955); H. C. Deutsch, Verschwörung gegen den Krieg. Der Widerstand in den Jahren 1939–1940 (a.d. Amerikan. 1969); Tagebücher von Groscurth u. Halder (s. S. 18 u. 33). Weitere Lit. in Kap. 13. Über die vatikanische Fühlungnahme bes. K. Sendtner, Die dt. Militäropposition, in: »Vollmacht des Gewissens« 1 (1956); P. Ludlow, Papst Pius XII., die brit. Regierung u. die dt. Opposition im Winter 1939/40, Dokumentation, VfZG 22 (1974).

[14] Zur Beurteilung Osters, der neben Dänemark auch Holland u. Belgien warnen ließ, ohne daß man dort seinen Mitteilungen großes Gewicht beimaß, H. Graml, Der Fall Oster, VfZG 14 (1966); Deutsch, S. 55 ff.,

72 ff. Wie Deutsch im einzelnen nachweist, haben außer Oster auch General v. Reichenau u. Oberst i. G. Warlimont Holland, Belgien u. England warnen lassen. Reichenau, selbst überzeugter Nat.soz. u. ein Außenseiter im Generalstab, hatte persönlich versucht, Hitler vom Angriff im Westen abzubringen, u. griff dann zu dem Mittel der Warnung der Westmächte, weil er hoffte, daß sichtbare Gegenmaßnahmen Englands u. Hollands Hitler zurückhalten würden.

[15] Zu Quisling: Loock (s. Anm. 10), ferner mit unterschiedlicher Bewertung P. M. Hayes, Quisling. The career and political ideas of Vidkun Quisling, 1887–1945 (London 1972), u. R. Hewins, Quisling – Verräter oder Patriot? (a.d. Engl. 1972). Zur dt. Politik in Norwegen nach der Besetzung neben Loock: M. Skodvin, Striden om okkupasjonsstyret i Norge fram til 25. Sept. 1940 (Oslo 1956); zu Kollaboration u. Widerstand: M. Skodvin, Norway under Occupation, in: J. Andenaes/O. Riste/M. Skodvin, s.o. Anm. 10.

[16] E. Thomsen, Dt. Besatzungspolitik in Dänemark 1940–1945 (1971); H. Kirchhoff/H. S. Nissen/H. Poulsen, Besaettelsestidens historie (Kopenhagen 1965).

[17] H.-J. Lutzhöft, Dtld. u. Schweden während des Norwegenfeldzuges (9. April–10. Juni 1940), VfZG 22 (1974); Erinnerungen des damaligen Leiters der Außenhandelspolit. Abt. im schwed. Außenministerium G. Hägglöf, Svensk Krigshandelspolitik under andra världskriget (Stockholm 1958); W. M. Carlgren, Svensk utrikespolitik 1939–1945 (Stockholm 1973); zahlreiche Spezialuntersuchungen in der Reihe: Sverige under andra världskriget (SUAV) (Stockholm 1971 ff.).

Kapitel 3
Niederwerfung Hollands, Belgiens und Frankreichs, Vordringen Rußlands im Baltikum und auf dem Balkan

Vergeblich hatten Belgien und Holland am 7. November 1939 noch einmal versucht, zwischen den beiden westlichen Großmächten und Deutschland zu vermitteln. Das Schicksal Norwegens zeigte, daß strategische Planungen von beiden Seiten her vor der Verletzung der Neutralität kleinerer Staaten nicht zurückschreckten. Der französische Kriegsplan war auf Verteidigung entlang der Maginot-Linie angelegt. Die Masse der beweglichen Kräfte wurde am Nordflügel aufgestellt, um im Falle eines deutschen Angriffs auf Holland und Belgien sofort auf die Linie Antwerpen–Namur (Dyle-Stellung) vorzurücken und hier zusammen mit der belgischen und im Anschluß an die holländische Armee den Angriff aufzufangen. Ende März trat Reynaud als Ministerpräsident an die Stelle Daladiers. Er wollte dessen »attentisme« durch eine aktive Politik und Kriegführung ersetzen. Am 28. März vereinbarten die französische und die britische Regierung, daß in keinem Falle einer der beiden Verbündeten einen Sonderfrieden oder einen Sonderwaffenstillstand abschließen werde. An dem britischen Unternehmen gegen Norwegen beteiligte sich Frankreich aktiv. Der Generalstabschef Gamelin forderte außerdem, dem erwarteten deutschen Angriff durch das Vorrücken bis an die Dyle-Stellung zuvorzukommen.

Hitler hatte schon am 23. Mai 1939 vor den Oberbefehlshabern erklärt: »Gelingt es, Holland und Belgien zu besetzen und zu sichern sowie Frankreich zu schlagen, dann ist die Basis für einen erfolgreichen Krieg gegen England geschaffen.«[1] Die deutschen Armeen waren in drei Heeresgruppen gegliedert. In der Mitte Heeresgruppe A unter Generaloberst v. Rundstedt, im Norden die Heeresgruppe B unter Generaloberst v. Bock, im Süden die Heeresgruppe C unter Generaloberst v. Leeb. Deutschland besaß im Westfeldzug nicht von vornherein eine solche numerische Überlegenheit der Kräfte wie gegenüber Polen[2]. Aber es verfügte über eine größere Luftwaffe und über zweckmäßiger gegliederte operative Panzerverbände. Auf deren Schlagkraft baute sich der Feldzugsplan auf. Dieser ist im Oktober 1939 nach Weisung des OKW vom Generalstab zunächst improvisiert worden. Erst im Laufe der Wintermonate gewann er die Form, in der er schließlich durchgeführt werden sollte.

Verschiedene Kräfte rangen miteinander. Halder und v. Brauchitsch waren aus militärischen und politischen Überlegungen im Grunde überhaupt gegen eine offensive Kriegführung im Westen. Ihrem ersten Operationsplan fehlte daher die entschiedene Zielsetzung, das französische Heer zu vernichten. Sie erstrebten mit starkem rechtem Flügel Raumgewinn in Holland, Belgien und an der Kanalküste zur Deckung des Ruhrgebiets und als Basis für den Luft- und Seekrieg gegen England. Hitler selbst hatte hingegen in einer Denkschrift vom 9. Oktober für den Fall einer Auseinandersetzung im Westen als Ziel die »unter allen Umständen anzustrebende Vernichtung der französischen und britischen Streitkräfte« bezeichnet. In diesem Gedanken fand er sich durch einen Plan bestätigt, den General v. Manstein, damals Chef des Stabes der Heeresgruppe A, entwickelte. Dieser wollte den Hauptstoß nicht am rechten Flügel der Angriffsfront, sondern über die Ardennen führen, um die Holländer, Belgier und die britische Expeditionsarmee von den Franzosen zu trennen. Auch diese Verlagerung des Schwerpunktes kam eigenen Überlegungen Hitlers entgegen. Das OKH hat sich schließlich diesen Gedanken zu eigen gemacht und im »Sichelschnitt-Plan« die Kräfte entsprechend angesetzt. Diesem Plan zufolge sollte unter Brechung der holländischen und belgischen Neutralität wie im früheren Schlieffenplan der entscheidende Vorstoß nach Nordfrankreich hinein geführt werden, aber nicht als Umfassung, sondern als Durchbruch. An der belgischen Grenze waren die französischen Befestigungen ungleichmäßig ausgebaut und relativ schwach. Wenn hier der Durchbruch gelang, so stand in den Panzerverbänden eine Waffe zur Verfügung, die im Unterschied zum Jahre 1914 dem Angreifer eine taktische Überlegenheit gegenüber dem Verteidiger gab. Die schnelle Beweglichkeit der Panzerwaffe ließ mit der Möglichkeit rechnen, daß diesmal eine Umfassung der gesamten französischen Festungsfront von Westen her gelingen könnte. Im Unterschied zum Schlieffenplan wurde dieser Umfassungsbewegung nach links der »Sichelschnitt« nach rechts vorgeschaltet. Und anders als Schlieffen verzichtete diesmal die deutsche Führung darauf, den Ablauf der Operationen über die ersten Phasen hinweg im voraus festlegen zu wollen[3].

Am 10. Mai 1940 begann der Angriff[4]. Die Niederlande[5] kapitulierten schon nach wenigen Tagen, nachdem es Luftlandetruppen gelungen war, die Maasbrücke bei Moerdijk unbeschädigt zu erobern und damit unter Umgehung der Festungslinie einen Weg in die Festung Holland zu eröffnen. Die Altstadt Rotterdams wurde am 14. Mai durch einen Luftangriff zerstört[6]. Königin Wilhelmina und die Regierung entwichen nach England. In Belgien fielen die Festungen Lüttich, Namur und die Dyle-Stellung bis zum 16. Mai, am 17. Mai wurde Brüssel besetzt, am 18. Antwerpen. Das belgische Heer wurde von seiner Verbindung mit Engländern und Franzosen, die sofort nach Eröffnung des deutschen Einmarsches von Frankreich aus eingerückt waren, abgeschnitten. Die Regierung ging nach England, aber König Leopold III. wollte sich nicht von seiner Armee trennen und unterzeichnete am 28. Mai die Kapitulation[7]. Er blieb während des Krieges als Kriegsgefangener auf Schloß Laeken.

Gegen Frankreich war dem deutschen Angriffsplan ein voller Erfolg beschieden. Schon am 20. Mai hatten die Panzerverbände des Generals v. Kleist, die im Rahmen der Heeresgruppe A operierten, entlang der Aisne und Oise die Sommemündung erreicht. Sie schwenkten nun nach Norden ein und eroberten die Küstenstädte Boulogne und Calais. Während dieser Zeit rückte die Heeresgruppe B mit ihren Infanterieverbänden in langsamerem Angriff von Osten her vor. Brauchitsch und Halder hatten nun die Absicht, die von Osten, Süden und Westen her umfaßte britische Expeditionsarmee, bei der sich auch noch eine größere Anzahl französischer Divisionen befand, durch einen weiteren Vorstoß der Panzer nach Dünkirchen von der See abzuschneiden. Das Schicksal der eingeschlossenen Truppen schien besiegelt. In diesem Augenblick griff Hitler zum zweitenmal in die Planung des Oberkommandos des Heeres ein. Er ließ am 24. Mai die Panzer anhalten. Brauchitsch und Halder hatten die langsamere nördliche Heeresgruppe Bock zum Amboß, die Panzertruppe Kleist zum Hammer machen wollen. Durch den Befehl Hitlers wurde das Verhältnis umgekehrt. Die Vollendung der Einschließung von Seeseite wurde der Luftwaffe übertragen. Göring hielt es für möglich, ein Entweichen über See zu verhindern. Dieser für den Fortgang des Krieges folgenschwere Befehl stand im Widerspruch zur Ansicht v. Brauchitschs, Halders und der örtlichen Befehlshaber, entsprach jedoch der Beurteilung der Lage durch Generaloberst v. Rundstedt. Als zwei Tage später der Befehl rückgängig gemacht wurde, war es zu spät. Der eingeschlossene Gegner hatte inzwischen seinen Rückzugsweg nach Dünkirchen durch einen starken Flankenschutz gesichert. Unter Heranziehung aller verfügbaren Boote konnten über 200 000 Briten und über 100 000 Franzosen unter Zurücklassung allen Kriegsmaterials nach England entkommen – der Grundstock für die Bildung einer neuen Armee.

Der Entschluß zum Anhalten der Panzer vor Dünkirchen war in der Literatur umstritten. Für die Beteiligten, nämlich den Generalstab und die Kommandeure der Panzergruppe Kleist, stand es außer Frage, daß Hitler selbst der Verantwortliche für diesen Entschluß war. Winston Churchill behauptet in seinen Erinnerungen, daß Rundstedt den Befehl gegeben habe. Das amtliche englische Werk über den Krieg in Frankreich übernimmt diese These: Hitler habe am 25. Mai lediglich den Befehl Rundstedts vom Vortage bestätigt. Eine spätere Untersuchung[8], die die bisher bekannten schriftlichen Quellen durch Befragung der noch lebenden Zeugen ergänzte, kam zu dem Ergebnis, daß »Hitler den Befehl zum Anhalten der Panzertruppen aus seiner Auffassung von der Lage und in eigener Verantwortung gegeben« habe, »wobei er allerdings durch die Lagebeurteilung bei der Heeresgruppe in seinen Gedankengängen bestärkt wurde«. Zudem habe »Rundstedt in dieser Frage keinen ausgeprägten Führungswillen gezeigt«. Das Ungewöhnliche, von der deutschen Kriegführung her betrachtet Verhängnisvolle dieses Befehls hat zu mancherlei Spekulationen über die Gründe hierzu Anlaß gegeben. Besonders von Liddell Hart und von Kurt Assmann wurde die These vertreten[9], daß Hitler die Engländer aus politischen Gründen habe entkommen lassen wollen, um ihnen goldene Brücken zu bauen und sie zum Frieden zu bewegen. Dem steht entgegen, daß die Heeresgruppe B und die Luftflotte 2 des Generals der Flieger Kesselring den Befehl hatten, die Einschließung zu vollenden. Göring drängte Hitler, die Vernichtung des eingeschlossenen Feindes der Luftwaffe zu überlassen. Dieser hat ebensowenig wie irgendeiner der beteiligten deutschen Führer den Gedanken geäußert, daß es richtig wäre, den eingeschlossenen Gegner entkommen zu lassen. Die allgemeine Überzeugung war im Gegenteil, daß das Schicksal der Eingeschlossenen besiegelt sei. Niemand, weder Hitler noch die deutschen Generäle, noch auf der anderen Seite Churchill und die britische Führung rechneten mit der Möglichkeit, mit einer so großen Zahl davonzukommen. Welche Überlegung Hitler zu der Annahme hätte veranlassen können, die Engländer würden entgegenkommender sein, wenn sie über einen starken Mannschaftsbestand verfügten, als wenn sie ihn nicht hätten, ist schwer einzusehen. So berichtet denn auch der damalige Heeresadjutant Hitlers, Generalleutnant a. D. Engel, daß Hitler in jenen Tagen häufig geäußert habe, er wolle die englische Armee vernichten, um England friedensbereiter zu machen[10]. Schließlich hat er selbst am 26. Mai seinen Anhaltebefehl rückgängig gemacht. Die Gründe Hitlers für das Anhalten der Panzer sind militärischer Art gewesen. Er wollte die kostbaren Panzerverbände in dem sumpfigen Gelände Flanderns nicht unnötigen Verlusten aussetzen in einer Einschließungsschlacht, die er für bereits gewonnen hielt. Denn so groß die bisher errungenen Erfolge waren, so wenig war doch der Feldzug bereits entschieden. Auf dem linken Ufer von Aisne und Somme hatten die Franzosen, deren Oberbefehl anstelle des Generals Gamelin nunmehr General Weygand übernommen hatte, eine neue Stellung aufgebaut. Hitler wollte den Angriff in der Hauptrichtung in Schwung halten.

Die zweite Phase des Frankreichfeldzuges begann zwischen dem 5. und 9. Juni mit der Überschreitung von Somme und Aisne durch die mittlere und nördliche Heeresgruppe. Nachdem der Durchbruch durch die französischen Stellungen erzwungen war, stießen die Panzergruppen Guderian und Kleist in den freien mittelfranzösischen Raum vor. Am 14. Juni griff nun auch die Heeresgruppe C an. Südlich Saarbrücken und bei Colmar bezwang sie die Maginot-Linie. Am 22. Juni kapitulierten die im Elsaß stehenden französischen Verbände. Am 14. Juni wurde Paris kampflos besetzt. In kurzer Zeit war die ganze nord- und westfranzösische Küste in deutscher Hand.

Durch die deutschen Erfolge war inzwischen Mussolini aus seiner Zurückhaltung herausgerissen worden. Am 10. Juni erklärte er Frankreich und England den Krieg[11]. Ohne Erfolg griff die unter Mussolinis Oberbefehl gestellte italienische Wehrmacht die französischen Alpenstellungen an. Deutsche Angriffe in den Rücken dieser Stellungen brachten auch hier die Entscheidung und öffneten die Alpenpässe. Zu Kriegsbeginn hatte die italienische Haltung der Nichtkriegführung Hitlers Erwartungen enttäuscht. Das verspätete Eingreifen Mussolinis in den Krieg zu dem Zweck, rechtzeitig einen Anteil an der Beute zu sichern, kam ihm ebenfalls ungelegen. Es brachte ihn in Schwierigkeiten bei der künftigen Regelung des deutschen Verhältnisses zu Frankreich. Die italienischen Forderungen auf Korsika und auf französische Besitzungen in Nordafrika und die deutschen Bemühungen, Frankreich zu gewinnen, wenn nicht für eine aktive Kriegführung gegen England, so doch zur Verteidigung Nordafrikas gegen einen möglichen englischen Angriff mit Hilfe der französischen Flotte, stießen sich hart im Raume. Freilich mußte Frankreich auch von deutscher Seite außer dem Verlust von Elsaß-Lothringen weitere Gebietsforderungen erwarten, ohne daß im Verlaufe des Krieges jemals klar ausgesprochen worden wäre, mit welchen zukünftigen Grenzen Frankreich zu rechnen hätte.

Zunächst wurde mit Marschall Pétain, der am 16./17. Juni mit Pierre Laval ein neues Kabinett gebildet hatte, der Abschluß eines Waffenstillstandes vereinbart. Im Walde von Compiègne und im gleichen Eisenbahnwagen, in dem am 11. November 1918 die deutschen Unterhändler von Foch die Waffenstillstandsbedingungen hatten entgegennehmen müssen, wurden am 21. Juni den französischen Unterhändlern die deutschen Bedingungen überreicht und am 22. Juni der Waffenstillstandsvertrag unterzeichnet[12]: Frankreich wurde in ein besetztes und unbesetztes Gebiet geteilt, wobei die Hauptstadt, die nordfranzösische Industrie sowie die Kanal- und Atlantikküste in deutscher Hand blieben (»Militärbefehlshaber Frankreich«, Sitz Paris, und »Militärbefehlshaber Belgien und Nordfrankreich«, dem die Departments Pas de Calais und Nord unterstellt wurden, Sitz Brüssel). Die Franzosen behielten ein Freiwilligenheer und mit eingeschränkter Verfügungsgewalt die Flotte und eine kleine Luftwaffe. Die Regierung Pétain wählte den Badeort Vichy zu ihrem Sitz. In Paris, als der Hauptstadt Frankreichs, residierte der neu ernannte Botschafter Abetz, der sich seit vielen Jahren im Zusammenhang mit den von der Jugendbewegung und von Intellektuellenkreisen getragenen Bestrebungen um ein »rapprochement franco-allemand« einen Namen gemacht hatte. Zwei Tage nach dem Waffenstillstand mit Deutschland folgte der Waffenstillstand mit Italien.

Wie das französische Land, so war auch die französische Nation gespalten. Während Pétain als Staatsoberhaupt und Ministerpräsident des »Etat français« mit Laval als leitendem Minister sich um die Normalisierung des Verhältnisses zu Deutschland bemühte, sammelte General de Gaulle von London aus diejenigen Kräfte, die zur Fortführung des Kampfes entschlossen waren[13].

Frankreich, die unbestrittene militärische Vormacht auf dem europäischen Kontinent in dem Jahrzehnt nach dem Ersten Weltkrieg, war in unerwartet kurzer Zeit zusammengebrochen. Die deutsche Wehrmacht erschien unbesiegbar. Was 1914/18 der durch den Krieg an zwei Fronten belasteten deutschen Führung als kriegsentscheidend erschienen wäre, die Ausschaltung der französischen Militärmacht und die Gewinnung der Kanalküste, war im ersten Anlauf erreicht. Eine der Voraussetzungen für den Erfolg war die durch den Pakt mit Rußland gewonnene Rückenfreiheit im Osten.

Die Bindung der deutschen Kräfte im Westen gab aber zugleich der Sowjetunion die Möglichkeit, ihre eigenen Positionen im Baltikum und auf dem Balkan vorzuschieben[14]. In der Zeit vom 4.–17. Juni, während die deutschen Armeen tief im französischen Raum gebunden waren, erzwangen sowjetische Ultimaten in den baltischen Staaten die Bildung kommunistischer Regierungen. Im Juli und August wurden Estland, Lettland und Litauen in die Sowjetunion eingegliedert. Dieser Vorgang hielt sich noch im Rahmen des Hitler-Stalin-Paktes. Von Rumänien verlangte aber die Sowjetunion am 26. Juni neben Bessarabien, über die Vereinbarungen mit Deutschland hinausgehend, auch die Abtretung des nördlichen Teiles der Bukowina, indem sie auf ihre ursprüngliche Absicht, dieses ganze Gebiet zu erwerben, aufgrund deutscher Vorhaltungen verzichtete[15]. Rumänien, das in Berlin vergeblich um Hilfe nachsuchte, nahm das auf 24 Stunden befristete Ultimatum am 27. Juni an. Deutschland und Rußland schlossen am 5. September einen Vertrag über die Umsiedlung der 93 500 Deutschen aus Bessarabien und der 43 500 deutschen Bewohner der Nordbukowina in das deutsche Reichsgebiet. Was bedeutete es, wenn Rußland sich an das rumänische Ölgebiet heranschob? Von den rumänischen Öllieferungen war der deutsche Panzerkrieg abhängig gewesen. Sie waren die Voraussetzung für die Führung des U-Boot- und Luftkrieges gegen England. Rumänien war seit über einem Jahr wirtschaftlich eng an Deutschland gebunden. Acht Tage nach dem russischen Ultimatum gelangte zudem mit Gigurtu eine achsenfreundliche Regierung an die Macht. Daher besaß Deutschland ein lebenswichtiges Interesse daran, daß die Verhältnisse im Balkanraum nicht in Bewegung gerieten, solange der Krieg im Westen nicht beendet war. Die Stabilität der südosteuropäischen Verhältnisse war jedoch dadurch gefährdet, daß in diesem Raum von außen her die Bestrebungen dreier Mächte aufeinanderstießen: Rußlands, Deutschlands und Italiens. Italien hatte schon in den Römischen Protokollen mit Österreich und Ungarn seinen Anspruch auf Mitsprache in diesem Raum angemeldet. Durch die Ostpolitik des nationalsozialistischen Deutschlands ermutigt, richtete es seine Blicke auf die dalmatinische Küste. Der deutsche Angriff auf Prag war für Italien der Anlaß geworden, sich Albanien anzueignen und damit unmittelbar auf dem Balkan Fuß zu fassen. Deutschland war durch den Anschluß und die Errichtung des Protektorats zur Vormacht des Donauraumes geworden. Zu Bulgarien bestand ein traditionell gutes Verhältnis, Rumänien war durch Wirtschaftsverträge eng an das Reich gebunden, in der Türkei wirkte v. Papen als Botschafter dem britischen Einfluß entgegen[16]. Indem die Sowjetunion nunmehr durch den Gewinn von Bessarabien und der Nordbukowina in den Balkanraum vorstieß, griff sie hier wie im Baltikum alte Ziele der zaristischen Zeit wieder auf. War damals das zaristische Rußland mit den Interessen Österreich-Ungarns zusammengestoßen, so standen sich nun in der Erbschaft beider Mächte im europäischen Südosten die Sowjetunion und das nationalsozialistische Deutschland gegenüber. Im Unterschied zum Baltikum und zu Polen hatte der Hitler-Stalin-Pakt im Südostraum keine klare Trennungslinie für beiderseitige Interessensphären gezogen. Nur Bessarabien war als sowjetisches Interesse anerkannt worden.

Wenn die Besitzverhältnisse in diesem Raum durch das Vordringen großer Mächte in Bewegung gerieten, mußten notwendigerweise auch alte unbefriedigte Ansprüche von Völkern dieses Raumes selber wieder wach werden. Die Zerschlagung der Tschechoslowakei hatte Polen und Ungarn in Bewegung gebracht. Die Wegnahme rumänischen Gebietes durch die Sowjetunion weckte die alten Begehrlichkeiten der südlichen und westlichen Nachbarn: Bulgarien forderte die südliche Dobrudscha, die es von 1916 bis 1919 vorübergehend in Besitz gehabt hatte; Ungarn verlangte Siebenbürgen zurück. Es drohte zu einem rumänisch-ungarischen Krieg zu kommen. An den niemals ausgeglichenen Gegensätzen in diesem Raum hatte sich der Erste Weltkrieg entzündet. Welche unabsehbaren Möglichkeiten hätte ein ungarisch-rumänischer Krieg dem russischen Vordringen eröffnet! Wollte Hitler nicht des rumänischen Öls verlustig gehen, so mußte er das schwelende Feuer austreten. Der zweite Wiener Schiedsspruch vom 30. August 1940[17], der gemeinsam von Ribbentrop und Ciano gefällt wurde, gab Ungarn den nördlichen Teil Siebenbürgens zurück. Rumänien, das außerdem die südliche Dobrudscha an Bulgarien abtrat, erhielt von den Achsenmächten eine Garantie seines verringerten Bestandes. England hatte nach der Annäherung Rumäniens an die

Achse seine im April 1939 gegebene Garantie fallenlassen. Die Vorgänge führten in Rumänien zu einer staatlichen Umwälzung. König Carol II. dankte im September 1940 zugunsten seines Sohnes Michael ab. General Antonescu, ehemals Chef des Generalstabes und zeitweilig Kriegsminister, übernahm als Staatsführer die Leitung einer autoritären Regierung. Das Reich zeigte sich entschlossen, die Rumänien gegebene Garantie militärisch zu festigen. Im Oktober 1940 wurden zunächst eine Militärmission, später auch deutsche »Lehrtruppen« nach Rumänien entsandt. Gegen den Wiener Schiedsspruch erhob Sowjetrußland scharfen Protest. Es betonte sein eigenes Interesse an diesem Raum und sah in der Art des deutschen Vorgehens einen Bruch der Konsultativverpflichtung des deutsch-russischen Freundschaftspaktes[18]. So gerieten durch den Wiener Schiedsspruch und die russische Reaktion auf ihn die beiden Paktmächte auf dem Balkan in einen offenen Gegensatz. Inzwischen begann im Westen der Luftkrieg gegen England.

Zum Westfeldzug DW 397/608–614; H.-A. JACOBSEN, Der Westfeldzug 1940 im neueren Schrifttum. Bücherschau der Weltkriegsbücherei 30 (1958) H. 1/4; ders., Der Fall Gelb. Der Kampf um den dt. Operationsplan zur Westoffensive 1940 (1957); ders. (Hg.), Dokumente zur Vorgeschichte des Westfeldzugs 1939–1940 (1956); ders. (Hg.), Dokumente zum Westfeldzug 1940 (1960); A. HILLGRUBER, Hitlers Strategie. Politik u. Kriegführung 1940–1941 (1965); B. MARTIN (s. o. Kap. 2). – Von ausländ. Werken seien genannt: WOODWARD, Bd. 1, u. aus der Reihe der amtl. engl. Kriegsgeschichte: L. F. ELLIS (alle Titel S. 21); W. L. SHIRER, Der Zusammenbruch Frankreichs. Aufstieg u. Fall der Dritten Republik (a. d. Amerik. 1970); A. BEAUFRE, Le drame de 1940 (Paris 1965).

[1] S. Kap. 1, Anm. 3.
[2] Zahlenangaben für beide Seiten bei A. HILLGRUBER/G. HÜMMELCHEN, Chronik des Zw. Weltkrieges (1966), S. 9 f.; H. MICHEL, La seconde guerre mondiale 1 (1968), S. 97 ff.
[3] Grundlegend für die Operationsplanungen JACOBSEN, Fall Gelb; ders., Dok. zur Vorgesch. des Westfeldzuges.
[4] Am 10. Mai 1940 wurden auf die Stadt Freiburg i. Br. von Flugzeugen Bomben geworfen, die Opfer unter der Bevölkerung forderten. Der Angriff wurde von der dt. Propaganda franzöz. bzw. brit. Fliegern zugeschrieben. Nach dem Kriege tauchte die Version auf, die Bomben seien von dt. Flugzeugen auf Befehl Hitlers ge-

worfen worden, um einen Vorwand für Angriffe auf die feindliche Zivilbevölkerung zu gewinnen. Die Frage ist geklärt: die Bomben wurden von dt. Flugzeugen geworfen, die die Orientierung verloren hatten, vgl. A. HOCH, Der Luftangriff auf Freiburg am 10. Mai 1940, VfZG 4 (1956).
[5] C. T. de JONG, Het Koninkrijk der Nederlanden in de Tweede Wereldoorlog, Bd. 1 (1969). – Zum Schicksal des ebenfalls überrannten u. dann ins Reich eingegliederten Luxemburg: H. KOCH-KENT, 10 Mai en Luxembourg. Témoignages et documents (1971); ders., Hitlertum in Luxemburg 1933–1944 (²Luxemburg 1972); W. A. FLETCHER, The German Administration in Luxemburg 1940–1942.

Toward a »de facto« annexation, in: Hist. J. 13 (1970).

[6] Der Bombenangriff war vom AOK XVIII angesetzt worden, um den Widerstand der Stadt zu brechen. Als sich Zeichen von Kapitulationsbereitschaft zeigten, ehe die Bomben fielen, war es zu spät, um den Angriff insgesamt noch rechtzeitig zurückzurufen. Hierzu H.-A. JACOBSEN in: Wehrwiss. Rdsch. 8 (1958); vgl. ders., Dünkirchen (1958), S. 28 u. 212, Anm. 33.

[7] La Campagne de mai 1940, Ministère de la guerre, Service Hist. (1945); J. GERARD-LIBOIS/J. GOTOVITCH, L'an 40. La Belgique occupée (Bruxelles 1971).

[8] H. MEIER-WELCKER, Der Entschluß zum Anhalten der dt. Panzertruppen in Flandern 1940, VfZG 2 (1954). – Abschließend über den Befehl zum Halt u. zum Wiederantritt der Panzer: H.-A. JACOBSEN, Dünkirchen (1958); ders., Dünkirchen 1940, in: H.-A. JACOBSEN/J. ROHWER (Hg.), Entscheidungsschlachten des Zw. Weltkrieges (1960). Er schreibt v. Rundstedt die Hauptverantwortung zu für das verspätete Wiederantreten der Panzer.

[9] Titel s.o. S. 21f.

[10] Hildegard v. KOTZE (Hg.), Heeresadjutant bei Hitler 1938 bis 1943. Aufzeichnungen des Major Engel (1974), S. 80f.

[11] Dazu F. SIEBERT (s. Kap. 1, Anm. 6).

[12] Text in ADAP, Serie D, Bd. 9, Nr. 512. Auf dt. Akten beruhende Darstellungen: E. JÄCKEL, Frankreich in Hitlers Europa. Die dt. Frankreichpolitik im Zw. Weltkrieg (1966); H. BÖHME, Der dt.-franz. Waffenstillstand im Zw. Weltkrieg. Teil 1 (1966); H. MICHEL, Vichy. Année 40 (Paris 1966); M. LAUNAY, L'armistice de 1940 (Paris 1972).

[13] Lit. zu PÉTAIN, LAVAL, de GAULLE s. S. 19f.

[14] Knappe Darstellung u. weiterführende Lit.angaben bei HILLGRUBER (s. Kap. 2, Anm. 3). Zum Vorgehen Rußlands gegen die baltischen Staaten: B. MEISSNER, Die Sowjetunion, die Baltischen Staaten u. das Völkerrecht (1956); G. v. RAUCH, Die Geschichte der baltischen Staaten (1970); D. A. LOEBER (Hg.), Diktierte Option. Die Umsiedlung der Deutsch-Balten aus Estland und Lettland 1939–1941 (1972).

[15] A. HILLGRUBER, Hitler, König Carol u. Marschall Antonescu. Die dt.-rumän. Beziehungen 1938–44 (1954); J. W. BRÜGEL, Das sowj. Ultimatum an Rumänien im Juni 1940, VfZG 11 (1963).

[16] L. KRECKER, Dtld. u. die Türkei im Zw. Weltkrieg (1964).

[17] ADAP, Serie D, Bd. 10, Nr. 413.

[18] Ebd., Nr. 181.

Kapitel 4
Kampf gegen England: Invasionspläne, Handelskrieg, Luftkrieg, Kampf um das Mittelmeer

Nach dem Zusammenbruch Frankreichs hoffte Hitler, daß England zum Frieden geneigt sein werde. Er war bereit, ihn unter Bedingungen zu gewähren, von denen er glaubte, daß sie von England in seiner hoffnungslos scheinenden militärischen Lage als verhältnismäßig günstig nicht zurückgewiesen werden könnten. Außer der Rückgabe deutscher Kolonien sollte England keine unmittelbare Einbuße erleiden, sich aber mit der Herrschaft Deutschlands über Europa abfinden. Das europäisch-deutsche Kontinentalreich würde aber zugleich eine Seemacht sein. Raeder legte Hitler nach dem Sieg über Frankreich Pläne für die verstärkte Wiederaufnahme des bei Kriegsbeginn stillgelegten Aufbaus einer deutschen Flotte vor, deren Kern schwere Überwassereinheiten bilden sollten. Dahinter stand bei der Seekriegsleitung die Vorstellung, daß Deutschland die Häfen in Norwegen und an der französischen Kanal- und Atlantikküste für dauernd unter Kontrolle behalten und im Zusammenhang mit dem künftigen Kolonialreich auch in Afrika über maritime Stützpunkte verfügen müsse. Hitler gab am 11. Juli 1940 in einer Unterredung mit Raeder seine Zustimmung zum Flottenbau, der als vordringlich behandelt werden sollte. Die Voraussetzung für die Verwirklichung dieses Zeit erfordernden Planes war zunächst die Beendigung des Krieges, mit der Hitler rechnete. Er verschob die Siegesfeier im Reichstag, weil er hoffte, zugleich Englands Friedensbereitschaft verkündigen zu können. Er wartete vergeblich. In England war am 10. Mai Churchill an die Stelle Chamberlains getreten. In einer illusionslosen Rede vor dem Unterhaus erklärte er dem englischen Volk: »Ich habe nichts anzubieten als Blut, Mühsal, Tränen und Schweiß.« In Churchill verkörperte sich der britische Wille, auch auf sich allein gestellt bis aufs äußerste Widerstand zu leisten. England besaß nach Dünkirchen nicht mehr Waffen, als daß es etwa zwölf Divisionen unzureichend ausrüsten konnte. Es stellte sich in diesem Schwächemoment auf die Möglichkeit einer deutschen Invasion ein. Aber Hitler besaß keine fertigen Pläne für den Kampf gegen England. Churchill rechnete jetzt schon mit der Möglichkeit, daß sich Hitler wie einst Napoleon von dem unbesiegten England weg nach Osten wenden würde. Am 27. Juni schrieb er an Smuts: »Als nächstes stellt sich uns offenbar die Aufgabe, jeden deutschen Invasionsversuch zu vereiteln und den Nachweis zu leisten, daß wir imstande sind, unsere Luftwaffe immer weiter auszubauen. Die Zukunft allein wird zeigen, ob unsere Kräfte dazu ausreichen. Wenn es Hitler nicht gelingt, uns zu schlagen, dann wird er sich wahrscheinlich gegen Osten wenden. Natürlich kann er das auch tun, ohne vorher den Versuch einer Invasion zu unternehmen.«[1] Daß Hitler damals ernsthaft gewünscht hat, um eine letzte Kraftprobe mit England herumzukommen, kann nicht bezweifelt werden. Ein

Zerfall des britischen Reiches werde nicht Deutschland, sondern nur Japan und Amerika Nutzen bringen, sagte er zu Brauchitsch und Halder (Halders Tagebuch 13. Juli). Graf Ciano notierte sich am 18. Juni in sein Tagebuch, daß Hitler das britische Empire »noch heute für einen bedeutenden Gleichgewichtsfaktor in der Welt« halte[2]. Schließlich hat er am 19. Juli vor dem endlich einberufenen Reichstag in der Feier des Sieges über Frankreich das Angebot ausgesprochen, den Kampf zu beenden. Aber zu diesem Zeitpunkt war die Hoffnung auf einen Ausgleich schon aufgegeben. Drei Tage vorher hatte er die Anweisung gegeben, Pläne für eine Invasion (Unternehmen »Seelöwe«) auszuarbeiten[3].

Die Überlegungen der Marine und des Heeres konnten hierbei nur schwer zur Übereinstimmung gebracht werden. Das Heer glaubte nur auf breiter Front landen zu können, um vom ersten Augenblick an genügend Raum für die Entfaltung zum Angriff zu besitzen, für dessen Durchführung der Generalstab insgesamt 40 Divisionen veranschlagte. Die Marine hingegen erklärte sich außerstande, mit ihren schwachen Kräften Transportraum und Sicherung in der hierfür benötigten Breite gewährleisten zu können. Nach heftigen Auseinandersetzungen wurde in den Plänen des Heeres die Zahl der zunächst überzusetzenden Divisionen auf 13, die Gesamtzahl der Invasionstruppen auf 25 Divisionen reduziert. Aber selbst deren Überführung und Abschirmung gegen die britische Flotte, deren voller Einsatz im Kanal zu erwarten war, schien nur möglich mit Hilfe der Luftwaffe. So ergab sich als erste Aufgabe, die eindeutige Luftherrschaft über Südengland und den Kanal zu gewinnen. Daher begann die Vorbereitung zur Invasion am 13. August mit einem Großangriff der deutschen Luftwaffe, die gegen südenglische Radarstationen, Flugplätze, Flugzeugfabriken, Häfen und Verkehrswege angesetzt wurde[4]. Der Kampfauftrag an die Luftwaffe war jedoch nicht eindeutig genug[5]. Wenn von den Invasionsplänen her gesehen ihre Aufgabe vorbereitender Art sein mußte und im wesentlichen darin bestehen sollte, die englische Luftwaffe auszuschalten, so wollte Göring zugleich versuchen, durch die Luftwaffe selber eine Entscheidung herbeizuführen, indem er sie allgemein auf Lebenszentren der englischen Industrie und Wirtschaft ansetzte. Hitler gab Anfang September dem Drängen Görings nach. Aber auch für Görings Ziel war die Voraussetzung, daß die Radarstationen, das Führungsinstrument des »Fighter Command«, ausgeschaltet und die englische Jagdabwehr niedergekämpft wurde. Das gelang jedoch nicht. Die deutsche Luftwaffe erlitt erhebliche Verluste, ohne die Herrschaft über den südenglischen Luftraum erringen zu können. Von Mitte September an stagnierte der Luftkrieg. Damit fiel die erste Voraussetzung für die Invasion. Mit fortschreitender Zeit setzten zudem die Herbststürme ein, denen die improvisierten Landungsfahrzeuge, unter ihnen eine große Zahl umgebauter Flußkähne, nicht gewachsen sein konnten. Die Planungen für dieses Unternehmen, an das alle Beteiligten mit großer Skepsis herangegangen waren, schleppten sich noch den Winter durch hin, bis der Plan im Frühjahr 1941 endgültig fallengelassen wurde. England war also nicht durch den schnellen Schlag einer Invasion zu bezwingen.

Welche Möglichkeiten bot der Krieg gegen die Zufuhr zu den Britischen Inseln?[6] Der Zufuhrkrieg wurde – neben Luftwaffe, Schnellbooten, Zerstörern, Hilfskreuzern und Mineneinsatz – im wesentlichen von der U-Boot-Waffe getragen und war ein Kampf auf lange Sicht. Deutschland war auf ihn ungenügend vorbereitet. Es hatte nicht einmal den ihm im Flottenvertrag mit England zugestandenen Raum an U-Boot-Tonnage voll ausgenutzt. Es besaß bei Kriegsbeginn nur 57 U-Boote, davon 22 für Operationen im Atlantik geeignet. Von ihnen befanden sich durchschnittlich ein Drittel auf der Werft, ein Drittel auf dem Marsch und ein Drittel am Feind. In der ersten Phase des U-Bootkrieges vom Kriegsbeginn bis zur Kapitulation Frankreichs operierten die Boote einzeln in Küstennähe rund um die Britischen Inseln. Die von Dönitz schon vor dem Kriege entwickelte Rudeltaktik konnte wegen der begrenzten Zahl der Boote nicht angewendet werden. Der U-Bootkrieg wurde zunächst gemäß den geltenden völkerrechtlichen Bestimmungen geführt. Ähnlich wie im Ersten Weltkrieg verschärfte sich aufgrund britischer Gegenmaßnahmen wie Melde-, Schieß- und Rammbefehl für Handelsschiffe die Kriegführung, bis am 17. August 1940 das gesamte Seegebiet um England zum Operationsgebiet erklärt und hier den Booten der warnungslose Angriff auf alle Schiffe freigegeben wurde.

Auch in der zweiten Phase bis März 1941 wurde die Zahl der U-Boote nicht vermehrt. Lediglich die Verluste wurden in etwa ausgeglichen. Die neuen Stützpunkte in Norwegen und Frankreich erlaubten aber ein längeres Verweilen im Operationsgebiet. In der Geleitzugbekämpfung westlich des Nordkanals wurden große Erfolge erzielt. Auch Überwasserschiffe der

Flotte beteiligten sich in den beiden ersten Phasen mit Erfolg am Zufuhrkrieg im Nordatlantik. Eine begrenzte Zahl von Hilfskreuzern operierte auf allen Weltmeeren. Den Briten gelang es in dieser Zeit, durch verbesserte Abwehrtaktik die Boote aus Küstennähe in den offenen Atlantik abzudrängen. Entscheidend für die Abwehr gegen die deutschen U-Boote war die Zahl der Zerstörer, die auf britischer Seite für Geleitzüge eingesetzt werden konnten, und die Frage, wer die Luftherrschaft über den Operationsgebieten der U-Boote besaß.

Die dritte Phase reicht bis zum Kriegseintritt der USA Ende 1941. Die Zahl der U-Boote hatte sich leicht vermehrt. Durchschnittlich waren jeweils 30 Boote im Einsatz, die in Gruppen den Atlantik nach Konvois durchsuchten. Als im Mai 1941 die Schlüsselunterlagen für den deutschen Funkverkehr von den Briten erbeutet wurden, erlitt der Zufuhrkrieg einen erheblichen Rückschlag. Der Einsatz von Überwasserschiffen im offenen Atlantik kam danach zum Erliegen. Zudem übernahmen im Laufe des Jahres 1941 die USA, noch bevor der offene Krieg mit Deutschland begann, zunehmend Sicherungsaufgaben für die Schiffahrt im Atlantik (vgl. Kap. 7). Insgesamt waren in diesen drei Phasen von Kriegsbeginn bis Ende 1941 fast zehn Millionen BRT britischer und amerikanischer Handelstonnage versenkt worden. Der verstärkte Neubau von Handelsschiffen im britischen Bereich und in den USA konnte in dieser Zeit die Verluste nicht ausgleichen. Aber die Spanne zwischen Versenkungen und Neubauten hatte sich im Jahre 1941 bereits erheblich gegenüber dem Jahre 1940 verringert (vgl. Bd. 22, Anhang Tab. 25). Es war abzusehen, daß, wenn die Vereinigten Staaten erst mit ihrer vollen militärischen und wirtschaftlichen Macht am Krieg beteiligt sein würden, nur eine erhebliche Steigerung der Versenkungsziffern eine Wende im atlantischen Zufuhrkrieg zugunsten Deutschlands würde bringen können (über die weiteren Phasen des U-Bootkrieges s. Kap. 10).

Deutsche Seestreitkräfte erzielten vereinzelte Erfolge auch gegen schwere britische Einheiten, so u. a. die Versenkung eines britischen Flugzeugträgers, eines Schlachtschiffes, eines schweren Kreuzers. Nach der erheblichen Schwächung, die die deutsche Kreuzer- und Zerstörerflotte bereits beim Angriff auf Norwegen (s. Kap. 2) und durch die Selbstversenkung des Panzerschiffs Graf Spee am 17. Dezember 1939 vor der La-Plata-Mündung erlitten hatte, ging am 27. Mai 1941 in der Dänemark-Straße das Schlachtschiff Bismarck unter. Zu weitreichenden

Operationen wurde die Überwasserflotte danach nicht mehr verwendet. Die Entscheidung in der Atlantik-Schlacht hing zuletzt ausschließlich von den U-Booten ab. Es gab noch eine andere Stelle, wo England getroffen werden konnte: das Mittelmeer. Unter den deutschen militärischen Führern ist es vor allem Großadmiral Raeder gewesen, der Hitler auf diesen Schauplatz hinwies. Wenn es gelungen wäre, Gibraltar, Malta und Suez den Engländern zu entreißen – so urteilt rückblickend Kurt Assmann, Leiter der Kriegsgeschichtlichen Abteilung der Marine[7] –, dann hätte man die Voraussetzung für den Aufbau einer gesicherten Machtstellung in Nordafrika und im Vorderen Orient gewonnen mit der Folge, daß wahrscheinlich auch die Türkei näher an die Achsenmächte herangerückt wäre und insgesamt Deutschland eine unangreifbare Position auch gegenüber der Sowjetunion erhalten hätte. Die Überlegungen Raeders wurden durch Brauchitsch und Halder unterstützt, aber von Hitler abgelehnt, dessen Gedanken sich angesichts der britischen Weigerung nachzugeben, seit Juli 1940 auf einen Krieg gegen die Sowjetunion zu richten begannen. Das Mittelmeer galt ihm nur als ein Nebenkriegsschauplatz. Die sich hier vielleicht bietenden Chancen wurden nicht so frühzeitig und nicht mit solchem Einsatz ausgenutzt, wie es Raeder in wiederholten Initiativen vorschlug.

Schwierige politische Probleme stellten sich im Mittelmeerraum. Nach der Niederwerfung Frankreichs bemühte sich Franco, der schon im Augenblick des Kriegseintritts Italiens von der Neutralität zur »Nichtkriegführung« übergegangen war, zunächst darum, als Bundesgenosse den Anschluß an die wahrscheinlich siegreichen Achsenmächte zu gewinnen, rechtzeitig genug, um noch an der Beute beteiligt zu werden, aber auch nicht zu vorzeitig, da England die Seeverbindungen Spaniens beherrschte[8]. Franco erklärte sich gewillt, Gibraltar zu nehmen. Hierzu brauchte er schwere Geschütze, die ihm nur Deutschland liefern konnte. Als Kriegsbeute erwartete er vor allem den Gewinn Marokkos. Dabei stieß er aber mit den französischen Interessen ebenso unversöhnlich aufeinander wie die Italiener mit ihrem Anspruch auf Algier, Tunis, Nizza und Savoyen. Das Frankreich des Marschall Pétain geriet aber selber in einen scharfen Gegensatz zu England. Churchill und auch Roosevelt hatten Pétain gedrängt, die französische Flotte nicht Deutschland zu überlassen, woran die französische Marineführung auch niemals dachte. Nach dem Waffenstillstand bemächtigten sich am 3. Juli 1940 die Engländer aller französischer Schiffe in den Häfen ihres Einflußbereichs. Ein englisches Geschwader forderte die in Mers-el-Kebir bei Oran ankernden französischen Flotteneinheiten auf, zu England überzutreten. Als die Franzosen dies verweigerten, wurden ihre Schiffe vernichtet[9]. Darauf flog die französische Luftwaffe Angriffe auf englische Schiffe in Gibraltar. Während es so den Anschein gewann, als werde das Frankreich des Marschall Pétain in einen kriegerischen Gegensatz zu England hineingezogen, organisierte de Gaulle auf der britischen Insel »freifranzösische Verbände«, die am 23. bis 25. September mit englischer Flottenunterstützung Dakar angriffen und zu landen versuchten. Der Angriff wurde von Truppen der Vichy-Regierung zurückgeschlagen. Erfolgreicher war de Gaulle allerdings in Französisch-Äquatorialafrika, Tschad und Kamerun. Hier gelang es ihm, sich als »Führer der freien Franzosen« durchzusetzen. In Proklamationen, die er am 27. Oktober und 16. November von Brazzaville aus an alle Franzosen richtete, erklärte er das Regime von Vichy für illegal und rief als Inhaber der nun auf französischem Territorium errichteten vorläufigen Staatsgewalt zum Befreiungskampf auf. Damals war die Luftschlacht über England bereits gescheitert, und am 12. Oktober wurde die Invasion auf unbestimmte Zeit vertagt, praktisch fallengelassen.

Hitler hatte auf die Bereitwilligkeit Francos, Gibraltar zu nehmen, zurückhaltend reagiert, solange er damit rechnete, daß England unter dem Eindruck der französischen Niederlage kapitulieren werde, solange die Ergebnisse der Luftschlacht abzuwarten waren und die Invasion auf dem Programm stand. Nachdem er hier nirgends weitergekommen war, versuchte er Ende Oktober 1940, den Mittelmeerraum abzusichern. Hierzu war es nötig, die Interessen der drei westlichen Mittelmeermächte Spanien, Frankreich und Italien gegeneinander auszuwägen. Am 23. Oktober trafen sich Hitler und Franco in Hendaye an der französisch-spanischen Grenze. Jetzt war Hitler der Drängende, der Spanien zum Vorgehen gegen Gibraltar ermutigte und die politischen Voraussetzungen für die Mitwirkung deutscher Spezialtruppen schaffen wollte. Aber Franco war ausweichend, ohne nein zu sagen. Wie der deutsche Vormarsch in Frankreich ihn veranlaßt hatte, Hitler mit Sympathieerklärungen zu überschütten und Spanien als lediglich »nichtkriegführend« zu bezeichnen, wie die Niederwerfung Frankreichs in ihm den Wunsch geweckt hatte, sich an der

Beute zu beteiligen, so ließ ihn das Scheitern der Luftschlacht und das Ausbleiben der Invasion wieder zögern. Hitler rechnete aber immer noch damit, Franco zu gewinnen. Die Vorbereitungen für die Wegnahme Gibraltars (Unternehmen »Felix«) gingen weiter. Von Frankreich erhoffte Hitler unter dem Eindruck des in Nordafrika gegen die Engländer geleisteten Widerstandes, daß es sich enger in die Kriegführung der Achsenmächte einbeziehen lassen werde sowohl durch den Ausbau der Verteidigung Nordafrikas wie durch die französische Flotte, obwohl er zunächst einen offenen Eintritt Frankreichs in den Krieg gegen England im Unterschied zu Abetz nicht für zweckmäßig hielt. Am Tage nach Hendaye hatte er eine Unterredung mit Pétain und Laval in Montoire. Die Begegnung vollzog sich in chevaleresken Formen, aber das Gespräch ging nicht ins Konkrete[10]. Die entscheidende Frage, wie die französischen, italienischen und spanischen kolonialen Interessen abgegrenzt werden sollten, blieb ungeklärt. Statt dessen stellte Hitler in Aussicht, wenn erst England niedergerungen sei, müsse der gesamte Kolonialbesitz in Afrika neu verteilt werden und Frankreich für die hierbei zu erwartenden Verluste durch englische Kolonien entschädigt werden. So ist Frankreich hinsichtlich seiner afrikanischen Besitzungen ebenso in einem Schwebezustand gehalten worden wie hinsichtlich seiner zukünftigen Ostgrenze in Europa. Pétain entschied sich nicht für die von Laval empfohlene »collaboration«, sondern für die Politik des »attentisme«, des Abwartens und Lavierens zwischen Deutschland und England, mit dem er hinter dem Rücken Lavals einen Modus vivendi auszuhandeln versuchte[11]. Am 13. Dezember 1940 hat Pétain seinen Regierungschef Laval brüsk entlassen. Das empfand Hitler als ein deutliches Abrücken von Deutschland. Inzwischen waren im Mittelmeer militärische Ereignisse eingetreten, die eine solche Wendung Frankreichs erklären mochten.

Italien besaß eine Flotte, die zahlen- und stärkemäßig den Vergleich mit der britischen Mittelmeerflotte aushielt. In dem deutsch-italienischen Bündnis hatte sie ein größeres Gewicht als die Armee. Es hatte sich jedoch alsbald nach dem Eintritt Italiens in den Krieg gezeigt, daß sie – weit davon entfernt, in offensiver Kriegführung den Engländern die Seeherrschaft im »mare nostro« streitig zu machen und deren Rückhalt, die Seefestung Malta, zu brechen – nicht einmal die Meerenge zwischen Sizilien und Tunis zu sperren vermochte. Bei allem Schneid, den die Besatzungen gerade mancher kleinerer Einheiten zeigten, lag dies neben der empfindlichen Treibstoffknappheit auch an Mängeln der taktischen Ausbildung sowie an dem Fehlen einer Marineluftwaffe und einer ausreichenden Luftaufklärung für die Marine. In der Nacht vom 11./12. November gelang es englischen Fliegern, im Hafen von Tarent drei italienische Schlachtschiffe zu torpedieren. In der Seeschlacht von Kap Matapan erlitt die italienische Flotte am 28. März 1941 weitere schwere Verluste. Von diesen Schlägen hat sie sich nie wieder erholt[12]. Inzwischen hatte Mussolini ein anderes Feld für seinen Ehrgeiz, es Hitler gleichzutun, gesucht.

Am 28. Oktober 1940 hatte Italien plötzlich ohne vorherige Absprache mit Hitler Griechenland angegriffen[13]. Vergeblich war Hitler, als er von Mussolinis Absicht erfuhr, nach Italien geeilt. Seine Bedenken richteten sich weniger gegen den Angriff auf Griechenland überhaupt als auf den Zeitpunkt und die Anlage des Unternehmens. Er hielt es für erforderlich, zunächst mit den Engländern in Ägypten fertig zu werden und Kreta zu besetzen, bevor der Angriff gegen das griechische Festland begann. Aber er kam zu spät, um zu verhindern, daß nun der Balkan- und östliche Mittelmeerraum in Bewegung gerieten und England hier eine willkommene Gelegenheit zum Eingreifen fand. Der Angriff der Italiener schlug fehl, sie wurden von den Griechen in das Innere Albaniens zurückgeworfen. Griechenland besaß eine Garantie Großbritanniens. Churchill ergriff sofort die Gelegenheit, aus der bloßen Defensive der Insellage herauszukommen. Vom Mutterlande her und aus Ägypten ließ er den Griechen Hilfe durch Luftwaffe und Landtruppen zuteil werden. Diese Art der Kriegführung über große Räume hinweg, mit schnellem Einsatz verhältnismäßig kleiner Verbände, aber mit großer politischer und militärischer Auswirkung, entsprach der Tradition der englischen maritimen Kriegführung mehr als der Einsatz von Massenheeren im kontinentalen Großkampf. Auf Kreta bauten die Engländer einen Luftstützpunkt aus, von dem aus die für die deutsche Kriegführung lebensnotwendigen rumänischen Ölfelder von Ploesti in den möglichen Wirkungsbereich britischer Bomber gelangten.

Die Italiener erlitten auch in Nordafrika einen schweren Rückschlag. Nachdem sie zunächst von Abessinien aus Britisch-Somaliland erobert hatten, und nachdem eine Armee unter der Führung von Marschall Graziani von Tripolis aus über die ägyptische Grenze vorgestoßen war, gelang es den Engländern unter Wavell in einem am 9. Dezember 1940 beginnenden

Angriff, die Italiener zu umgehen, ihnen den Rückweg abzuschneiden und 130000 Gefangene zu machen. Sie brachten die Kyrenaika und von Februar bis April 1941 auch Somaliland und Eritrea in ihre Hand. Sie drangen in Abessinien ein. Der von Italienern 1936 vertriebene Kaiser Haile Selassie kehrte in sein Land zurück. Unter dem Eindruck der nordafrikanischen Niederlage bat Mussolini um deutsche Hilfe. War es bisher ein Grundsatz gewesen, daß die Kriegführung südlich der Alpen eine italienische Angelegenheit sein sollte, so wurde jetzt ein deutsches Fliegerkorps nach Sizilien und im Februar 1941 unter General Rommel[14] ein Afrikakorps aufgestellt. Seine Stärke gelangte nie über wenige Divisionen hinaus. Rommel hatte nur den begrenzten Auftrag, die italienische Lage wiederherzustellen; aber seine Aufklärungsvorstöße gegen die Briten, die einen Teil ihrer Truppen nach Griechenland abgegeben hatten, führten ihn im April 1941 in schnellem Zuge bis an die ägyptische Grenze, wenn auch Tobruk zunächst unbezwungen blieb. Hitler hat im Kampf gegen England Afrika als einen Nebenkriegsschauplatz betrachtet. Den entscheidenden Schlag gegen die unbezwungene Insel gedachte er zu führen, indem er Rußland angriff.

[1] CHURCHILL, Der Zweite Weltkrieg, Bd. 2, S. 244 f.

[2] CIANO, Tagebücher 1939–1943, S. 249; zahlreiche weitere Belege bei MARTIN (s. Kap. 2), Kap. 4.

[3] HUBATSCH, Hitlers Weisungen (s. o. S. 17), S. 61 ff. – DW 397/615. Maßgebende wiss. Untersuchung: K. KLEE, Das Unternehmen »Seelöwe«. Die geplante dt. Landung in England 1940 (1958); ders. (Hg.), Dokumente zum Unternehmen Seelöwe (1959); R COX, Sea Lion (London 1974). Für die strategischen Planungen nach dem Sieg über Frankreich grundlegend A. HILLGRUBER, Hitlers Strategie (1965). Ausführliche Darstellung der Planungen der Marineleitung bei M. SALEWSKI, Seekriegsleitung 1 (1970).

[4] Zusammenfassend K. KLEE, Die Luftschlacht um England 1940, in: Entscheidungsschlachten des Zw. Weltkrieges (s. S. 22); R. COLLIER, Adlertag. Die Luftschlacht um England, 6. Aug.–15. Sept. 1940. Vorwort v. J. Steinhoff (a. d. Engl. 1966); P. TOWNSEND, Duell der Adler. Die R.A.F. gegen die Luftwaffe (a. d. Engl. 1970); T. TAYLOR, The breaking Wave. The German Defeat in the Summer of 1940 (London 1967).

[5] Zu den möglichen Motiven Hitlers, der sich insgesamt gegenüber den Invasionsplänen schwankend zeigte, vgl. HILLGRUBER, Strategie, S. 166 ff. Vf. glaubt, daß Hitler die Möglichkeit der Landung in England sehr skeptisch beurteilte u. von den Operationen in erster Linie erwartete, daß ihre psychologischen Rückwirkungen England friedensbereit machen würden. In dieser Zeit entstand auch der Plan zu dem spektakulären Englandflug von Heß, der im Okt. 1940 einen ersten Versuch zur Landung in Schottland machte. Die Frage, ob Heß ganz oder teilweise im geheimen Auftrag Hitlers handelte (so z. B. HILLGRUBER, S. 513 f.), ist ungeklärt. MARTIN, Friedensinitiativen (Kap. 2), S.

425 ff.; J. Douglas-Hamilton, Geheimflug nach England. Der »Friedensbote« Rudolf Heß und seine Hintermänner (a. d. Engl. 1973).

[6] J. Rohwer, Der U-Bootkrieg u. sein Zusammenbruch 1943, in: Entscheidungsschlachten des Zw. Weltkrieges (1960); über die Phasen des U-Bootkrieges als Überblick: ders., U-Boote. Eine Chronik in Bildern (1964); G. Bidlingmaier, Einsatz der schweren Kriegsmarineeinheiten im ozeanischen Zufuhrkrieg, Strategische Konzeption u. Führungsweise der Seekriegsleitung, Sept. 1939–Febr. 1942 (1963); weitere Lit. s. S. 22, bes. die Arbeiten von G. Hümmelchen/ F. Ruge u. L. Dinklage/H.-J. Witthöft; W.N. Medlicott, The economic Blockade (2 Bde. London 1952–59, amtl. engl. Kriegsgesch.). – R. Grenfell, Jagd auf die Bismarck (a. d. Engl. 1953).

[7] K. Assmann, Dt. Schicksalsjahre (1950), S. 211 u. 327ff. – DW 397/622; L. Gruchmann, Die »verpaßten strategischen Chancen« der Achsenmächte im Mittelmeerraum 1940/41, VfZG 18 (1970); aus der Reihe der amtl. engl. Kriegsgesch.: Playfair (s. S. 21); W. Ansel, Hitler and the Middle Sea (Durham 1971); W. Baum/E. Weichhold, Der Krieg der »Achsenmächte« im Mittelmeer-Raum. Die »Strategie« der Diktatoren (1973); ferner M. Salewski, Seekriegsleitung I, Kap. 5 u. 6; La Guerre en Méditeranée 1939–1945. Actes du Colloque International tenu à Paris du 8 au 11 avril 1969 (Paris 1972).

[8] D.S. Detwiler, Hitler, Franco u. Gibraltar. Die Frage des span. Eintritts in den Zw. Weltkrieg (1962).

[9] P. Auphan/J. Mordal, Unter der Trikolore. Kampf u. Untergang der franz. Marine im Zw. Weltkrieg (a. d. Franz. 1964).

[10] E. Jäckel, Frankreich in Hitlers Europa (1966), S. 105 ff.

[11] Pétain ließ ohne Wissen des Ministeriums durch den Professor Louis Rougier Verhandlungen führen; L. Rougier, Mission secrète à Londres (verb. Ausg. Brüssel 1946); ders., in Abwehr seiner Kritiker, Les accords secrèts franco-britanniques de l'automne 1940, histoire et imposture (1954).

[12] R. Bernotti, Storia della guerra nel Mediterraneo (2 Bde. ²Rom 1960).

[13] Griech. Weißbuch: Der ital. Überfall auf Griechenland (dt. Athen 1940); grundlegende Darstellung Ehrengard Schramm v. Thadden, Griechenland u. die Großmächte im Zw. Weltkrieg (1955). Lit. zu Kreta s. Kap. 5, Anm. 19.

[14] DW 397/623–626. E. Rommel, Krieg ohne Haß. Hg. von L.-M. Rommel/F. Bayerlein (³1950), Aufzeichnungen Rommels über den afrikan. Feldzug; D. Young, Rommel (a. d. Engl. 1950); L. Koch, Erwin Rommel. Die Wandlung eines großen Soldaten (1950); Ch. Douglas-Home, Rommel (London 1973). Zur Kriegführung in Afrika J.S.O.Playfair, The Destruction of the Axis Forces in Africa (London 1966, amtl. engl. Kriegsgesch.); H.G.v. Esebeck, Afrikanische Schicksalsjahre. Gesch. d. dt. Afrikakorps unter Rommel (1949).

Kapitel 5
Balkanfeldzug und Angriff auf die Sowjetunion

Die Weigerung Englands, nach dem Zusammenbruch Frankreichs zu kapitulieren, erschien Hitler nach der militärischen Lage, wie sie damals bestand, unverständlich. Es gab für ihn nur die eine Erklärung: England hoffte neben der in zunehmendem Maße gewährten amerikanischen Hilfe auf Rußland als seinen »Festlanddegen«[1]. Churchill schickte als britischen Sonderbotschafter den Labour-Politiker Sir Stafford Cripps nach Moskau. Am 1. Juli 1940 hatte dieser eine Unterredung mit Stalin. Zweck seiner Mission war, die Sowjetunion für ein Bündnis zu gewinnen. Dabei verlangte England die Anerkennung des territorialen Status quo, wie er in Osteuropa und im Baltikum vor dem Beginn des Krieges bestanden hatte und von England garantiert worden war. Allerdings erklärte Cripps – wieweit von seiner Regierung hierzu ermächtigt, ist unklar –, daß Rußland eine führende Rolle auf dem Balkan gebühre. Aber Stalin, der Hitler »zu dem glänzenden Erfolg« gegen Frankreich gratuliert hatte[2], gewann aus dem Zusammengehen mit Deutschland und aus der Bindung Deutschlands durch den Kampf im Westen zu handgreifliche Vorteile, als daß er auf das englische Angebot jetzt hätte eingehen wollen. Im Gegenteil unterrichtete er Berlin von dem englischen Werben[3]. Hitler aber sah in dem Näherrücken Rußlands an das rumänische Erdöl den Versuch einer Erpressung. Er hat damals die Lage sowohl hinsichtlich der russischen Taktik als hinsichtlich der englischen Hoffnungen ohne Zweifel richtig beurteilt. Es zeigte sich nun, daß der Pakt mit Stalin dadurch, daß er dem Kriegswillen Hitlers die Wendung gegen das von der deutschen Kontinentalmacht nicht bezwingbare England gegeben hatte, Deutschland in die Zwangslage führte, entweder der russischen Expanison in Südosteuropa nachzugeben und damit für den weiteren Kampf gegen England auf die Dauer in eine tödliche Abhängigkeit von Rußland zu geraten oder aber in einer energischen Wendung gegen die russische Expansion in Europa das Risiko des Zweifrontenkrieges auf sich zu nehmen. Als es in den Wochen nach der Kapitulation Frankreichs deutlich wurde, daß England nicht bereit war nachzugeben, begann Hitler sich mit dem Gedanken zu beschäftigen, sich vor der Niederringung Englands gegen die Sowjetunion zu wenden. Während er den Kampf gegen England führte und die Invasion plante, vorbereitete und wieder aufschob, trat der Gedanke, Rußland niederzuwerfen, immer deutlicher hervor. Am 21. Juli befahl Hitler den obersten militärischen Führern, »das russische Problem in Angriff zu nehmen«[4]. Von diesem Augenblick an begannen die Planungen für die Anlage der Offensive, die Hitler noch im Herbst dieses Jahres durchführen wollte. Er rechnete damit, daß Rußland über 50 bis

75 gute Divisionen verfüge, weit weniger also, als dem deutschen Angriff im Westen gegenübergestanden hatten. Nach dieser Besprechung zog sich Hitler auf den Berghof bei Berchtesgaden zurück. Am 31. Juli teilte er den Führern der Wehrmacht den Entschluß zum Angriff auf Rußland mit und befahl die Aufstellung der notwendigen Kräfte. Den Beginn des Angriffs verschob er jedoch auf das Frühjahr 1941, da Keitel und Jodl ihn überzeugt hatten, daß es unmöglich sei, die Operation bis zum Herbst vorzubereiten[5].

Der Entschluß zum Krieg gegen Rußland stand in der Konsequenz seines Antibolschewismus und seiner gegen Rußland gerichteten Lebensraumideologie. Daß er zu diesem Zeitpunkt gefaßt wurde, hatte aber seinen Grund in der politisch-strategischen Überlegung, sich von dem Druck Stalins zu befreien und das unbezwungene England durch die Niederwerfung der Sowjetunion zum Nachgeben zu veranlassen. Auszuschließen ist aus der akuten Motivierung dieses Entschlusses die Berücksichtigung großräumiger industrieller Expansionswünsche. Daß der Krieg und seine Vorbereitung solche Begehrlichkeiten geweckt haben, die über die Wiedergewinnung der infolge von Versailles verlorenen Anlagen und Besitzungen weit hinausgingen, ist unbestritten. Die Nürnberger Prozesse bieten reiches Material für staatlich veranlaßte industrielle Planungen einer europäischen Großraumordnung. Aber auch der marxistischen Forschung will es trotz aller aufgewendeten Mühe nicht gelingen, die allgemein für die Zielsetzungen Hitlers und besonders für den Entschluß zum Angriff auf die Sowjetunion behauptete Abhängigkeit von privatkapitalistischen Interessen zu belegen[6]. Hitlers Anordnung zur Vorbereitung des Feldzuges wirkte sich sofort aus. Kurz vor Beendigung des Westfeldzuges hatte er die Anweisung gegeben, das Heer auf 120 Divisionen zu reduzieren; der Feldzug gegen England wäre wesentlich durch Marine und Luftwaffe zu führen gewesen; nur ein Armeeoberkommando sollte nach dem Osten verlegt werden. Am 31. Juli sprach Hitler jedoch von 180 Divisionen, von denen 40 neu aufgestellt werden müßten. Entsprechend wurden die Rüstungsprioritäten erneut verschoben. Am 17. August gab Keitel an den für die Rüstung verantwortlichen General Thomas die entsprechende Weisung, und Göring instruierte diesen, die vertraglich vereinbarten Lieferungen an Rußland nur noch bis zum Frühjahr 1941 planmäßig durchzuführen. In stärkerem Maße wurden jetzt Truppen nach dem Osten verlegt. Auch außenpolitisch wirkte es sich aus, daß sich Hitler auf einen Angriff gegen Rußland einstellte. Deutschland näherte sich Finnland. Der Chef des Wehrwirtschaftsamtes im OKW, General Thomas, wurde mit einer »schnellen und starken Belieferung Finnlands« beauftragt. Ein Abkommen vom 22. September 1940 öffnete für deutsche Truppentransporte nach Nordnorwegen den Weg durch Finnland[7].

General Thomas hat in einer Denkschrift vom 13. Februar 1941 die »Wehrwirtschaftlichen Auswirkungen einer Operation im Osten« untersucht. Er verglich die von der Sowjetunion laufend vertraglich getätigten Lieferungen einschließlich derer, die aus dem Fernen Osten in Transit über Sibirien herangeführt wurden (Kautschuk u. a.), mit der Ausbeute aus dem europäischen Teil der Sowjetunion, die nach einem erfolgreichen Krieg mit seinen zerstörenden Folgen allenfalls erwartet werden konnte. Das Ergebnis, von Thomas in nüchternen Zahlen dargeboten, war eindeutig: das wehrwirtschaftliche Kalkül sprach gegen den Ostkrieg. Bei einer Besprechung dieser Denkschrift mit Göring machte Thomas zudem geltend, daß die Treibstoffvorräte nur für zwei Monate die volle Versorgung einer operativen Kriegführung erlaubten. Aber Göring schlug alle Warnungen in den Wind. Er war, wie sich Thomas notierte, »ebenso wie der Führer der Auffassung, daß bei dem Einmarsch deutscher Truppen in Rußland der ganze bolschewistische Staat zusammenbrechen würde«. Ebenso erklärte Keitel, »daß sich der Führer in seinen Plänen von diesen wirtschaftlichen Schwierigkeiten nicht beeinflussen lassen würde«[8].

Es scheint jedoch nicht, daß der aus der militärischen Lage Deutschlands erwachsene Entschluß Hitlers zum Angriff auf Rußland damals schon endgültig war. In Erkenntnis der Gefahr, daß die USA bald zugunsten Englands in den Krieg eingreifen könnten, machte Hitler im Herbst 1940 noch einen Versuch, die russische Expansion vom Balkan weg und gegen englische Interessengebiete zu richten. Am 27. September 1940 schlossen die Antikominternmächte Deutschland, Italien und Japan den »Dreimächtepakt«[9], der der Herstellung einer neuen Ordnung in Europa und Ostasien dienen sollte, ohne die bestehenden Beziehungen zur Sowjetunion zu berühren. Hitler wollte durch dieses Bündnis mit Japan, dessen Ausgreifen auf dem asiatischen Festland während des letzten Jahres gegen amerikanische und englische Interessen verstieß, die USA davon abhalten, zugunsten Englands in den europäischen Krieg einzugreifen, und deren Aufmerksamkeit statt dessen nach Südostasien lenken. In den folgenden Monaten traten Ungarn (20. November 1940), Rumänien (23. November 1940), die Slowakei (24. November 1940), Bulgarien (1. März 1941) und Kroatien (15. Juni 1941) dem Vertrag bei. Die deutsche Politik hat versucht, die Sowjetunion für diesen Bund zu gewinnen. Vom 12.–14. November weilte Molotow auf Einladung der Reichsregierung in Berlin. Die Gespräche mit Hitler und Ribbentrop[10] mußten zeitweise wegen britischer Flugzeuge über Berlin in dem Luftschutzbunker der Reichskanzlei geführt werden. Hier erklärte Hitler seinem Gast, daß der Krieg gegen England so gut wie gewonnen sei, es gehe nur noch um die Verteilung der Beute. Er versuchte Rußland in Richtung auf den Indischen Ozean zu drängen. Ribbentrop legte den Entwurf zu einem Abkommen zwischen den Staaten des Dreimächtepaktes und der Sowjetunion vor, in dem diese sich mit der Zielsetzung des Dreimächtepaktes »solidarisch« erklären sollte[11]. In einem geheimen Zusatzprotokoll war folgende Aufteilung der territorialen Interessen vorgesehen: für Deutschland Mittelafrika, für Italien Nord- und Nordostafrika, für Japan der ostasiatische Raum südlich des japanischen Inselreichs und für die UdSSR »territoriale Aspirationen im Süden des Staatsgebiets der Sowjetunion in Richtung Indischer Ozean«. Zufolge einer solchen Abgrenzung der Interessen »nach säkularen Maßstäben«[12] entwickelte Hitler seinem sowjetischen Zuhörer eine Lebensraumvision, die ihre Realisierung in den bereits von Deutschland eroberten europäischen Gebieten mit einer kolonialen Ergänzung in Afrika suchte. In der Aufzeichnung über sein Gespräch mit Molotow vom 12. November 1940 heißt es: »1. Die Raumnot. Im Verlaufe des Krieges habe Deutschland so große Gebiete in seine Hand bekommen, daß es 100 Jahre benötige, um sie voll nutzbar zu machen. 2. Es sei eine gewisse koloniale Ergänzung in Zentralafrika notwendig.«[13] Die damalige Konzeption Hitlers und Ribbentrops lief auf die Herstellung eines Viermächteblocks von Japan, Sowjetunion, Deutschland und Italien hinaus mit allgemeiner Expansionsrichtung nach Süden. Bedeutete dies unter Verzicht auf eine weitere deutsche Expansion im Osten eine ernsthaft gemeinte Alternative im Hitlerschen Lebensraumprogramm (Fabry) oder eine nur zeitweilige Zurückstellung der Ostexpansion (Hillgruber) oder überhaupt lediglich ein taktisches Manöver zur Verschleierung eines bereits endgültig und unumstößlich feststehenden Entschlusses, demnächst Rußland anzugreifen (Weinberg)? Eine eindeutige Antwort läßt sich auf diese Frage nicht geben. Denn wenn hier überhaupt eine Alternative zum Ostkrieg gemeint gewesen sein sollte, so scheiterten die Vorschläge von vornherein daran, daß in der Lage Europas, wie sie durch die Niederwerfung Frankreichs und die Ungebrochenheit des britischen Widerstandes geschaffen worden war, sowohl Deutschland wie die Sowjetunion die im August/September 1939 vereinbarte gegenseitige Abgrenzung der Interessen in Frage stellten. Im Gegensatz zu den Visionen Hitlers, wenn auch ohne sich dessen »säkularen« Perspektiven direkt zu versagen, betonte Molotow die aktuellen sowjetischen Interessen gegenüber den Achsenmächten in Nordost-, Ost- und Südosteuropa. Er beschwerte sich über die Anwesenheit deutscher Truppen in Finnland, das nach den Vereinbarungen des Vorjahres zur sowjetischen Interessensphäre gehören sollte, und über die von Deutschland an Rumänien ohne die vorgesehene Konsultation Rußlands gewährte Garantie, die zugleich dem sowjetischen Begehren nach der Südbukowina einen Riegel vorschob. Er verlangte die Zustimmung zu einer Bereinigung der finnischen Frage »in demselben Ausmaß wie in Bessarabien und den Randstaaten«, d. h. zu einer Annektierung durch die Sowjetunion, und meldete darüber hinaus den Wunsch nach Garantien für freie Benutzung der Ostseezugänge an. Er erklärte, daß Rußland zur Gewährleistung der Durchfahrt vom Schwarzen Meer zum Mittelmeer militärische Stützpunkte an den Meerengen benötige und zudem die Absicht habe, Bulgarien im Gegenzug gegen die deutsche Garantie an Rumänien unter sowjetische Garantie zu stellen. Über diese Direktforderungen hinaus meldete er ein sowjetisches Interesse an dem Schicksal Ungarns, Jugoslawiens und Griechenlands an und begehrte zu wissen, »was Deutschland mit Polen beabsichtige«, unter Erinnerung daran, »daß über die künftige Gestaltung Polens ein Protokoll zwischen der Sowjetunion und Deutschland bestehe, über dessen Verwirklichung ein Meinungsaustausch erforderlich sei«. Der südosteuropäische Raum war in die deutsch-sowjetischen Absprachen vom Vorjahre mit Ausnahme Bessarabiens nicht einbezogen worden. Den hier sich geltend machenden wirtschaftlichen und militärischen Interessen der Achsenmächte setzte nunmehr die Sowjetunion ihre eigenen weitreichenden Ansprüche entgegen. Jedoch beantwortete sie die auf Herstellung eines Kontinentalblocks zielenden Vorschläge Hitlers keineswegs mit einem eindeutigen

Nein. Sie erklärte vielmehr am 26. November 1940 ihre Bereitschaft, dem vorgesehenen Viererpakt beizutreten, wenn folgende Bedingungen erfüllt würden: unverzügliche Rücknahme der deutschen Truppen aus Finnland, wogegen die Sowjetunion auf eine gewaltsame Eingliederung Finnlands verzichten und die deutschen wirtschaftlichen Interessen respektieren zu wollen erklärte; Einbeziehung Bulgariens in die »Sicherheitszone der Schwarzen-Meer-Grenzen der Sowjetunion«; Einrichtung von militärischen Stützpunkten an Bosporus und Dardanellen und gegebenenfalls gemeinsame militärische Aktion der Achsenmächte und der Sowjetunion gegen die Türkei, um diese zur Abtretung der Stützpunkte zu zwingen; Verzicht Japans auf Kohle- und Ölkonzessionen in Nordsachalin. Die für den Viermächtepakt vorgesehene südliche Interessenrichtung der Sowjetunion schließlich wünschte diese präzisiert unter Nennung des Persischen Golfs als Zielrichtung[14]. Hitler sah in diesen Gegenvorschlägen den Versuch einer Erpressung. Sie wurden nicht beantwortet. Statt dessen gab Hitler am 18. Dezember 1940 die Weisung für den »Fall Barbarossa«: »Die deutsche Wehrmacht muß darauf vorbereitet sein, ... Sowjetrußland in einem schnellen Feldzug niederzuwerfen.«[15] Als Zeitpunkt für den Angriff wurde Mai 1941 in Aussicht genommen.

Dennoch setzte die Reichsregierung die laufenden Wirtschaftsverhandlungen mit der Sowjetunion fort. Am 10. Januar wurde ein Vertrag abgeschlossen, dem zufolge Rußland seine Lieferungen steigerte und Deutschland den Streifen litauischen Gebiets, der ihm nach den Moskauer Abmachungen vom 28. September 1939 zugefallen war, an die Sowjetunion abtrat[16]. Zugleich aber verschärften sich die Spannungen durch die damals erfolgende Verstärkung der deutschen Truppen in Rumänien, den Beitritt Bulgariens zum Dreimächtepakt und das Einrücken deutscher Truppen auch in dieses Land. Im März stellte sich in Bulgarien die 12. deutsche Armee unter Generalfeldmarschall List bereit, um in den Balkankrieg gegen die Griechen und die sie unterstützenden Engländer einzugreifen. Auch Jugoslawien schien für das deutsche Bündnis gewonnen zu werden. Am 25. März erklärte es seinen Beitritt zum Dreimächtepakt. Deutschland erwartete, daß Jugoslawien im bevorstehenden Krieg mit Griechenland neutral bleiben werde. Dafür sollte es mit dem Erwerb Salonikis belohnt werden. Wenige Tage nach dem Abschluß jedoch wurde die Regierung in Belgrad durch einen militärischen Staatsstreich gestürzt. Anstelle des

Prinzregenten Paul übernahm der junge König Peter II. die Staatsführung[17]. Mit der neuen Regierung schloß Stalin am 5. April einen Freundschafts- und Nichtangriffspakt.

Hitler hatte sich alsbald nach dem Staatsstreich in Belgrad entschlossen, neben Griechenland nun auch Jugoslawien anzugreifen[18]. Hierzu wurde in Ungarn, das am 11. April an der Seite der Achsenmächte in den Krieg eintrat, die zweite Armee unter Generaloberst v. Weichs bereitgestellt. Auch Bulgarien beteiligte sich am Krieg. Der Doppelfeldzug gegen Griechenland und Jugoslawien begann am 6. April. Am 17. April kapitulierte die jugoslawische Armee und am 21. die griechische. Fallschirmjäger sprangen am 20. Mai über Kreta ab und vertrieben in zehntägigen Kämpfen die Briten[19]. Georg II. von Griechenland und Peter II. von Jugoslawien bildeten in London Exilregierungen. Der jugoslawische Staat wurde zerschlagen; die Untersteiermark und Teile von Krain fielen an Deutschland; andere Teile an Italien, Bulgarien und Ungarn. Kroatien wurde ein selbständiger Staat unter dem achsenfreundlichen Pavelic, der eine autoritäre Regierungsweise einführte[20]. Griechenland wurde zum großen Teil italienischer Militärverwaltung unterstellt.

Die schnelle Beendigung des Balkankrieges durch das Eingreifen Deutschlands verstärkte die Position der Achsenmächte in erheblicher Weise, wenn auch der Balkanraum niemals völlig befriedet wurde und namentlich in Jugoslawien verschiedene miteinander rivalisierende Partisanenorganisationen – Tito gegen den royalistischen Michailowitsch – ständig deutsche Truppen banden[21]. Wenn Hitler von sich aus den Einsatz deutscher Kräfte im Mittelmeerraum zunächst nicht gewollt und wenn er Mussolini von seinem Angriff auf Griechenland zurückzuhalten versucht hatte, so schien sich durch das unvermeidliche und erfolgreiche deutsche Eingreifen im Balkankrieg die Chance zu bieten, von Griechenland und Kreta aus im Mittelmeer eine entscheidende Stellung zu gewinnen. Von Griechenland und Kreta aus war der Suezkanal in greifbarer Nähe, hier konnte England an einer empfindlichen Stelle getroffen werden. In den Monaten nach dem Frankreichfeldzug hatte Admiral Raeder versucht, Hitler von seinen Kriegsplänen gegen Rußland abzuziehen und für den Gedanken zu gewinnen, den Schwerpunkt der Kriegführung zum Kampf gegen England in den Mittelmeerraum zu verlegen. Hitler hat sich solchen Überlegungen nicht geöffnet. Seit Beginn des Jahres 1941 hatte Raeder den

Eindruck, daß der Entschluß Hitlers, Rußland anzugreifen, un-
abänderlich feststehe[22]. Wenn es tatsächlich gelingen sollte,
Rußland niederzuwerfen, so schien dies der schnellste Weg,
auch mit England fertig zu werden. Hitler rechnete damit, daß
der Kampf gegen Rußland drei Monate dauern werde. Durch
den Balkankrieg aber wurde der Beginn um sechs Wochen ver-
zögert, eine Zeit, die – wie der Verlauf des Rußlandfeldzuges
zeigte – nie wieder eingeholt werden konnte.

Hatte Hitler nach dem siegreichen Balkankrieg Rußland immer noch zu fürchten? Vielleicht ist in keinem Augenblick der
zwölf Monate zwischen der Kapitulation Frankreichs und dem
deutschen Angriff auf Rußland die Möglichkeit, Rußland ohne
Krieg in Schranken zu halten, größer gewesen als damals. Die
These, daß russische Truppenverstärkungen in den westlichen
Gebieten einen Aufmarsch zu einem Angriff auf Deutschland
dargestellt hätten, ist allgemein fallengelassen[23]. Stalin konnte
sich von einem Krieg gegen die in allen Feldzügen siegreiche
deutsche Armee nichts erhoffen, am allerwenigsten in diesem
Augenblick. Durch den Sieg über Jugoslawien und Griechenland hatten sich die strategischen Positionen der Achsenmächte
erheblich verbessert. Die deutsche Wehrmacht stand insgesamt
auf dem Höhepunkt ihrer Ausrüstung, Ausbildung und zahlen-
mäßigen Stärke. Jedenfalls bemühte sich die Sowjetunion im
Frühjahr 1941, ein peinlich genaues und korrektes Verhalten an
den Tag zu legen. Die russischen Lieferungen erfolgten pünkt-
lich, obwohl Deutschland mit seinen Gegenlieferungen im
Rückstand war. Stalin erklärte die diplomatischen Beziehungen
zu Norwegen, Belgien, Jugoslawien und Griechenland für abgebrochen und vollzog damit eine De-facto-Anerkennung der
neuen europäischen Machtverhältnisse. Er lehnte auch alle An-
näherungsversuche der britischen Diplomatie ab. Am 13. April,
eine Woche nach Beginn des deutschen Balkankrieges, bezeugte
er in einer berühmten Szene bei der Verabschiedung des japanischen Außenministers Matsuoka in demonstrativer Weise gegenüber dem deutschen Botschafter den Willen zur Freundschaft mit Deutschland. Er legte ihm den Arm um die Schulter
mit den Worten: »Wir müssen Freunde bleiben, und Sie müssen
jetzt alles tun, um das zu bewirken.«[24] Hitler sah in einem solchen Verhalten ein Anzeichen der Schwäche. An einem 22. Juni
hatte Napoleon der Großen Armee den Befehl zum Angriff
gegen Rußland gegeben. Am 22. Juni 1941 begann der deutsche
Angriff.

DW 397/628–639; 618–621.

[1] So Hitler Anfang Juli 1940, nach den Erinnerungen des Adjutanten der Kriegsmarine bei Hitler, K.J. v. PUTT-KAMER, Die unheimliche See (1952), S. 40.

[2] ADAP, Serie D, Bd. 9, Nr. 471.

[3] ADAP, Serie D, Bd. 10, Nr. 164. – Darstellung der Mission Cripps nach engl. Akten bei WOODWARD (s. S. 24).

[4] HALDER, Kriegstagebuch, Bd. 2, S. 30ff.; KLEE, Dokumente (s. Kap. 4, Anm. 3), S. 245 f. (Aufzeichnung Raeders).

[5] HALDER, Kriegstagebuch, Bd. 2, S. 46ff.; G.L.WEINBERG, Germany and the Soviet Union 1939–41 (Leiden 1954) weist nach, daß Hitlers Entschluß zum Angriff auf Rußland militärisch begründet war: England sollte Hoffnung auf Zusammenspiel mit Rußland genommen werden. H.G.SE-RAPHIM u. A.HILLGRUBER, Hitlers Entschluß zum Angriff auf Rußland, VfZG 2 (1954) weisen in Auseinandersetzung mit G.L.WEINBERG, Der dt. Entschluß zum Angriff auf die Sowjetunion, VfZG 1 (1953) auf die Bedeutung hin, die dem sowj. Balkanimperialismus für die Entstehung des Krieges zukomme. Zu diesem Sachverhalt bes. A.HILLGRUBER, Hitler, König Carol u. Marschall Antonescu (1954). In seiner letzten, ausführlichen Erörterung des Entschlusses Hitlers zum Angriff auf die Sowjetunion in: ders., Hitlers Strategie 1940–1941 (1965), S. 207ff. betont er dagegen, daß der wichtigste Beweggrund Hitlers programmatisches Ziel der Vernichtung Rußlands gewesen sei. Als Hitler nach dem raschen Sieg über Frankreich geglaubt habe, England werde nun einlenken und ihm endlich »den Rücken frei lassen«, sei der Gedanke des Feldzuges gegen den Osten sofort wieder in den Vordergrund getreten, wenn auch noch ohne genaue Festsetzung des Zeitpunktes. Durch die strategische Lage und Stalins Expansionspolitik seien diese Pläne le-diglich in ihrem zeitlichen Ablauf konkretisiert worden. Neue deutsche Dokumente aus östlichen Archiven zum Fall Barbarossa bei E.MORITZ (Hg.), Fall Barbarossa. Dokumente zur Vorbereitung der faschist. Wehrmacht auf die Aggression gegen die SU 1940/41 (Berlin-Ost 1970) u. bei L.BESYMENSKI, Sonderakte »Barbarossa«. Dokumente, Darstellung, Deutung (a. d. Russ. 1968), im Rahmen einer anschaulichen, jedoch einseitigen Darstellung.

[6] D. EICHHOLTZ, Gesch. der dt. Kriegswirtschaft 1939–1945, Bd. 1: 1939–1941 (Berlin-Ost 1969) bringt in einem umfangreichen Anhang »Dokumente zur Neuordnung des europäischen Großwirtschaftsraums« aus den Akten der Nürnberger Industrieprozesse u. aus Werksarchiven. Trotz der Generalthese des Verf. vom »Krieg der Monopole um die Vorherrschaft in Europa und in der Welt«, die er mit Hilfe dieser Dokumente untermauern will, meint er, daß die »Formen der direkten Einwirkens, der unmittelbaren Einflußnahme der Monopole auf die militärisch-politischen Planungen und Beschlüsse 1940/41« erst noch zu erforschen seien (S. 201, Anm. 11). Denn, so gibt er an anderer Stelle zu: »Eine unmittelbare Beteiligung von Monopolvertretern an der Ausarbeitung von Hitlers grundlegendem strategischen Konzept seit Frühsommer 1940 bis zur ›Weisung Nr. 21 (Barbarossa)‹ ist bisher nicht nachzuweisen« (S. 207).

[7] ADAP, Serie D, Bd. 11, 1, Nr. 86.

[8] Text der Aufzeichnungen: G.THOMAS, Gesch. der dt. Wehr- u. Rüstungswirtschaft (1966), S. 18f.; Text der Denkschrift ebd., S. 515 ff.

[9] ADAP, Serie D, Bd. 11, 1, Nr. 118; grundlegende Darstellung der Verhandlungen u. Zielsetzungen bei Th. SOMMER, Dtld. u. Japan zw. den Mächten 1935–1940. Vom Antikominternpakt zum Dreimächtepakt (1962); M.LIBAL, Japans Weg in den Krieg. Die Außenpolitik der Kabinet-

te Konoye 1940/41 (1971); zum Stellenwert des Faktors Japan in Hitlers Konzeption HILLGRUBER, Strategie, S. 192f.; T.HARUKI, The Tripartite Pact and Japanese Foreign Policy (Tokio 1964); M. MIYAKE, A Study on the Tripartite Alliance Berlin–Rome–Tokyo (jap. m. engl. Zusammenfassung, Tokyo 1975), aufschlußreich über jap. Forschungs- u. Diskussionsstand; vgl. auch Kap. 7.

[10] ADAP, Serie D, Bd. 11, 1, Nr. 325f., 328f.; aus sowj. Sicht Memoiren von V.BERESHKOW, In diplomatischer Mission bei Hitler in Berlin 1940–1941 (a. d. Russ. 1967).

[11] ADAP, Serie D, Bd. 11, 1, Nr. 309.

[12] Dieser Begriff im Schreiben Ribbentrops an Stalin 13. 10. 1940 u. wiederholt in den Berliner Gesprächen Hitlers u. Ribbentrops mit Molotow.

[13] Über die im Hintergrund stehenden kolonialen Planungen, wie sie im Ausw. A. u. in der Seekriegsleitung z. T. in Anknüpfung an Kriegszielentwürfe des Ersten Weltkrieges entwickelt wurden, s. A.HILLGRUBER, Hitlers Strategie, S. 242ff. u. M.SALEWSKI, Die dt. Seekriegsleitung, S. 234ff.; ferner K.HILDEBRAND, Vom Reich zum Weltreich (1969).

[14] ADAP, Serie D, Bd. 11, 2, Nr. 404.

[15] W.HUBATSCH, Hitlers Weisungen (s. S. 17), S. 84ff.

[16] ADAP, Serie D, Bd. 11, 2, Nr. 637f.

[17] J.B. HOPTNER, Yugoslavia in Crisis, 1934–1941 (New York 1962); D.N.RISTIČ, Yougoslavia's Revolution of 1941 (a. d. Jugoslaw. London 1966). – J. WUESCHT, Jugoslawien und das Dritte Reich. Eine dokumentierte Geschichte der dt.-jugoslaw. Beziehungen von 1933 bis 1945 (1969).

[18] Zum dt. Balkanfeldzug ausführliche u. gründliche Darstellung von K.OLSHAUSEN, Zwischenspiel auf dem Balkan. Die dt. Politik gegenüber Jugoslawien u. Griechenland von

März bis Juli 1941 (1973); dort weitere Lit.angaben. Zu Griechenland vgl. ferner SCHRAMM v. THADDEN (s. Kap. 4, Anm. 13). Zur Pol. Ungarns s. S. 24.

[19] H.-O. MÜHLEISEN, Kreta 1941. Das Unternehmen Merkur, 20. Mai–1. Juni 1941 (1968); M.D.G. STEWART, The Struggle for Crete, 20th May–1st June 41. A Story of Lost Opportunity (London 1966).

[20] L. HORY/M. BROSZAT, Der kroatische Ustascha-Staat 1941–1945 (1964); G. FRICKE, Kroatien 1941–1944. Der »Unabhängige Staat« in der Sicht des Dt. Bevollmächtigten Generals in Agram, Glaise von Horstenau (1972).

[21] Vgl. dazu die Beiträge in Les systèmes d'occupation en Yougoslavie 1941–1945. Rapports au 3e Congrès international sur l'histoire de la résistance européenne à Karlovy Vary les 2–4 septembre 1963 (Belgrad 1963); V.STRUGAR, Der jugoslaw. Volksbefreiungskrieg 1941–1945 (2 Bde., Berlin-Ost 1969). Guter Überblick bei WUESCHT (s. o. Anm. 17) u. J. MATL, Jugoslawien im Zw. Weltkrieg, in: W. MARKERT (Hg.), Osteuropa-Handbuch, Jugoslawien (1954); dort Bibliogr. S. 362ff. - F. BORKENAU, Titos Aufstieg, in: ders., Der europ. Kommunismus (Berlin 1952); V. DEDIJER, Tito (a. d. Amerik. 1953). – Lit.bericht mit Berücksichtigung der jugoslaw. Lit. von K.-D. GROTHUSEN in: HZ, Sonderheft 3 (1969).

[22] Mitteilung Raeders an Assmann in: K. ASSMANN, Dt. Schicksalsjahre, S. 226.

[23] Zusammenfassend zu dieser Frage: D.R. BROWER, The Soviet Union and the German Invasion of 1941, in: Journal of Mod. History (1969); ferner HILLGRUBER, Strategie, S. 425ff.

[24] Botschafter Schulenburg an Ribbentrop, Das nat.-soz. Dtld. u. die Sowjetunion, Nr. 235. – Zwischen 1965 u. 1967 gab es in der Sowjetunion eine Kontroverse über Stalins Schuld an der mangelnden Abwehrfähigkeit Rußlands gegenüber der dt. Invasion.

Dazu A. Nekritsch/P. Grigoren-
ko, Genickschuß. Die Rote Armee am
22. Juni 1941 (erweiterte dt. Ausgabe
1968, russ. Erstausgabe 1965); u. V.

Petrov (Hg.), »June 22, 1941«. Soviet
Historians and the German Invasion
(Columbia 1968).

Kapitel 6
Vom Angriff auf die Sowjetunion bis zur Wende des Krieges in Stalingrad und El Alamein

Dem Kampf Deutschlands gegen die Sowjetunion schlossen sich Rumänien am 22. Juni und Ungarn am 27. Juni an. Finnland trat am 25. Juni in den Krieg ein. Im Unterschied zu den südosteuropäischen Verbündeten Deutschlands betrachtete es sich als ein Land, das seinen eigenen Krieg führte. Das Ziel Finnlands war die Rückeroberung des im Winterkrieg verlorengegangenen Gebietes[1]. Auf deutscher Seite kämpften später auch einige italienische Divisionen. Spanien schickte die freiwillige Blaue Division. Freiwillige aus Norwegen, Dänemark, Holland, Belgien und Frankreich bildeten zumeist im Rahmen der Waffen-SS eigene Formationen[2]. Dazu kamen im Verlauf des Krieges die zahlreichen unter sowjetischen Gefangenen rekrutierten Hilfswilligen, die sich den deutschen Fronttruppen für Troßdienste zur Verfügung stellten, und in zunehmendem Maße innerhalb deutscher Verbände die Aufstellung von zum Teil hochqualifizierten Truppen aus den nichtslawischen Völkerschaften der Sowjetunion, die sich vor allem bei der Partisanenbekämpfung bewährten. Den großrussischen General Wlassow, der im Sommer 1942 am Wolchow in deutsche Gefangenschaft geriet und sich um die Aufstellung einer russischen Nationalarmee gegen den Bolschewismus aus den im ersten Kriegsjahr zahlreichen Überläufern und Gefangenen bemühte, ließ Hitler nicht zum Zuge kommen. Erst in der letzten Kriegsphase konnte er zwei Divisionen aufstellen[3]. Die deutsche Angriffsarmee betrug 153 Divisionen, darunter lediglich 19 Panzerdivisionen und 15 motorisierte Infanteriedivisionen[4]. Mangel an Material und Brennstoff hatten keinen höheren Grad der Mechanisierung erlaubt. Über die Stärke des Gegners besaß die deutsche Führung nur ungefähre Vorstellungen. Man rechnete mit 160 bis 180 Divisionen, einschließlich 55 Panzerbrigaden. Es stellte sich jedoch heraus, daß auch nach den Vernichtungsschlachten der ersten Kriegsmonate, die zu unerhörten Gefangenenziffern führten, immer wieder neue Verbände aufgestellt bzw. aus dem Fernen Osten herangeführt werden konnten. Ein zwischen Japan und der Sowjetunion am 13. April 1941 abgeschlossenes Neutralitätsabkommen und der ab Herbst erkennbare Aufmarsch der japanischen Streitkräfte für Operationen im südostasiatischen Raum[5] ermöglichten es der russischen Führung, ihre gesamte militärische Kraft für die Abwehr des deutschen Angriffs einzusetzen und im Laufe der Kämpfe Reserven aus Sibirien rechtzeitig heranzuziehen. Zur Überraschung der deutschen Führung, deren Vorstellung von der russischen Abwehrkraft durch das Versagen der Roten Armee im Finnischen Winterkrieg mitbedingt war, setzten die Russen im Herbst 1941 den ausgezeichneten Panzer T 34 ein, dem die deutschen Abwehrgeschütze zunächst nicht gewachsen waren und der auch bei hoher Schneelage und im Schlamm eine Beweglichkeit besaß, die außerhalb der bisherigen Berechnungen lag. Wenige Wochen nach dem deutschen Angriff kam das Bündnis zwischen Großbritannien und der Sowjetunion zustande, auf das Churchill seit Jahren hingearbeitet hatte. Es wurde für Deutschland verhängnisvoll, daß die beiden Mächte sich in dem am 12. Juli 1941 in Moskau unterzeichneten Übereinkommen[6] verpflichteten, nur in gegenseitigem Einverständnis Waffenstillstand oder Frieden zu schließen. Seit August 1941 gewährten die Amerikaner der Sowjetunion Hilfe durch Lieferungen von Kriegsgerät und Munition, das auf dem Wege über Murmansk, über Wladiwostok oder über Persien herangeführt wurde[7].

Bevor diese Hilfe spürbar werden konnte, schien es freilich zunächst, als ob die deutsche Wehrmacht auch diesen Gegner in einem Blitzkrieg niederzuwerfen vermöchte. Der Raum für die Entfaltung der deutschen Operationen war durch die Pripjetsümpfe geteilt. Der Schwerpunkt lag im nördlichen Raum. Hier wurden zwei Heeresgruppen angesetzt mit der Masse der Panzerverbände. Die Heeresgruppe Nord unter Generalfeldmarschall Ritter v. Leeb hatte den Auftrag, die baltischen Länder zu befreien und Leningrad zu erobern. Die Heeresgruppe Mitte unter Generalfeldmarschall v. Bock sollte aus dem Raume um Warschau in Richtung Minsk, Smolensk vorstoßen. Der Operationsraum für die Heeresgruppe Süd unter Generalfeldmarschall v. Rundstedt, mit der auch rumänische Truppen zusammenwirkten, war der Dnjeprbogen. Bei diesem Ansatz der drei Heeresgruppen bestand allerdings von vornherein eine Diskrepanz zwischen den Ansichten Hitlers und des Generalstabs über das zu erreichende Hauptziel[8]. Moskau war das Zentrum des russischen Straßen- und Bahnnetzes. Hier mußte der Gegner seine Abwehrkraft konzentrieren. Hier sah der deutsche Generalstab daher das Hauptziel des deutschen Angriffs. Für Hitler hatten wirtschaftliche und politische Gesichtspunkte ein größeres Gewicht. Im Norden erstrebte er die möglichst schnelle Verbindung mit den Finnen westlich und östlich des Ladogasees und im Süden die Gewinnung des Industriegebietes im Donezbecken. Diese Diskrepanzen wurden aber erst in der zweiten Phase des Angriffs akut. In der ersten Phase erreichte die Heeresgruppe Süd den Dnjeprbogen. Die Heeresgruppe Mitte schlug die Umfassungsschlacht von Bialystok, bei der 40 russische Divisionen vernichtet wurden, und eroberte Minsk und Smolensk. Im Nordabschnitt wurden die in den baltischen Ländern stehenden Sowjettruppen geschlagen, nachdem Panzerverbände der Heeresgruppe Nord über Wilna und Dünaburg nach Pleskau vorgestoßen waren. Am 8. September wurde Schlüsselburg genommen, der Fall Leningrads schien unmittelbar bevorzustehen. Die Finnen drangen auf der Karelischen Landenge vor und riegelten Leningrad von Norden ab. In der zweiten Augusthälfte kam der Gegensatz zwischen den operativen Auffassungen des Generalstabs und Hitlers zum Austrag. Brauchitsch und Halder schlugen vor, nachdem die Panzerverbände bei Smolensk durch einen Halt ihre Kampfkraft hatten regenerieren und die Infanteriedivisionen hatten aufschließen können, den Vorstoß nach Moskau durchzuführen. Am 21. August entschied Hitler anders. Er ließ Teile der Heeresgruppe Mitte nach Süden und Teile der Heeresgruppe Süd ostwärts von Kiew nach Norden einschwenken, um die ostwärts der Pripjetsümpfe zwischen den beiden Heeresgruppen stehenden Russen zu umfassen. In dieser »größten Schlacht der Weltgeschichte«, wie Hitler sie nannte, wurden 665 000 Gefangene gemacht. Der deutsche Generalstabschef nannte die gleiche Schlacht »den größten strategischen Fehler des Ostfeldzugs«. Infolge dieses Sieges konnte die Heeresgruppe Süd zwar das Donezbecken durchstoßen, aber am 21. November ging das kurz zuvor eroberte Rostow wieder verloren. Der bei der Heeresgruppe Mitte angesetzte Angriff auf Moskau kam zu spät, und die deutschen Kräfte waren abgenutzt. Nach den Kesselschlachten von Briansk und Wjasma vom 2.–20. Oktober kämpften sich die Armeen v. Bocks bis in die Nähe der Hauptstadt heran. Die sowjetische Regierung wich aus. Die deutschen Panzerspitzen drangen bis 50 km nördlich von Moskau vor. Aber die Schlammperiode behinderte die Bewegung der Fahrzeuge, und der frühzeitig und mit ungewöhnlicher Härte einsetzende Winter brach die Angriffskraft der deutschen Truppen, die in keiner Weise für einen Winterkrieg ausgerüstet waren[9]. Auch Leningrad blieb unbezwungen[9a]. Die Heeresgruppe Nord hatte für den Vorstoß auf Moskau einen Teil ihrer Panzerverbände abgeben müssen. Hitler ließ es nicht auf einen Kampf um Leningrad ankommen, obwohl Ritter v. Leeb ebenso wie die Marineleitung dazu drängten. Hitler wollte die von Norden und Süden eingeschlossene Stadt durch Hunger dezimieren. Es gelang aber den Russen, über den Ladogasee die Stadt zu versorgen, im Winter durch eine über das Eis gebaute Eisenbahn, im Sommer durch Schiffe. Im Raum von Leningrad sind im Verlauf des Krieges wiederholt schwere und verlustreiche Kämpfe geführt worden. Der Fehlschlag der deutschen Operationen führte zu einer tiefen Krise im deutschen Heer. Brauchitsch nahm seinen Abschied, später auch Ritter v. Leeb; v. Bock und v. Rundstedt wurden abgelöst. Hitler übernahm am 19. Dezember 1941 unmittelbar die Führung des Heeres. In der Heimat wurde durch Sammlung von Skiausrüstungen und Winterzeug notdürftig das Heer für den Winterkrieg ausgestattet. Die Russen erzielten durch Gegenangriffe tiefe Einbrüche in die deutsche Front. Hitler aber widersetzte sich allen Forderungen der Generäle, rückwärtige Stellungen auszubauen und die Front zurückzunehmen. Er fürchtete – wahrscheinlich zu Recht –, daß eine Rückwärtsbewegung der schlecht ausgerüsteten Truppe unter den ungewohnten Bedingungen des russischen Winters zu größeren Verlusten an Menschen und Material führen würde als ein starres Sich-Festklammern an den erreichten Positionen.

Die strategischen Vorstellungen der russischen Führung sind schwer zu beurteilen. Wenn Rußland im ersten und zweiten Kriegsjahr große Räume dem Angreifer überließ, um dann aus der Tiefe heraus die Gegenoffensive zu beginnen, so scheint es doch nicht – wie es Stalin nach dem Kriege propagandistisch hat vertreten lassen –, daß diesmal der Raum bewußt als Waffe ausgespielt worden wäre. Dagegen spricht die Massierung des Großteils der Roten Armee in den grenznahen Räumen, der hartnäckige Widerstand, der zur Verteidigung von Leningrad, Moskau und der Industriegebiete aufgewendet wurde, und schließlich die Tatsache, daß keine Vorkehrungen getroffen waren, um die Industrie in östliche, vom Gegner nicht angreifbare Räume zu verlagern; das wurde während des Krieges erst mit Erfolg improvisiert. Alles deutet vielmehr darauf hin, daß eine Abwehr in Grenznähe geplant war. Taktisch ist jedoch die Rote Armee vom deutschen Angriff überrumpelt worden[10]. Wenn sie zu Anfang des Krieges in Ausbildung und Führung der deutschen unterlegen war, so hat sich dieser Mangel im Laufe des Krieges ausgeglichen. Wie in den Zeiten Karls XII. und Napoleons, so verstanden es die Russen auch diesmal, sich nach kurzer Zeit ihrem Gegner anzupassen. Ähnlich wie in Jugoslawien stand den Deutschen auch in Rußland in den Partisanen ein besonders hartnäckiger und geschickter Gegner gegenüber. Die Partisanengruppen in den großen Wald- und Sumpfgebieten wuchsen schnell, nachdem sich herausstellte, daß die Deutschen nicht als Befreier, sondern als Eroberer kamen[11].

Im Sommer 1942 riß Hitler noch einmal die Initiative an sich. Vorbereitende Kämpfe im Mai galten der Rückeroberung der im Winter verlorengegangenen Halbinsel Kertsch und führten zur Bezwingung der Festung Sewastopol. Bei Charkow wurde eine russische Offensive durch die bereitgestellten deutschen Angriffstruppen in einer großen Umfassungsschlacht Ende Mai zerschlagen. Die deutsche Offensive, die infolge des Kräfteverschleißes des vergangenen Kriegsjahres nicht mehr an allen Frontabschnitten durchgeführt werden konnte, begann am 28. Juni ostwärts von Charkow. Das Ziel war die untere Wolga und das Ölgebiet von Batum und Baku. Die russische Widerstandskraft sollte durch die Wegnahme dieser Hilfsquellen gebrochen werden. Eine unter Generalfeldmarschall List gebildete Heeresgruppe A überschritt Ende Juli den unteren Don und stieß auf den Kaukasus vor. Am 21. August wurde auf dem höchsten Gipfel, dem Elbrus, die deutsche Fahne gehißt. Aber es gelang nicht, Transkaukasien zu erobern und den Weg zur persischen Grenze zu gewinnen.

In Persien[12] waren im August 1941 britische und sowjetrussische Truppen einmarschiert, um die Regierung zu zwingen, den Bau einer Nachschubstraße für amerikanisches Kriegsmaterial quer durch das Land zu ermöglichen. Persien hatte nur kurzen Widerstand leisten können. Im Irak war es bereits im Mai 1941 zu einem Kampf gegen die Briten gekommen. Ein Staatsstreich gegen den minderjährigen König Feisal II. hatte vorübergehend eine Deutschland- und Italien-freundliche Regierung zur Macht gebracht. Ihr kurzer Kampf gegen britische Stützpunkte war

durch einige deutsche Flugzeuge und französische Waffenliefe-
rungen von Syrien aus[13] unterstützt worden. Seit dem Sommer
1941 war auch hier die britische Macht wiederhergestellt. Auch
in Syrien gewannen die Briten und Frei-Franzosen die Ober-
hand, nachdem sich der Vichy-freundliche Oberbefehlshaber
der französischen Levantearmee General Dentz am 12. Juli
durch den Abschluß eines Waffenstillstandes unterworfen
hatte. Das Erscheinen deutscher Truppen an der Nordgrenze
Persiens hätte vielleicht vermocht, die Dinge im Vorderen und
Mittleren Orient wieder in Bewegung zu bringen. Denn in
Nordafrika gelang es Rommel[14], im Sommer 1942 bedeutende
Erfolge zu erringen.

Auch hier hatte der Winter 1941/42 zu Rückschlägen geführt.
Die Briten unter General Ritchie hatten am 10. Dezember Tobruk entsetzt und dann Bengasi gewonnen. Rommel wurde in
die Südostecke der Großen Syrte zurückgedrängt, von wo sein
Vorstoß zur Eroberung der Cyrenaika Anfang des Jahres begonnen hatte. An der ägyptischen Grenze eingeschlossene
deutsch-italienische Truppen hielten Bardia und den Halfaya-
Paß bis in den Januar hinein. Am 21. Januar 1942 aber traten
Deutsche und Italiener erneut zum Angriff an, nachdem es
durch verstärkten Einsatz der Luftwaffe und deutscher und italienischer U-Boote um die Jahreswende gelungen war, drei britische Schlachtschiffe und einen Flugzeugträger zu versenken
bzw. auszuschalten, so daß im zentralen Mittelmeer bis in den
Sommer die Seeherrschaft von der durch die deutsche und italienische Luftwaffe unterstützten italienischen Flotte behauptet
werden konnte. Die Benutzung des Seestützpunktes Malta
durch britische See- und Luftstreitkräfte wurde im Verlauf des
Jahres 1942 durch massive deutsche Bombenangriffe zeitweise
erheblich beeinträchtigt. Ein von italienischer Seite vorbereite-
ter Versuch, die Insel zu erobern, gelangte jedoch nicht zur
Ausführung. Der erste Stoß der Rommel unterstellten deutsch-
italienischen Panzerarmee führte bis 7. Februar zur abermaligen
Eroberung der Cyrenaika von Marsa el Brega bis El Gazala.
Der zweite Stoß begann am 26. Mai. Diesmal gelang es, am
21. Juni Tobruk zu nehmen. Am 23. Juni überschritten die
Truppen Rommels die ägyptische Grenze. Im Juli stand er vor
El Alamein, der letzten britischen Verteidigungsstellung vor
Alexandria. Im Juli und August geführte Angriffe gegen diese
Stellung scheiterten, zur gleichen Zeit also, als sich der deutsche
Angriff in Südrußland im Kaukasus festlief.

Im Rahmen der deutschen Offensive in Rußland hatte weiter nördlich eine Heeresgruppe B unter Generalfeldmarschall v. Weichs den Donbogen durchstoßen. Die 6. Armee unter General Paulus war darüber hinaus am 24. August bis zur Wolga bei Stalingrad vorgedrungen. Es gelang den Deutschen, in die erbittert verteidigte Stadt einzudringen und Schritt für Schritt Boden zu gewinnen. Dabei verzehrten sie ihre Kräfte. Ende Oktober war der größte Teil der Stadt in ihrer Hand. Der Rest blieb unbezwungen. Stalingrad, Elbrus und El Alamein markieren im Herbst 1942 die Wende des Krieges. Sie sind die äußersten Punkte der deutschen Machtentfaltung. Von hier aus setzte in den folgenden Monaten die rückläufige Bewegung ein. Inzwischen war aus dem europäischen Krieg ein Weltkrieg geworden.

DW 397/640–651. – Es gibt noch keine wissenschaftliche umfassende dt. Darstellung der Kriegführung Dtlds. in Rußland. Knappe Darstellung bei A. PHILIPPI/ F. HEIM, Der Feldzug gegen Sowjetrußland 1941 bis 1945. Ein operativer Überblick (1962). – Gute ausländ. Darstellungen: F. P. ten KATE, De Duitse aanval op de Soviet-Unie in 1941. Een krijgsgeschiedkundige studie (Groningen 1968); A. SEATON, The Russo-German War 1941–45 (London 1971, dt. 1973). – Lit. zur Sowjetunion im Kriege S. 25 u. Bd. 22, Kap. 1.

[1] Zur schwierigen Situation Finnlands zw. Dtld. u. Rußland vgl. A. F. UPTON, Finland in Crisis, 1940–1941 (London 1964).

[2] A. HILLGRUBER, Der Einbau der verbündeten Armeen in die dt. Ostfront 1941–44, in: Wehrwiss. Rdsch. 10 (1960). – G. H. STEIN, Gesch. der Waffen-SS (1967), S. 124; sie rekrutierte in den genannten Ländern insgesamt 122 000 Freiwillige.

[3] Zu Wlassow, der 1946 in der Sowjetunion zum Tode verurteilt wurde: S. STEENBERG, Wlassow – Verräter oder Patriot (1968), u. von einem der baltendeutschen Offiziere, die W. zum aktiven Kampf gegen Stalin bewogen, W. STRIK-STRIKFELDT, Gegen Stalin u. Hitler. General Wlassow u. die russ. Freiheitsbewegung (1970); anschauliche Darstellung bei J. THORWALD, Die Illusion. Rotarmisten in Hitlers Heeren (1974); H. KRAUSNICK, Zu Hitlers Ostpolitik im Sommer 1943, VfZG 2 (1954), enthält Text einer Rede Hitlers vor den Heeres-

gruppenführern 1. Juli 1943, wo er ein halbes Jahr nach Stalingrad immer noch starrsinnig jede ehrliche Zusammenarbeit mit den nationalen Kräften Rußlands ablehnt. – A. DALLIN, Dt. Herrschaft in Rußland (1958), schätzt die Zahl der »Hilfswilligen« auf 500 000 bis 800 000, die der nichtrussischen Hilfstruppen (Kaukasier, Turkmenen, Kalmücken etc.) auf ca. 150 000.

[4] A. HILLGRUBER/G. HÜMMELCHEN, Chronik des Zw. Weltkrieges (1966), S. 38 ff.

[5] Vgl. Kap. 7 . Am 2. Juli faßte die japan. Regierung den Entschluß, die Expansion im Pazifik fortzusetzen u. mit der erstrebten Eroberung Sibiriens bis Omsk zu warten, bis der Zusammenbruch der Roten Armee im westl. Teil Rußlands feststand. Diese Entscheidung wurde durch den Spion Richard Sorge nach Moskau telegraphiert u. verursachte dort erhebliche Erleichterung. N. IKE (Hg.), Japan's Decision for War. Records of the 1941

Policy Conferences (Stanford 1967); B. MARTIN, Dtld. u. Japan im Zw. Weltkrieg (1969), S. 97 ff.

[6] Text u. Darstellung bei W. H. MCNEILL, America, Britain and Russia. Their Cooperation and Conflict 1941–1946 (London 1953); aus sowj. Sicht V. L. ISRAELJAN, Anti-Hitler Coalition. Diplomatic co-operation between the UdSSR, USA and Britain during the second world war, 1941–1945 (Moskau 1971). Das Hilfsabkommen vom 12.7. 1941 erhielt formelle Vertragsform am 26. Mai 1942; Text in Ursachen u. Folgen 17, Nr. 3204 a.

[7] Zu Umfang u. Art. dieser Unterstützung, die Roosevelt gegen eine neue isolationistische Welle in der amerik. Öffentlichkeit schrittweise durchzusetzen verstand, R. H. DAWSON, The Decision to Aid Russia 1941 (Chapel Hill 1959); ferner G. MOLTMANN, Die amerik.-sowj. Partnerschaft im Zw. Weltkrieg, GWU 15 (1964); F. KNIPPING, Die amerik. Rußlandpolitik in der Zeit des Hitler-Stalin-Pakts 1939–1941 (1974).

[8] Hierzu vor allem GREINER, MANSTEIN, WARLIMONT u. HALDER, s. S. 18, sowie für die sowj. Seite Schukow, s. S. 20 u. Darstellungen s. S. 21 f. Zur Anlage des Ostfeldzuges: Weisung für den Fall Barbarossa am 18. 12. 1940, in W. HUBATSCH, Hitlers Weisungen (s. S. 17), Nr. 21.

[9] Vergeblich hatten Brauchitsch u. Halder auf eine solche Ausrüstung hingewiesen. Hitler hatte abgelehnt, weil er von der Beendigung des Feldzuges vor Einbruch des Winters überzeugt war; vgl. P. BOR, Gespräche mit Halder (1950), S. 198; K. REINHARDT, Die Wende vor Moskau. Das Scheitern der Strategie Hitlers im Winter 1941/42 (1972); ferner C. WAGENER, Moskau 1941. Der Angriff auf die russ. Hauptstadt (1965).

[9a] E. H. SALISBURY, 900 Tage. Die Belagerung von Leningrad (a. d. Amerik. 1970); Elena SKRJABIN, Leningrader Tagebuch. Aufzeichnungen aus den Kriegsjahren 1941–1945 (a. d. Russ. 1972).

[10] Vgl. Kap. 5, Anm. 24; bes. das dort zit. Werk von NEKRITSCH/GRIGORENKO.

[11] Vgl. Kap. 8, Anm. 28.

[12] Zum Folgenden: G. KIRK, The Middle East in the War, in: Survey of Internat. Aff. 1939–46 (³1954); D. GEYER, Die Sowjetunion u. der Iran (1955).

[13] Über seine Vermittlungstätigkeit hierbei der dt. Diplomat R. RAHN, Ruheloses Leben (1949), S. 152 ff.

[14] Lit. zu Rommel u. den Kämpfen in Nordafrika s. Kap. 4, Anm. 14.

Kapitel 7
Vom ostasiatischen und europäischen Krieg zum Weltkrieg. Pearl Harbor und der Krieg im Pazifik

Der Zweite »Welt«-Krieg hat sich aus den beiden zunächst unabhängig voneinander in Ostasien und Europa ablaufenden Kriegen entwickelt. Der ostasiatische Krieg zwischen China und Japan begann 1937, der europäische erst zwei Jahre später. Der europäische Krieg nahm über Europa hinausgehende Dimensionen an durch die Unterstützung, die England aus Commonwealth und Empire erhielt, durch die Wirtschaftshilfe der

USA und durch den Angriff Deutschlands auf die europäisch-asiatische Sowjetunion. Die Zahl der Einwohner der im Jahre 1941 am europäischen Krieg beteiligten Staaten betrug (einschließlich des europäischen Teiles der UdSSR und ohne die Commonwealth- und Empire-Staaten) etwa 404 Millionen, der am asiatischen Krieg beteiligten (Japan, Mandschurei, Korea, Formosa, China) etwa 545 Millionen. Die beiden Kriege verbanden sich dadurch, daß die angelsächsischen Mächte sowohl im europäischen wie im asiatisch-pazifischen Raum Interessen besaßen, daß der Zusammenstoß mit der japanischen Expansion zum japanisch-amerikanisch/britischen Krieg führte und daß Hitler, der den offenen Zusammenstoß mit den USA hatte vermeiden wollen, sich veranlaßt sah, den USA nach Pearl Harbor den Krieg zu erklären:

Der ostasiatische Krieg hatte mit einem Feuerwechsel zwischen japanischen und chinesischen Soldaten auf der Marco-Polo-Brücke in Peking am 7. Juli 1937 begonnen. Dies war der Anlaß für die Aktion gegen China gewesen, die von der politisch einflußreichen führenden Richtung in der japanischen Armee seit langem gefordert wurde. China sollte in die zu errichtende »Asiatische Ordnung« einbezogen werden, in der die Japaner für ihre Industrie und Bevölkerung freie Expansionsmöglichkeiten zu finden hofften. Nach den japanischen Erklärungen sollte diese »Neue Ordnung in Ostasien« den ostasiatischen Völkern unter japanischer Führung zur Befreiung von der Bevormundung und zur »Selbstbestimmung als einer orientalischen Rasse« verhelfen. Durch diesen Krieg wurden die britischen und die amerikanischen Handelsinteressen im Jangtsetal und an den Küstenplätzen Chinas beeinträchtigt. Seit vier Jahren schwelten nun die Kämpfe, ohne daß ein Ende abzusehen war. Zwar hatten die Japaner fünf Provinzen Nordchinas und vor allem durch Blockade der chinesischen Küste die Zufuhr von See her unter ihre Kontrolle bringen können. Aber dem zäh kämpfenden Führer der Kuomintang-Regierung Marschall Tschiang Kai-schek waren als Zufahrtswege für Waffen und Munition immer noch die Straßen von Indochina und Burma offengeblieben, und wie die chinesischen Kommunisten den nationalen Widerstand gegen die japanischen Eroberer unterstützten, so fand China in seinem Kampf gegen Japan auch bei der Sowjetunion Hilfe. Zudem entwickelten sich aus lokalen Streitigkeiten an der mandschurischen Grenze zur sowjetischen Küstenprovinz wie zur Äußeren Mongolei Kämpfe zwischen japanischen und sowjetischen Truppen, die vom Frühjahr bis zum Herbst 1939 dauerten. Es sah für einen Augenblick so aus, als solle sich hier ein neuer russisch-japanischer Krieg entzünden. Insgesamt war die japanische Aktion festgefahren, als der europäische Krieg ausbrach. Dieser eröffnete neue Chancen für das Vordringen der Japaner. Die Niederwerfung Frankreichs durch Deutschland ermöglichte es ihnen, das nördliche Indochina zu besetzen, und Großbritannien sah sich durch die bedrängte Situation nach Dünkirchen veranlaßt, vorübergehend die Burmastraße zu sperren, um Japan keinen Vorwand zum Krieg zu bieten.

Die politische Rückendeckung für die japanische Expansion in China gab der am 25. November 1936 abgeschlossene Antikominternpakt[1]. Nach japanischer Auffassung richtete er sich gegen Rußland, nach der Deutung, die ihm Ribbentrop gab, gegen England. Der Abschluß des Hitler-Stalin-Paktes war für Japan, das damals in die mandschurischen Grenzkonflikte mit der Sowjetunion verwickelt war, überraschend gekommen. Der Antikominternpakt war dadurch des Sinnes beraubt worden, den er für Japan gehabt hatte, und dieses protestierte[2]. Aber dann hatten sich die Spannungen zwischen Japan und den Vereinigten Staaten verschärft und am 27. September 1940 zum Abschluß des Dreimächtepaktes[3] geführt. Hierin sicherten sich die drei Mächte gegenseitig die Anerkennung der Führung Japans für die Ordnung des großasiatischen, der Führung Deutschlands und Italiens für die Ordnung des europäischen Raumes zu. Sie versprachen einander wirtschaftliche, politische und militärische Hilfe für den Fall, daß »einer der drei vertragschließenden Teile von einer Macht angegriffen wird, die gegenwärtig nicht in den europäischen Krieg oder in den japanisch-chinesischen Konflikt verwickelt ist«. Die bestehenden Verhältnisse zur Sowjetunion sollten durch den Vertrag nicht berührt werden. Er bedeutete im wesentlichen ein Verteidigungsbündnis für den Fall, daß Amerika in den asiatischen oder in den europäischen Krieg eingreifen werde. Das Ziel beider Seiten bei Vertragsabschluß war, die USA durch die Existenz dieses Bündnisses und die Drohung mit einem eventuellen pazifisch-atlantischen Zweifrontenkrieg von der Intervention in den europäischen oder den asiatischen Krieg abzuhalten. Als Molotow im November 1940 in Berlin weilte, haben Hitler und Ribbentrop versucht, die Sowjetunion in dieses Mächteverhältnis hineinzuziehen und dem Pakt wie vorher dem Antikominternpakt eine Wendung gegen Großbritannien zu geben. Und als der japanische Außenminister Matsuoka im März/April 1941 Berlin besuchte, wurde ihm ein Angriff auf Singapur nahegelegt[4]. Aber die Japaner ließen sich ebensowenig wie vorher die Sowjetrussen gegen Großbritannien vortreiben. Jene beiden Mächte schlossen vielmehr zur Bestürzung Ribbentrops am 13. April 1941 einen Freundschafts- und Neutralitätspakt[5], der die Sowjetunion von dem Druck eines möglichen Zweifrontenkrieges bei der bevorstehenden Auseinandersetzung mit Deutschland befreite und der Japan den Rücken freigab für die Verfolgung der Großraumziele im Pazifik, denen sich in erster Linie die Vereinigten Staaten entgegenstellten.

Der Angriff Deutschlands auf die Sowjetunion vom 22. Juni 1941 stellte Japan vor die Frage, ob es dem Vorgehen Deutschlands folgen und mit diesem gemeinsam die Sowjetunion zu einem europäisch-asiatischen Zweifrontenkrieg zwingen sollte. Ribbentrop drängte die Japaner, gegen Rußland vorzugehen; die japanische Armee und am entschiedensten Matsuoka wünschten das gleiche, wenn auch mit unterschiedlichen Vorstellungen über den Zeitpunkt einer Nordoffensive. Aber die Regierung und die Flotte dachten anders. Am 2. Juli 1941 beschloß die Kaiserliche Konferenz, die Expansionsrichtung nach Süden weiterzuverfolgen und sich in Ausnutzung der europäischen Kriegslage gegen das französische Südindochina zu wenden[6]. Hitler war in seiner Ansicht schwankend. War es richtiger, die Japaner auf Rußland zu ziehen oder durch sie die USA in Schach zu halten und vom Eintritt in den Krieg abzuhalten? Am 14. Juli bedrängte er den japanischen Botschafter Oshima, seine Regierung zum Kriegseintritt gegen die Sowjetunion zu veranlassen[7]. Außenminister Matsuoka wollte das gleiche, konnte sich aber weder in der Regierung noch gegenüber den Militärs durchsetzen. Nach dem Rückschlag vor Moskau wurde der Wunsch erneut laut, Japan möge Entlastung bringen. Aber wichtiger schien die Bindung der Vereinigten Staaten durch Japan.

Die Vorgänge, die zu dem Überfall der Japaner auf Pearl Harbor am 7. Dezember 1941 führten, gehören zu den umstrittensten Problemen der Zeitgeschichte. Eine heftige wissenschaftliche und politische Kontroverse entbrannte nach dem Krieg. Inzwischen sind die Vorgänge selbst im wesentlichen geklärt[8]. Um die Jahrhundertwende traten gleichzeitig Japan und die Vereinigten Staaten als expansive Mächte im pazifischen

Raum in Erscheinung. 1895 wurde Formosa japanisch, 1898 Hawaii und die Philippinen amerikanisch. Der Erste Weltkrieg gab den Japanern den größten Teil der pazifischen Kolonien Deutschlands zur Beute, und zugleich konnten die Amerikaner ihr pazifisches Stützpunktsystem ausbauen. In den beiden Jahrzehnten zwischen den Kriegen wurde dem japanischen Bevölkerungsüberdruck nach den Vereinigten Staaten ebensowenig ein Ventil geöffnet wie nach Kanada, Australien oder den britischen, holländischen, französischen und amerikanischen Besitzungen im Pazifik. Im Kampf um den chinesischen und pazifischen Markt standen die britischen wie die amerikanischen Industrieerzeugnisse in einem scharfen Konkurrenzkampf gegen die billigen japanischen Waren. In diesen Interessengegensätzen lag von vornherein die Möglichkeit eines Krieges beschlossen. Aber die vorherrschende isolationistische Meinung in Amerika führte dazu, daß sich die Vereinigten Staaten in einer Neutralitätsgesetzgebung gleichsam selbst die Hände banden. Man wollte durch Verbot von Waffen- und Kriegsgerätlieferungen an kriegführende Staaten verhindern, daß das amerikanische Volk durch die privaten Interessen der Industrie in einen Krieg hineingezogen werden könnte. Die kurz zuvor abgeschlossenen Untersuchungen eines Kongreßausschusses über den politischen Einfluß der amerikanischen Rüstungsindustrie im Ersten Weltkrieg bildeten den Hintergrund für diese Gesetzgebung. Dennoch verschärfte sich das Verhältnis zu Japan von Jahr zu Jahr. Die Japaner kündigten 1934 das Washingtoner Flottenabkommen vom Jahre 1921 und gewannen dadurch die Möglichkeit zur unbeschränkten Flottenrüstung. Am 5. Oktober 1937 hielt Roosevelt seine berühmte Quarantäne-Rede, die sich gegen Deutschland, Japan und Italien richtete[9]. Er forderte die Isolierung der Angreifer und Diktatoren. Roosevelt wurde 1936 zum zweiten, 1940 zum dritten Male zum Präsidenten gewählt. Der Erfolg im Kampf gegen die Wirtschaftskrise, die New-Deal-Politik und überhaupt vorwiegend innerpolitische Gründe führten zu seinen Wiederwahlen. Außenpolitisch war auch ein Teil der den Präsidenten stützenden Demokraten isolationistisch gesinnt. Die amerikanische Historikergruppe der sogenannten Revisionisten wirft Roosevelt vor, daß er Schritt für Schritt das Land gegen dessen eigentlichen Willen mit Vorbedacht in den Krieg geführt habe. Unbestreitbar war Roosevelt der Überzeugung, daß die Vereinigten Staaten sich von ihrer Mitverantwortung für die Weltangelegenheiten weder zurückziehen könnten noch dürften. Ideologisch war sich das ganze amerikanische Volk ohne Unterschied der Parteirichtungen des Gegensatzes zu Deutschland, Italien und Japan bewußt. Dazu kam besonders gegenüber Japan das Bewußtsein des scharfen wirtschaftlichen Interessengegensatzes. Japan war vor allem für die Erdölzufuhr von Amerika abhängig. Ohne das amerikanische Öl war die japanische Flotte bewegungsunfähig – es sei denn, sie bemächtigte sich der Ölquellen in Niederländisch-Indien. Seit dem Herbst 1940 verhandelte Japan, zur großen Beunruhigung Berlins, mit den Vereinigten Staaten über eine diplomatische Lösung der Pazifikfragen. Der entscheidende Punkt war China. Amerika verlangte die Räumung, Japan die Anerkennung seiner Eroberungen. Im Juli 1941 verhängten die USA ein Öl- und Schrottembargo über Japan und sperrten die japanischen Guthaben. England und Niederländisch-Indien taten das gleiche. Damit war Japan gezwungen, entweder auf seine Expansionsziele zu verzichten oder aber Krieg zu führen. In dieser Situation spitzten sich in der politischen und militärischen Führung Japans die gegensätzlichen Anschauungen über Krieg oder Frieden mit den USA zu. Der auf einen Ausgleich bedachte japanische Ministerpräsident Fürst Konoye mußte am 16./17. Oktober einem Militärkabinett unter dem Kriegsminister General Tojo weichen. Allerdings führte auch Tojo die Verhandlungen mit Amerika noch weiter. Am 2. und 5. November beschloß die japanische Regierung einen letzten Verhandlungsversuch auf der Basis der Räumung Südindochinas bei Normalisierung der Handelsbeziehungen. Die amerikanische Regierung war aber jetzt von der Unvermeidlichkeit des Krieges überzeugt. In der Kabinettssitzung vom 25. November erklärte Roosevelt, daß angesichts der Möglichkeit eines vielleicht schon kurz bevorstehenden Angriffs der Japaner die Frage darin bestehe, »wie man sie in eine Position manövrieren könne, den ersten Schuß abzufeuern, ohne zu viel Schaden anzurichten«[10]. In einer Note vom 26. November verlangten die Vereinigten Staaten als Vorbedingung jeder wirtschaftlichen Regelung, daß sich die Japaner aus China und Indochina zurückziehen und den Dreimächtepakt kündigen sollten. Darauf antworteten die Japaner mit Krieg. Am 6. Dezember, 21.30 Uhr erhielt Roosevelt den aufgefangenen Text einer japanischen Note, die das Scheitern der Verhandlungen feststellte. Der Botschafter überreichte die Note am 7. Dezember 14.30 Uhr, kurz nachdem in Washington die ersten Nachrichten über den eine

Stunde zuvor erfolgten Bombenangriff auf die Pazifikflotte eintrafen.

Der Angriff kam für die Flotte in Pearl Harbor überraschend. Er führte zu schweren Verlusten. Fünf Schlachtschiffe wurden versenkt, drei weitere Schlachtschiffe, drei Kreuzer und eine Anzahl kleinerer Schiffe schwer beschädigt, 198 Flugzeuge zerstört, fast 3000 Menschen getötet, über 1000 verwundet. Man hat sich lange gefragt, wie es kommen konnte, daß die Flotte in Pearl Harbor nicht vorher gewarnt war, obwohl seit längerer Zeit der amerikanische Nachrichtendienst in der Lage war, japanische Funksprüche, auch die an den japanischen Konsul in Honolulu gerichteten, aufzufangen und zu entziffern. Die amerikanische Marine wußte jedoch aufgrund des Funkbildes und der Gesamtheit der ihr vorliegenden Nachrichten über den japanischen Aufmarsch, daß Japan einen Großangriff in Südostasien (Malaya und Philippinen) plante. Hier erwartete sie auch den ersten Schlag. Den spärlichen Hinweisen auf Pearl Harbor maß sie demgegenüber keine Bedeutung bei[11]. Die Nachricht vom japanischen Überfall änderte mit einem Schlage die innere Lage in den Vereinigten Staaten. Das gesamte amerikanische Volk stellte sich geschlossen hinter Roosevelt[12]. Für Churchill bedeutete die Nachricht von Pearl Harbor die Gewißheit, daß die Vereinigten Staaten nun endlich zwangsläufig auch offen in den europäischen Krieg würden eingreifen müssen.

Wie reagierte Hitler?[13] Er hatte durch das Bündnis mit Japan gehofft, die USA aus der offenen Beteiligung am Krieg heraushalten zu können. Deutschland hatte es bisher auch peinlich vermieden, den sich seit 1940 immer stärker an der Seite Englands engagierenden USA einen Vorwand zum offenen Krieg zu geben. Als sich der Vormarsch aber in Rußland festrannte, begann Hitler, in der Aporie, wie der Krieg weiterzuführen sei, und unter dem Drängen der Marine, die freie Aktionsmöglichkeit gewinnen wollte, die Dinge anders zu sehen. Man hielt gegen Ende November in Berlin den Kriegseintritt der USA nur noch für eine Frage der Zeit. Nachdem die Japaner ihre Absicht zu erkennen gegeben hatten, die USA demnächst anzugreifen, drängten Hitler und Ribbentrop nunmehr zum schnellen Vorgehen. Man gab den Japanern die Zusicherung, daß Deutschland sich sofort an ihre Stelle stellen und keinen Sonderfrieden schließen werde. Dies war weniger eine freie Entschließung als eine Flucht nach vorn. Wenige Tage nach Pearl Harbor, am 11. Dezember, erklärten Deutschland und Italien an die Vereinigten Staaten den Krieg[14]. Indem der europäische Krieg sich mit dem asiatisch-pazifischen Krieg zum Weltkrieg verband, gerieten die Dinge wieder in Bewegung, und Hitler errechnete sich neue Chancen.

Wie hatten sich die Vereinigten Staaten bisher zum europäischen Krieg eingestellt?[15] Nach dem deutschen Sieg über Polen war die amerikanische Neutralitätsgesetzgebung aufgeweicht worden. Durch die sogenannte Cash-and-Carry-Klausel wurde den Briten die Möglichkeit gegeben, gegen Zahlung und auf eigenen Schiffen amerikanisches Kriegsmaterial zu erwerben. Auf Betreiben der Vereinigten Staaten erklärte am 2. Oktober 1939 eine panamerikanische Konferenz einen 309 Seemeilen breiten Gürtel um die amerikanischen Küsten als Sicherheitsstreifen. Hierdurch gewann die britische Seefahrt einen sicheren Weg von Südamerika nach Neufundland, von wo die Geleitzüge nach England gingen. Am 4. September 1940, als nach dem Zusammenbruch Frankreichs England allein gegen Deutschland stand, überließen die Vereinigten Staaten 50 Zerstörer an die britische Flotte gegen Stützpunkte in West-Indien, Neufundland und auf den Bermudas. Die Unterstützung Englands und seiner Verbündeten »short of war« wurde seitdem das offizielle Ziel der Politik Roosevelts. Daneben wurde im Herbst 1940 die militärische Aufrüstung des Landes selbst vorbereitet. Am 11. März 1941 trat an die Stelle der Cash-and-Carry-Klausel das Lend-and-Lease-Programm: die Briten, deren Dollarreserven sich erschöpften, erhielten in verstärktem Maße ohne Bezahlung Kriegsmaterial. Nach und nach übernahm die amerikanische Flotte den Geleitschutz im ganzen Westatlantik bis zur Linie 26° W. Sie erhielt den Auftrag, westlich dieser Linie alle gesichteten Fahrzeuge der Achsenmächte zu beschatten und ihre Standorte laufend offen zu melden. Nach dem deutschen Angriff auf Rußland besetzten die USA am 7. Juli Island in Ablösung der dort im Vorjahre gelandeten Briten. Vorher schon hatten sie Stützpunkte auf Grönland eingerichtet. Am 12. August 1941 beschlossen Roosevelt und Churchill an Bord eines Kriegsschiffes das gemeinsame politische Programm der Atlantik-Charta, die an die Ideen Wilsons anknüpfte und u.a. ein Bekenntnis zum Selbstbestimmungsrecht der Völker enthielt und der Welt »nach der endgültigen Zerstörung der Nazityrannei« ein »Leben frei von Furcht und Mangel« in Aussicht stellte[16]. Am 11. September 1941 erteilte Roosevelt der amerikanischen Flotte den Befehl, jedes gesichtete deutsche U-Boot ohne Warnung zu versenken. Da in der Folge deutsche U-Boote zum Angriff auf amerikanische Zerstörer übergingen, herrschte im Nordatlantik bereits im Oktober 1941 praktisch Kriegszustand zwischen den USA und Deutschland. Am 6. November dehnte Roosevelt das Lend-and-Lease-Programm auf die Sowjetunion aus. Dagegen gewann die deutsche U-Boot-Waffe durch die Kriegserklärung an die Vereinigten Staaten die Möglichkeit, den Handelskrieg nun bis unmittelbar vor die amerikanische Küste zu tragen und hier zunächst erhebliche Erfolge zu erzielen.

Wohin würde sich Amerika mit seinen eigenen Kriegsanstrengungen vornehmlich wenden? In dieser Frage hat sich wiederum Roosevelt gegen einen erheblichen Teil der öffentlichen Meinung in Amerika durchgesetzt. Zwischen den militärischen Stäben Großbritanniens und den USA war schon im Februar 1941 für den Fall eines Krieges ein »Germany first« vereinbart worden. Eine nach Pearl Harbor in Washington zusammentretende Konferenz (»Arcadia«-Konferenz) bestätigte diese Vorentscheidung, da Großbritannien und Rußland schon auf Deutschland festgelegt waren und es erforderlich sei, hier die Kräfte zu konzentrieren. Es wurde eine Landung in Französisch-Nordafrika vereinbart und eine gemeinsame oberste Kommandobehörde als das »Combined Chiefs of Staff Committee« gegründet. Allerdings entwickelte sich die militärische Lage im Pazifik so, daß die Absicht, schon im Frühjahr 1942 in Nordafrika anzugreifen, nicht verwirklicht werden konnte.

Den Japanern gelang es nach dem schweren Schlag gegen die amerikanische Flotte, zunächst unerwartete Erfolge auf dem asiatischen Kontinent und im pazifischen Raum davonzutragen[17]. An der malaiischen Ostküste versenkten Torpedoflieger zwei britische Schlachtschiffe. Im Dezember fiel Hongkong, im Februar 1942 Singapur. Thailand schloß mit Japan ein Bündnis und erklärte den Krieg an die Vereinigten Staaten und Großbritannien. Die Japaner eroberten Burma und sperrten die Nachschubstraße nach China. In Burma stellte der ehemalige Präsident des indischen Nationalkongresses Subhas Chandra Bose[18], der sich nach Deutschland begeben hatte und von hier aus im U-Boot nach Japan gebracht worden war, eine indische Nationalarmee auf, während allerdings der eigentliche Führer der indischen Nationalbewegung Gandhi und auch die indische Kongreßpartei von einem Zusammengehen mit dem nationalsozialistischen Deutschland ebensowenig wissen wollten wie von dem großasiatischen Herrschaftsanspruch Japans, ohne daß sie deswegen die Briten, die immer noch die Herren im Lande waren, unterstützten. Im Pazifik machten sich die Japaner in wenigen Monaten zu Herren der Philippinen und Niederländisch-Indiens. In der Javasee errangen sie einen vollständigen Sieg über britische und amerikanische Seestreitkräfte. Zum Schutz ihrer pazifischen Stellung nach Osten und Norden eroberten sie Guam und Wake im Dezember 1941 und landeten im Juni 1942 auf den Aleuten. Diese japanischen Eroberungen vollzogen sich im Verlaufe eines halben Jahres. Dann gelang es den Alliierten unter dem Oberbefehl des amerikanischen Generals MacArthur, erfolgreich Widerstand zu leisten und schließlich zur Gegenoffensive überzugehen. Die Wende des pazifischen Krieges wurde durch die Seeschlacht bei den Midway-Inseln, 3.–7. Juni 1942, eingeleitet[19]. Im August gelang es den Amerikanern, auf Guadalcanar (Salomonen-Inseln) zu landen. Es war der erste Schritt zur langwierigen, unendlich mühevollen und opferreichen Rückeroberung der pazifischen Inseln.

Auf allen Fronten dieses jetzt weltumspannenden Krieges brachte das Jahr 1942 den Umschlag: In Rußland durchbrach am 19. und 20. November die Rote Armee beiderseits Stalingrad die Front der Verbündeten; am 23. November schloß sich die Zange um die 6. Armee. In Afrika gelang es den Briten unter General Montgomery am 5. November, die Deutschen und Italiener zum Rückzug zu zwingen. Am 7./8. November landeten amerikanische und britische Truppen in Algier und Marokko[20]. Wie die japanische, so war die deutsche Angriffskraft gebrochen. Von November 1942 an begann die rückläufige Bewegung an allen Fronten.

Zu Japan u. Amerika s. Lit. S. 24f. u. Kap. 5, Anm. 9 sowie Bd. ??, Kap. 1.

[1] Vgl. Bd. 20, Kap. 15, Anm. 26.

[2] Vgl. Kap. 1, Anm. 4.

[3] Vgl. Kap. 5, Anm. 9; Johanna M. MENZEL, Der geheime dt.-japan. Notenaustausch zum Dreimächtepakt, VfZG 5 (1957); die hier mitgeteilten Dokumente betreffen Vorbehalte Japans hinsichtlich der Automatik des Casus foederis für den Fall eines Eingreifens der USA in den europ. Krieg sowie endgültigen Verzicht Dtlds. auf ehemalige Südseekolonien. Diese Zugeständnisse wurden wahrscheinlich ohne Sanktion durch Ribbentrop auf eigene Verantwortung des Botschafters Ott u. des Sonderbotschafters Stahmer in der Hoffnung gemacht, durch den erst hierdurch ermöglichten Vertragsabschluß mit seiner massiven Warnung an die USA deren Eingreifen in den europ. Krieg unwahrscheinlich zu machen. – Grundlegende Darstellungen: Th. SOMMER u. M. LIBAL (Kap. 5, Anm. 9) u. B. MARTIN, Dtld. u. Japan im Zw. Weltkrieg. Vom Angriff auf Pearl Harbor bis zur dt. Kapitulation (1969); Dok. bei IKE (s. u. Anm. 6);

J. M. MESKILL, Hitler and Japan. The Hollow Alliance (New York 1966).

[4] Aufzeichnungen üb. die Unterredungen Ribbentrops u. Hitlers mit Matsuoka: ADAP, Serie D, Bd. 12/1, Nr. 218, 222, 230, 233, 266, 278.

[5] Ursachen u. Folgen 17, Nr. 3130. Beste Darstellung bei H. LUPKE, Japans Rußlandpolitik von 1939 bis 1941 (1962).

[6] Aufzeichnung über diese Konferenz in: N. IKE (Hg.), Japan's decision for war (Stanford 1967), S. 77 ff.

[7] ADAP, Serie D, Bd. 13/2, Anhang II.

[8] Überblick über die Kontroverse zwischen Anhängern des »Revisionismus«, die der Außenpolitik Roosevelts vorwerfen, es auf den Krieg gegen Japan u. Dtld. aus polit. u. wirtschaftl. Motiven angelegt zu haben, u. Anhängern des »Regularismus«, die die Politik Roosevelts als eine erzwungene Reaktion auf die Politik der aggressiven Mächte Japan u. Dtld. verteidigen, bei E. C. MURDOCK, Zum Eintritt der Vereinigten Staaten in den Zw. Weltkrieg, VfZG 4 (1956); F. WAGNER, Gesch. u. Zeitgesch., Pearl Harbor im Kreuzfeuer der Forschung, HZ 183 (1957); J. ROHWER, s. u. Anm. 11; J. ENGEL, Pearl Harbor u. der Eintritt der Vereinigten Staaten in den Zw. Weltkrieg, in: K. E. BORN (Hg.), Hist. Forschungen u. Probleme (1961); W. LINK, Die amerik. Außenpolitik aus revisionist. Sicht, NPL (1971). – Abwägende Beurteilung des Verhältnisses von wirtschaftl., politischen u. ideologischen Faktoren in der amerik. Weltpolitik unter Zurückweisung der These, daß Amerika in den Krieg gezwungen worden sei, bei D. JUNKER, Der unteilbare Weltmarkt. Das ök. Interesse in der Außenpolitik der USA 1933–1941 (1975); ders., Nationalstaat u. Weltmacht. Die USA 1938–1941, in: O. HAUSER (Hg.), Weltpolitik 1939–1945 (1975). – Bedeutende Werke der »revisionistischen« Schule: W. A. WILLIAMS, The Shaping of American Diplomacy (Chicago [2]1971); ders., The Tragedy of American Diplomacy (New York [2]1972); L. C. GARDNER, Architects of Illusion: Men and Ideas in American Foreign Relations 1941–1949 (1970). – Grundlegende diplomatiegeschichtl. Darstellung: W. L. LANGER/S. E. GLEASON, The Undeclared War, 1940–1941 (New York 1953); H. FEIS, The road to Pearl Harbor. The coming of the war between the United States and Japan (Princeton 1971); Dorothy BORG, The United States and the Far Eastern crisis of 1933–1938 (Cambridge, Mass. 1964); aus japan. Sicht: Sh. TOGO, Japan im Zw. Weltkrieg. Erinnerungen des japan. Außenministers 1941–42 u. 1945 (a. d. Am. 1958); gute Übersicht über den gegenwärtigen Forschungsstand u. die verschiedenen auf japan. u. amerik. Seite wichtigen Faktoren auf dem Weg nach Pearl Harbor in: Dorothy BORG/S. OKAMOTO (Hg.), Pearl Harbor as History. Japanese-American Relations 1931–1941 (New York 1973), enthält die Beiträge eines japan.-amerik. Colloquiums von 1969. – T. OHMAE, Die strateg. Konzeptionen der jap. Marine im Zw. Weltkrieg, in: Marine Rdsch. 53 (1956); aus dem Blickwinkel des Heeres: T. HATTORI, Japans Operationsplan für den Beginn des pazif. Krieges, in: Wehrwiss. Rdsch. 7 (1957).

[9] ROOSEVELT, Public Papers, 1937 (1941), S. 407 ff.

[10] Aufzeichn. des Kriegsmin. STIMSON in: Hearings Pearl Harbor (s. Anm. 11), Bd. 11, S. 5433.

[11] J. ROHWER, Die Pearl-Harbor-Frage in der histor. Forschung, in: Europa u. Übersee, Festschr. E. Zechlin (1961); Roberta WOHLSTETTER, Pearl Harbor. Signale u. Entscheidungen (a. d. Amerik. 1966); L. FARAGO, Codebrecher am Werk (a. d. Amerik. 1967); R. PARKINSON, Attack on Pearl Harbor (London 1973). Das grundlegende amerik. Material in: Hearings before the Joint Committee on the Investigation of the Pearl

Harbor Attack, 39 Bde., 79, Congress (1946).

[12] Aufschlußreich für die Haltung, die einer der führenden Isolationisten jetzt einnahm: A. H. VANDENBERG jr. (Hg.), The private papers of Senator Vandenberg (1953).

[13] Vgl. vor allem MARTIN (s.o. Anm. 3), S. 39 ff.

[14] ADAP, Serie D, Bd. 12/2, Nr. 572.

[15] LANGER/GLEASON (s.o. Anm. 8); A. A. OFFNER, American Appeasement. United States Foreign Policy and Germany, 1933–1938 (Cambridge, Mass. 1969); H. J. SCHRÖDER, Dtld. u. die Vereinigten Staaten 1933–1939. Wirtschaft u. Politik in der Entwicklung des dt.-amerikan. Gegensatzes (1970), vertritt die These, daß die Beziehungen zw. den beiden Ländern vor allem wirtschaftl. Natur waren u. im wirtschaftl. Bereich die USA sich schon vor 1939 so sehr durch Hitlers Staat bedroht sahen, daß der militärische Konflikt auf die Dauer unvermeidlich war. S. FRIEDLÄNDER, Auftakt zum Untergang. Hitler u. die Vereinigten Staaten von Amerika 1939–1941 (a. d. Amerik. 1965); informativ, in der Interpretation umstritten: J. V. COMPTON, Hitler u. die USA (a. d. Amerik. 1968).

[16] Ursachen u. Folgen 17, Nr. 3192.

[17] Zum Krieg im Pazifik vgl. neben den entsprechenden Bänden der amtl. engl. u. amerikan. Kriegsgesch. B. COLLIER, The War in the Far East 1941–1945. A Military History (London 1969); B. MILLOT, La Guerre du Pacifique. 1941–1945 (2 Bde. Paris 1968); F. RUGE, Entscheidung im Pazifik. Die Ereignisse im Stillen Ozean 1941–1945 (²1954); E. B. POTTER/ Ch. W. NIMITZ/J. ROHWER, Seemacht (1974), Kap. 38–45.

[18] A. WERTH, Der Tiger Indiens. Subhas Chandra Bose (1971); J. H. VOIGT, Hitler u. Indien, VfZG 19 (1971).

[19] Zu dieser Schlacht im Zusammenhang der Entwicklung des pazifischen Krieges: J. ROHWER, Die Seeluftschlacht bei Midway 1942, in: H.-A. JACOBSEN/J. ROHWER (Hg.), Entscheidungsschlachten des Zw. Weltkrieges (1960).

[20] W. WARLIMONT, Die Entscheidung im Mittelmeer 1942, ebd.

Kapitel 8
Die »Festung Europa«

Im Herbst 1942 beherrschten die deutschen Waffen ein weiteres Gebiet als je zuvor in der Geschichte. Die nationalsozialistische Propaganda sprach von der »Festung Europa«, die sich unter deutscher Führung gegen das britische Empire, gegen die Vereinigten Staaten und gegen die Sowjetunion, gegen westlichen Kapitalismus und östlichen Kommunismus zu behaupten habe. Wie war die deutsche Herrschaft organisiert? Was bedeutete sie für die beherrschten Völker?

In den militärischen Führungsverhältnissen traten häufige Wechsel ein, seitdem Hitler selber nach der Entlassung Brauchitschs den Oberbefehl über das Heer übernommen hatte.

Nicht weniger als vier Generalstabschefs folgten einander (Halder, Zeitzler, Guderian, Krebs). Im Oberbefehl der Kriegsmarine trat im Januar 1943 an die Stelle von Raeder der zum Großadmiral ernannte Befehlshaber der U-Boot-Waffe Dönitz. Von 92 Generalen in entscheidenden Führungsstellen wurden während des Krieges 35 verabschiedet oder aus ihren Ämtern entfernt, 8 gemaßregelt – ein Zeichen unablässiger Spannungen zwischen Hitler, der durch die Erfolge der ersten Feldzüge sowie durch eine von ihm selbst veranlaßte Propaganda sich immer halsstarriger in die Rolle eines Feldherrngenies hineinsteigerte, und seinen Generalen, die über Tradition und Schulung verfügten. Es wäre aber einseitig gesehen, wenn man – wie manchmal in der Rechtfertigungsliteratur nach dem Kriege – alle militärischen Erfolge den Generälen, alle Mißerfolge Hitler zuschreiben wollte. Zu den richtigen militärischen Führungsentschlüssen Hitlers wird man beim Angriff im Westen seine Entscheidung für den Operationsplan Mansteins und in der Krise des ersten russischen Winters sein Festklammern an den erreichten Stellungen rechnen müssen. Aber die Richtigkeit dieser beiden Entschlüsse führte ihn zur verhängnisvollen Fehlanwendung auf andere, nicht vergleichbare Situationen. Der Erfolg der Panzer im Westen ließ ihn die Schwierigkeit ihrer Verwendung unter den Bedingungen des russischen Raumes und Klimas und der russischen Abwehrwaffen unterschätzen. Und die erfolgreiche, willensharte Unbeweglichkeit in der Winterkrise 1941 raubte ihm für die großen Abwehrschlachten der beiden letzten Kriegsjahre die nötige Wendigkeit und innere Entschlußfreiheit. Das »Führerprinzip« ließ es nicht zur Bildung eines leitenden militärischen Gremiums kommen, das eine kontinuierliche, ausgleichende und die Erfahrungen verwertende Leitung der gesamten Kriegsanstrengungen ermöglicht hätte. Auch in der politischen Führung verstärkte sich während des Krieges die Rivalität konkurrierender Verwaltungszweige. Das Reichskabinett war seit dem 5. Februar 1938, seit der Fritsch-Krise, zu keiner gemeinsamen Sitzung mehr zusammengekommen, während sich die Zahl der Sonderverwaltungen während des Krieges erhöhte. So entstand ein Ministerium für Bewaffnung und Munition (Todt, nach dessen Tod Speer; s. Kap. 11). Eine besondere Organisation Todt besaß ihre eigenen Privilegien, auch gegenüber den Wehrmachtsbefehlshabern in den besetzten Gebieten. Für die Ostgebiete wurde ein eigenes Ministerium unter Rosenberg geschaffen, dessen Kompetenzen aber weder gegenüber dem Innenministerium (seit 1943 Himmler als Nachfolger von Frick) noch gegenüber der Polizei oder gar gegenüber den ihm formal unterstellten Reichskommissaren für das Ostland und die Ukraine klar bestimmt waren. Quer durch manche Ministerien und Sonderstäbe gingen schließlich die Kompetenzen eines 1942 eingesetzten Sonderbeauftragten für den Arbeitseinsatz (Sauckel; s. Kap. 11). Der Verwaltungswirrwarr wurde um so spürbarer, je mehr sich Hitler bei der sich verschlechternden Kriegssituation auf die militärischen Führungsaufgaben beschränkte. Für seine oberste Entscheidungsgewalt hatte er dabei am 26. April 1942 vom Reichstag despotische, durch kein Gesetz mehr beschränkte Vollmachten, auch als Richter über Leben und Tod, verlangt und erhalten[1].

Der Stil der nationalsozialistischen Herrschaft ließ keine klare, übersichtliche Verwaltungsordnung aufkommen. Das zeigte sich auch in den Formen, in denen die in den deutschen Herrschaftsbereich geratenen Gebiete dem Reich zugegliedert wurden. Im innersten Kern der deutschen Macht wurde das eigentliche Reichsgebiet erweitert: im Osten über die Rückgliederung der im Vertrag von Versailles abgetretenen Gebiete hinaus durch das Wartheland, in das auch Posen einbezogen wurde, und den Ostpreußen zugeschlagenen Bezirk von Zichenau (Zjechanow) sowie Sudauen (Suwalki). Oberschlesien wurde um ein Stück kongreßpolnischen Gebietes sowie um das ehemals österreichisch-schlesische Teschen erweitert, so daß es nunmehr das gesamte Industrierevier geschlossen umfaßte. Im Wartheland wurden aus ihrer Heimat gerissene Volksdeutsche aus dem Baltikum und aus Südosteuropa angesiedelt[2]. Die einheimische polnische Bevölkerung wurde aus ihrem Besitz verdrängt und zum Teil vertrieben, die Juden wurden ermordet. Ein »rassisch wertvoller« Rest sollte »eingedeutscht« werden. Im Westen wurde außer Eupen-Malmedy und Elsaß-Lothringen auch Luxemburg dem Reich einverleibt und im Süden die Untersteiermark und ein Teil von Krain. Zum Reichsgebiet im staatsrechtlichen Sinne zählten ferner das Protektorat Böhmen und Mähren und das Generalgouvernement (Polen). Angegliedert waren die Reichskommissariate Ostland (baltische Staaten und Weißrußland) und Ukraine. Das Schicksal von Holland und Norwegen blieb in der Schwebe. In diesen beiden Ländern wurden zivile Reichskommissare eingesetzt, aber sie behielten eine eigene Verwaltung. Belgien und Teile Frankreichs standen unter Militärbefehlshabern (vgl. S. 48). In Dänemark fungierte als Beauftragter Hitlers ein Reichsbevollmächtigter (v. Renthe-Fink, seit November 1942 Dr. Best). Einen weiteren Kreis bildeten die verbündeten oder befreundeten Staaten in Südosteuropa: Rumänien, Ungarn, Slowakei, Kroatien, Bulgarien, die besonders in ihrer äußeren Politik vom Reich weitgehend abhängig waren, solange dieses die militärische Suprematie besaß. Italien, dem zufolge des Dreierpaktes eine gleichrangige Stellung neben Deutschland in der Errichtung der neuen Ordnung zugeschrieben worden war, hatte seine politische Bewegungsfreiheit in dem Maße eingebüßt, in dem es sich auf die Hilfe angewiesen sah, die ihm Deutschland im Mittelmeer und auf dem Balkan gewährte. In gänzlich ungeklärtem Verhältnis zum Reich stand Frankreich. Auch Franco-Spanien war abwartend, trotz der Beteiligung der »Blauen Division« am Krieg gegen Sowjetrußland. Und schließlich waren einige neutrale Inseln in Europa stehengeblieben: die Schweiz, Irland, Schweden und Portugal. Hitler hat es immer abgelehnt, vor Beendigung des Krieges sich in irgendeiner Weise über den zukünftigen Status der Völker im deutschen Herrschaftsbereich festzulegen. Als seine Zielvorstellung läßt sich erkennen: im Westen die Annexion Elsaß-Lothringens, Nordfrankreichs und eines Großteils von Burgund – das restliche Frankreich sollte als abhängiger Staat weiterexistieren; »Anschluß« der Flamen und Wallonen, der Holländer, Dänen, Norweger, aber auch der Schweden und Schweizer an das »Germanische Reich deutscher Nation« in Form von »deutschen Provinzen«; im Osten ein weites, bis letztlich zum Ural sich erstreckendes Vorfeld deutschen »Lebensraumes«, von dem in den folgenden zwei Jahrzehnten Böhmen und Mähren, Polen, das Baltikum, die Ukraine und die Krim deutsch besiedelt werden sollten; in Südosteuropa halbautonome Satellitenstaaten in strikter Abhängigkeit von Deutschland, kontrolliert von der »Reichsfeste Belgrad«. Auch Italien, Spanien und Portugal sollten auf die Dauer in einen Zustand der Abhängigkeit herabsinken[3]. Nur einen Augenblick schien es so, als ob die deutsche Herrschaft für die antikommunistischen Kräfte in den europäischen Ländern einen Sinn hätte gewinnen können. Wenn Deutschland die Sowjetunion angriff, so war es damit in die Rolle einer Schutzmacht Europas gegen den Bolschewismus zurückgefallen, die ihm Lord Halifax bei seinem Besuch auf dem Obersalzberg zugeschrieben hatte und die gewisse Sympathien im bürgerlichen und konservativen Europa erweckt hatte, sogar Kräfte aufrief, die bereit waren, sich diesem Kampfe anzuschließen. Goebbels gab das Propagandastichwort für die deutsche Presse: »Aufbruch Gesamteuropas gegen den Bolschewismus« und »Hitler als Heerführer Europas«. Aber diese Europamelodie stand in scharfer Dissonanz zum Lebensraumgedanken: »Wir kämpfen primär nicht für eine Neuordnung Europas, sondern für die Verteidigung und Sicherung unseres Lebensraumes«, hatte er wenige Monate zuvor die Presse angewiesen. In sein Tagebuch notierte er 1942: »Das Gerede von der Kollaboration ist nur für den Augenblick gedacht.« In der zuversichtlichen Erwartung des Sommers 1941, daß die deutsche Wehrmacht allein mit Sowjetrußland fertig werden könne, sollten keine Nachrichten über die Bildung von Freiwilligenverbänden in Frankreich und anderen Ländern für den Kampf gegen den Bolschewismus gebracht werden. So war das charakteristische Leitwort der nationalsozialistischen Propaganda nicht »Europa«, sondern »das Reich«. Hitler hatte schon in den frühesten Reden der Kampfzeit vom »Germanischen Reich deutscher Nation« gesprochen, das es zu errichten gelte. Was er darunter verstand, zeigt sich z.B. in der folgenden Äußerung vom September 1941: »Europa ist kein geographischer, sondern ein blutsmäßig bedingter Begriff.«[4] Himmler hat diesen Gedanken im Kriege mit Konsequenz verfolgt. Er hat in den eroberten Ostgebieten Holländer ansiedeln wollen und hat zur »Aufnordung« des deutschen Blutes die Heirat zwischen Deutschen und Norwegerinnen gewünscht. Eines seiner Ziele war die Werbung von SS-Freiwilligen in den nordischen Ländern, die er so weit treiben wollte, daß er aus ihnen ein eigenes Panzerkorps bilden konnte. Er hat dieses Ziel nicht erreicht; andere europäische Rekrutierungsgebiete sind schließlich ergiebiger gewesen als gerade die nordischen Länder. Unter den fremdländischen SS-Verbänden haben sich die Wallonen unter dem Rexistenführer Léon Degrelle mit besonderem Eifer dem Kampf gegen den Bolschewismus angeschlossen[5].

Die Testfrage für das relative Gewicht der nationalsozialistischen Europaideologie und des Lebensraumgedankens war die Behandlung Frankreichs auf der einen, der eroberten Ostgebiete auf der anderen Seite. Es gab in Frankreich[6] bei den verschiedensten Gruppen und Schichten eine Bereitschaft, über die Neutralität und den »attentisme«, das bloße Abwarten, wer in dem Weltkampf der Sieger sein werde, hinauszugehen und in engerer Weise mit Deutschland zusammenzuarbeiten. Zweimal waren die Chancen hierfür besonders günstig. Das erste Mal, als nach dem Überfall der britischen Flotte auf das französische Geschwader bei Oran in Frankreich eine seit der Niederlage wachsende britenfeindliche Stimmung hochschlug. Aber wenn es damals nach der Begegnung von Montoire zwischen Hitler und Pétain scheinen mochte, als sei eine Annäherung nicht unmöglich (wenn auch das Bestreben des leitenden Ministers Laval und seines Nachfolgers, des Admirals Darlan, Frankreich aktiv am Kriege gegen England teilnehmen zu lassen, wohl von vornherein der realen Basis sowohl auf französischer wie auf deutscher Seite ermangelte), so wurde der Ansatz im Keime erstickt durch die eben damals erfolgende Vertreibung zahlreicher französischer Lothringer aus ihrer Heimat. An die 100000 Menschen wurden durch den Gauleiter Bürckel von Haus und Hof verjagt und ins unbesetzte Frankreich abgeschoben[7]. Eine andere Chance für eine Wende der deutsch-französischen Beziehungen ergab sich, als im Sommer 1941 in Syrien Vichy-Soldaten gegen frei-französische, von den Briten unterstützte Truppen im Kampfe standen und der deutsche Angriff auf die Sowjetunion im nationalen und klerikalkonservativen Frankreich gewisse Sympathien erweckte, so daß selbst Marschall Pétain im Rundfunk sagen konnte, daß die Deutschen im Osten die Kultur gegen die Bolschewisten verteidigten. Französische Freiwillige der »Légion des Volontaires Français contre le Bolchévisme«, etwa 3000 Mann, und zahlenmäßig stärkere in Frankreich rekrutierte SS-Einheiten, zuletzt unter dem Namen »33. SS-Waffengrenadierdivision Charlemagne«, beteiligten sich am Kampf gegen die Rote Armee und brachten ihre Opfer. Aber Hitler hat aus tiefem Mißtrauen eine stärkere aktive Beteiligung Frankreichs am Kriege nicht gefördert. Deshalb blieb auch das klärende Wort von deutscher Seite, welches eigentlich der Status Frankreichs in einem von Deutschland geführten Europa sein sollte, aus, obwohl sich der Botschafter Abetz und sein Kreis darum bemühten und hierüber in Gegensatz zu Ribbentrop gerieten.

Gegen die deutsche Besatzungsmacht bildeten sich seit dem Sommer 1941 feste Widerstandsgruppen. Zu diesen stießen nach dem deutschen Angriff auf Rußland die Kommunisten, die zunächst gegenüber dem nationalsozialistischen Paktgenossen Stalins eine abwartende Haltung eingenommen hatten und die nun gerade das nationale Motiv in Frankreich ausspielten. Als erste der verschiedenen Widerstandsgruppen betrieben sie aktive Sabotage und Attentate gegen deutsche Besatzungsangehörige. Im Oktober 1941 wurden als Repressalie für die Tötung eines deutschen Offiziers 50 französische Geiseln auf Befehl Hitlers erschossen. Von nun an steigerte sich der Terror und Gegenterror des Maquis (frz. Buschwald, Bezeichnung für die von dort operierenden Partisanengruppen) und der Besatzungsmacht, besonders in der Endphase des Krieges nach der Invasion. Das Schreckenswort Oradour – ein Dorf, das mit seiner gesamten Einwohnerschaft am 10. Juni 1944 von einer SS-Einheit vernichtet wurde – bezeichnete das endgültige Scheitern der deutsch-französischen Verständigungsversuche während des Krieges. Seit 1943 arbeitete die Résistance direkt mit de Gaulle zusammen, besonders der zum Partisanenkampf entschlossene Teil, der von den Alliierten mit Waffen versorgt wurde[8].

Wie in Frankreich hat es auch in den übrigen mittel- und westeuropäischen Ländern, die unter die Herrschaft Hitlers geraten waren, in der Zeit unmittelbar nach der Besetzung eine Haltung des Abwartens und der Kooperationsbereitschaft gegeben[9], die von deutscher Seite nicht genutzt wurde und die in dem Maße, in dem die wahren Ziele der Nationalsozialisten erkennbar wurden, dem Willen zum Widerstand wich. Hitler suchte in den unterworfenen Ländern die Zusammenarbeit allenfalls mit den dortigen faschistischen Gruppen, ließ aber auch deren Führer, die in Anlehnung an die nationalsozialistische Ideologie autonome Mitgliedsstaaten im »Großgermanischen« oder »Großdeutschen« Bund bilden wollten, nicht frei zum Zuge kommen (dazu gehörten neben dem Norweger Vidkun Quisling und dem Wallonen Léon Degrelle in den Niederlanden der Gründer einer »National Socialistische Beweging«, 1931, Anton A. Mussert, und in Frankreich der Gründer der faschistischen »Parti populaire Français«, 1936, der ehemalige Kommunist Jacques Doriot, sowie der Gründer des »Rassemblement National Populaire«, 1940, Marcel Déat)[10]. Auslösende Momente für den Widerstand waren im allgemeinen die ersten Maßnahmen zur Verfolgung der Juden – so in Holland, wo die Razzia auf die Juden in Amsterdam im Februar 1941 mit einem Generalstreik der Bevölkerung beantwortet wurde –, der deutsche Angriff auf die Sowjetunion, der die Kommunisten zu aktivem Widerstand veranlaßte, und die ersten schweren Rückschläge der deutschen Kriegführung im russischen Winter 1941/42. Allenthalben im deutschen Herrschaftsbereich verstärkte sich in dem Maße der Widerstand, in dem die Völker Europas am deutschen Sieg zu zweifeln begannen. Je stärker der Menschenverschleiß an der Front wurde, um so mehr Kräfte mußten aus der Rüstungswirtschaft ausgekämmt werden und um so höher war der Bedarf an ausländischen Arbeitskräften. Sauckel erhielt Sondervollmachten für die Rekrutierung solcher Kräfte, die mehr und mehr in Zwangsverschleppung an die Arbeitsstätten in Deutschland ausartete[11]. Aus den Reihen derer, die sich der Zwangsarbeit entziehen wollten, erhielten die Widerstandsgruppen Zuzug.

Der Widerstand in den von Deutschland beherrschten Ländern ist kein in sich einheitliches Phänomen[12]. Standen schon in Frankreich und Belgien bürgerliche und kommunistische Gruppen rivalisierend nebeneinander, so waren diese Gegensätze besonders tief in Griechenland[13] und in Jugoslawien[14], wo General Mihailowitsch und der Generalsekretär der Kommunistischen Partei Tito als Führer der royalistischen bzw. kommunistischen Widerstandsorganisationen den Kampf gegeneinander mit ähnlicher Erbitterung führten wie den Kampf gegen die fremden Truppen. In Dänemark richteten sich die Sabotageakte vor allem gegen die Bahnen, die der Verbindung zwischen Deutschland und Norwegen dienten. Es kam auch zu wiederholten Massenstreiks. Im August 1943 wurde der militärische Ausnahmezustand über das Land verhängt, und der deutsche Reichsbevollmächtigte trat an die Spitze der Regierung[15]. Ein Opfer des Kampfes gegen die Besatzungsmacht wurde auch der dänische Dichter Kaj Munk. In Dänemark wie besonders auch in Norwegen und Holland fand der Widerstand gegen die deutsche Herrschaft aus dem Protestantismus geistige Begründung[16]. Die Predigten und Schriften des norwegischen Bischofs Berggrav sind hier vor allem bedeutsam[17]. Er hat das Widerstandsrecht aus der Theologie Luthers entwickelt. Seine aus dem norwegischen Widerstand entstandenen Schriften sind zu einem gewichtigen Beitrag für ein neues Verständnis des deutschen Reformators geworden. Ein wichtiges Merkmal der nichtkommunistischen Widerstandsbewegung, einschließlich der deutschen, war die aus dem Verlauf der europäischen Geschichte seit 1919 gewonnene Überzeugung, daß nach dem Sieg über Hitler die politische Einigung Europas erfolgen müßte, unter weitgehender Aufgabe der nationalstaatlichen Souveränität. Nach den Worten der Führer der französischen Widerstandsgruppe Combat: »An der Stelle eines Europas, das unter der Knute eines von seiner Macht berauschten Deutschlands nicht geeint, sondern geknechtet ist, werden wir gemeinsam mit den andern Völkern ein geeintes, auf der Grundlage des Rechts organisiertes Europa in Freiheit, Gleichheit und Brüderlichkeit aufbauen.« In einem grundlegenden Dokument des Kreisauer Kreises vom 24. April 1941, verfaßt von Helmuth James Gf. v. Moltke auf dem Höhepunkt der deutschen Erfolge, hieß es über die Neugestaltung Europas nach Kriegsende: »Der Friede bringt eine einheitliche europäische Souveränität von Portugal bis zu einem möglichst weit nach Osten vorgeschobenen Punkt, bei Aufteilung des ganzen Festlandes in kleinere nicht-souveräne Staatsgebilde, die unter sich Verflechtungen politischer Art haben. Einheitlich sind mindestens: Zollgrenzen, Währung, Auswärtige Angelegenheiten einschließlich Wehrmacht, Verfassungsgesetzgebung, möglichst außerdem Wirtschaftsverwaltung.«[18]

In Böhmen und Mähren hatte im September 1941 Heydrich, der enge Mitarbeiter Himmlers, die Exekutivgewalt übernommen, während Freiherr v. Neurath nominell Protektor blieb. Dessen Nachfolger wurde im August 1943 der bisherige Reichsinnenminister Frick. Am 26. Mai 1942 starb Heydrich als Opfer eines Attentats, das zu dem Vergeltungsakt gegen das Dorf Lidice führte (10. Juni 1942). Die gesamte männliche Bevölkerung wurde umgebracht[19].

Im Generalgouvernement[20] war es ein Ziel der deutschen Politik, das polnische Volk der Führungsschicht seiner Intelligenz zu berauben. Höhere Schulen und Universitäten wurden geschlossen, zahlreiche Professoren ermordet. In einer von Himmler verfaßten Denkschrift, die von Hitler ausdrücklich gebilligt und dem Generalgouverneur Frank als Richtlinie an die Hand gegeben wurde, hieß es: »Eine grundsätzliche Frage bei der Lösung aller dieser Probleme ist die Schulfrage und damit die Frage der Sichtung und Siebung der Jugend. Für die nichtdeutsche Bevölkerung des Ostens darf es keine höhere Schule geben als die vierklassige Volksschule. Das Ziel dieser Volksschule hat lediglich zu sein: einfaches Rechnen bis höchstens 500, Schreiben des Namens, eine Lehre, daß es ein göttliches Gebot ist, den Deutschen gehorsam zu sein und ehrlich, fleißig und brav zu sein. Lesen halte ich nicht für erforderlich. Außer dieser Schule darf es im Osten überhaupt keine Schulen geben.«[21]

Ein gräßliches Verbrechen, dessen gerichtliche Klärung der sowjetische Ankläger in Nürnberg verhinderte, wurde am polnischen Offizierskorps verübt. Im Walde von Katyn bei Smolensk fand man im April 1943 Massengräber mit den Leichen von über 4000 erschossenen polnischen Offizieren. Eine von den Deutschen eingeladene, neutrale internationale Untersuchungskommission stellte fest, daß die Gräber vor dem deutschen Einmarsch angelegt worden waren. Die in London sitzende polnische Exilregierung (General Sikorski, ehedem Gegner Pilsudskis, 1943 auf ungeklärte Weise durch Flugzeugabsturz ums Leben gekommen; sein Nachfolger als Ministerpräsident seit Juli 1943 der Politiker Mikolajczyk) forderte damals eine Untersuchung durch das Internationale Rote Kreuz[22].

Während die nationalsozialistische Propaganda den Fall Katyn ausschlachtete, wurde in Warschau durch SS-Truppen das Getto vernichtet. Der Großteil der hier zusammengepferchten 360000 Bewohner war schon nach den in Polen errichteten Vernichtungslagern abtransportiert worden, als sich der Rest, den sicheren Untergang vor Augen, zum bewaffneten Widerstand aufraffte. Die Häuserkämpfe dauerten von Mitte April bis Mitte Mai 1943. Etwa 50000 Juden kamen hierbei um[23]. Das kämpfende Warschauer Getto hatte Waffen von der wohlorganisierten polnischen Untergrundarmee erhalten, die mit der Londoner Exilregierung in Verbindung stand. Die politischen Parteien hatten gemeinsam eine Art von Untergrundstaat aufgebaut[24]. Als sich in der Endphase des Krieges 1944 die Rote Armee Warschau näherte, erhoben sich am 1. August die Widerstandskräfte der Hauptstadt in offenem Aufstand[25]. Er konnte erst nach zwei Monaten erbitterter Kämpfe niedergeworfen werden. Die Rote Armee, die damals bis hart an Warschau herangerückt war, unternahm keine nachhaltigen Versuche, um die für ihre Freiheit kämpfenden Polen zu unterstützen. Himmler sah in dem Aufstand das Gute, das nunmehr die polnische Führungsschicht endgültig vernichtet werden könnte.

Für die deutsche Kriegführung am meisten belastend war aber der Partisanenkampf in den besetzten Gebieten der Sowjetunion[26]. Er absorbierte dauernd eine große Anzahl von deutschen Verbänden in verlustreichen Kämpfen. Die seit 1942 sich ständig steigernden Partisanenkämpfe sind selbst ein Zeichen für den Fehlschlag der deutschen Rußlandpolitik, die 1941 bei dem Einmarsch große Chancen besaß[27]. Als die deutschen Truppen in der Sowjetunion vordrangen, wurden sie nicht nur in den baltischen Ländern als Befreier begrüßt. Auch in Rußland selbst kam das Volk der deutschen Wehrmacht zunächst mit Sympathie entgegen. Noch vor Beginn des Rußlandfeldzuges hatte Hitler jedoch den Befehl gegeben, die politische Führung Rußlands zu vernichten. Die nicht annektierten Gebiete Rußlands sollten in eine Reihe abhängiger Staaten aufgelöst werden. Ebensosehr wie ein »bolschewistisches«, so bestimmte er, müsse ein »nationales« Rußland vermieden werden[28]. Statt einer großzügigen Wiederherstellung des bäuerlichen Privateigentums hielt die deutsche Verwaltung durchweg an der sowjetischen Kollektivwirtschaft fest. Statt unter der Parole der Freiheit den Völkern des Ostens die Verantwortung für ihre eigenen Dinge zu geben, unterwarf man sie der Satrapenherrschaft der »Reichskommissare«, die unmittelbar von Hitler über den Kopf des zuständigen Ostministers Rosenberg hinweg ernannt wurden. Dieser führte gegen sie einen ohnmächtigen Kampf – ohnmächtig wegen seiner persönlichen Hörigkeit Hitler gegenüber, vor allem aber, weil die von dem Reichskommissar Koch, dessen Despotismus die Ukrainer ins Partisanentum trieb, angewandte Theorie vom Ausbeutungsrecht der Herrenrasse gegenüber dem slawischen Untermenschentum im Grunde nichts anderes war als eine vergröberte Form seiner eigenen Blutmythologie. Jedenfalls entsprach die Praxis, die Russen als Sklavenvolk zu behandeln, den Gedanken Himmlers, der mit seinen Polizeiorganen der eigentliche Herr in den besetzten Teilen Rußlands war.

Im Reichssicherheitshauptamt wurde 1941 ein »Generalplan Ost« entworfen und am 12. Juni 1942 von Himmler gebilligt[29]. Um der deutschen Siedlungspolitik auf lange Sicht Raum zu schaffen, wurde hier den Völkern Osteuropas das Schicksal der Vertreibung zugedacht. 80–85 Prozent der Polen des Generalgouvernements, 65 Prozent der Ukrainer, 75 Prozent der Weißruthenen, 50 Prozent der Tschechen sollten im Laufe der Jahre »ausgesiedelt« werden, wobei man namentlich an Sibirien dachte. Den Rest hoffte man zu assimilieren. Man wird den adäquaten Ausdruck der nationalsozialistischen Herrschaftsidee in folgenden Worten Himmlers finden, die er vor den Gauleitern der Partei im August 1944 sprach, längst nachdem Hitler unter dem Eindruck der Katastrophe von Stalingrad den Dienststellen die Beschäftigung mit müßigen Planungen für die Nachkriegszeit untersagt hatte[30]:

»Über das Problem, daß wir die Hunderttausende von Quadratkilometern oder die Million Quadratkilometer, die wir verloren haben, im Osten wieder holen, brauchen wir uns überhaupt gar nicht zu unterhalten. Das ist ganz selbstverständlich.

Das Programm ist unverrückbar. Es ist unverrückbar, daß wir die Volkstumsgrenze um 500 km herausschieben, daß wir hier siedeln. Es ist unverrückbar, daß wir ein germanisches Reich gründen werden. Es ist unverrückbar, daß zu den 90 Millionen die 30 Millionen übrigen Germanen dazu kommen werden, so daß wir unsere Blutbasis auf 120 Millionen Germanen vermehren. Es ist unverrückbar, daß wir die Ordnungsmacht auf dem Balkan und sonst in Europa sein werden, daß wir dieses ganze Volk wirtschaftlich, politisch und militärisch ausrichten und ordnen werden. Es ist unverrückbar, daß wir diesen Siedlungsraum erfüllen, daß wir hier den Pflanzgarten germanischen Blutes im Osten errichten, und es ist unverrückbar, daß wir eine Wehrgrenze weit nach dem Osten hinausschieben. Denn unsere Enkel und Urenkel hätten den nächsten Krieg verloren, der sicher wieder kommen wird, sei es in einer oder in zwei Generationen, wenn nicht die Luftwaffe im Osten – sprechen wir es ruhig aus – am Ural stehen würde. Wer für den künftigen Luftkrieg nicht einen Spielraum von 2000, 3000 km hat, der hat den nächsten Krieg verloren. Außerdem finde ich es so wunderbar, wenn wir uns heute schon darüber klar sind: Unsere politischen, wirtschaftlichen, menschlichen, militärischen Aufgaben haben wir in dem herrlichen Osten. Wenn es den Kosaken geglückt ist, sich für den russischen Zaren bis ans Gelbe Meer durchzufressen und das ganze Gebiet allmählich zu erobern, dann werden wir und unsere Söhne es in drei Teufels Namen fertig bringen, Jahr für Jahr, Generation für Generation unsere Bauerntrecks auszurüsten und von dem Gebiet, das wir zunächst hinter der militärischen Grenze haben, immer einige hundert Kilometer zunächst mit Stützpunkten zu versehen und dann allmählich flächenmäßig zu besiedeln und die anderen herauszudrängen. Das ist unsere Aufgabe. Der Osten drüben wird unser Truppenübungsplatz sein, wo wir jeden Winter mit soundsoviel Divisionen in Eis und Schnee und Kälte üben werden. Wie die Väter im Jahre 1941, so werden die Söhne in späteren Jahren dort üben, werden dort ihre Zelte aufschlagen, werden im Finnenzelt leben, und jede Generation wird hier im scharfen Schuß üben, wird sich bewähren können, so daß wir die Gefahr, die ein Sieg mit sich bringen könnte, daß man wohlhabend und damit weich und bequem wird, wohl für die nächsten Jahrzehnte und Jahrhunderte bannen können.«[31]

Diese Gedanken entsprachen den Vorstellungen Hitlers, wie er sie in ›Mein Kampf‹ entwickelt hatte, wie er sie seit der

Machtergreifung zu wiederholten Malen in seinen programmatischen Äußerungen bestätigt hatte und wie er sie während des
Krieges in seinen ›Tischgesprächen‹ erneut bekräftigte.

Hinter den Propagandaworten der europäischen Solidarität
gegen den Bolschewismus, die in der Zeit der großen militärischen Erfolge nur schwach erklangen, aber um so lauter geäu
ßert wurden, je hoffnungsloser sich die militärische Lage entwickelte, standen als Realität der nationalsozialistischen Herrschaft über Europa die Konzentrationslager, die während des
Krieges an Zahl und Umfang ständig vermehrt wurden und
schließlich über eine halbe Million Häftlinge zählten. Deutsche
und Nichtdeutsche fanden sich hier in gleicher Weise der hemmungslosen Willkür der Lagerherren ausgeliefert. Die Opfer
der Konzentrationslager waren vor allem die Juden.

Zu den einzelnen Ländern im dt. Herrschaftsbereich s. Lit. S. 24f. Guter Überblick A. u. V. M. TOYNBEE (Hg.), Hitler's Europe, in: Survey of Int. Aff.
1939–46 (1954). Aspekte der nat.-soz. Herrschaft für das Gesamtgebiet:
P. KLUKE, Nat.-soz. Europaideologie, VfZG 3 (1955); H. D. LOOCK, Zur
»Großgermanischen Politik« des Dritten Reiches, VfZG 8 (1960); L. GRUCH
MANN, Nat.-soz. Großraumordnung. Die Konstruktion einer »dt. Monroe-Doktrin« (1962).

[1] Verhandlungen des Reichstags
Bd. 460, S. 109ff.; vgl. Bd. 20, Kap. 6.
[2] D. A. LOEBER (Hg.), Diktierte
Option. Die Umsiedlung der
Deutsch-Balten aus Estland u. Lettland 1939–1941. Dokumentation
(1973); A. HOHENSTEIN, Wartheländ.
Tagebuch aus den Jahren 1941 bis
1942 (1961, Tb. 1963); B. STASIEWSKI,
Die Kirchenpolitik der Nat.-soz. im
Warthegau 1939–1945, VfZG 7 (1959).
[3] Hier u. zum Folgenden: KLUKF,
LOOCK, GRUCHMANN (s. o.); H.-U.
WEHLER, »Reichsfestung Belgrad«,
VfZG 11 (1963).
[4] PICKER, Tischgespräche, S. 144.
[5] L. DEGRELLE, Die verlorene Legion (1952); H. P. KROSBY, Das finnische Freiwilligen-Bataillon der Waffen-SS, VfZG 14 (1966); nach G. H.
STEIN, Gesch. der Waffen-SS (1967)
dienten in der Waffen-SS 50000 Holländer, 40000 Belgier, 20000 Franzosen, je 6000 Dänen u. Norweger sowie
150000 Volksdeutsche aus osteuropäischen Gebieten.

[6] Zur dt. Politik gegenüber Frankreich vgl. E. JÄCKEL, Frankreich in
Hitlers Europa (1966); H. UMBREIT,
Der Militärbefehlshaber in Frankreich
1940–1944 (1968); O. ABETZ, Das offene Problem. Ein Rückblick auf zwei
Jahrzehnte dt. Frankreichpolitik
(1951).
[7] Zu dieser Aktion: E. JÄCKEL,
Frankreich in Hitlers Europa,
S. 128ff.; – L. KETTENACKER, Nat.
soz. Volkstumspolitik im Elsaß
(1973); R. ERNST, Rechenschaftsbericht eines Elsässers (1954), von einem
Führer der elsässischen Autonomiebewegung.
[8] H. MICHEL, Les courants de pensée de la Résistance (Paris 1963);
H. NOGUÈRE u. a., Histoire de la Résistance en France, bisher 3 Bde. (Paris
1967–1973).
[9] Überblick über die europäische
»Kollaboration« bei P. KLUKE in: Das
Dritte Reich u. Europa (1957),
S. 144ff.; M. COTTA, La Collaboration 1940–44 (Paris 1964).

[10] K. KWIET, Reichskommissariat Niederlande. Versuch u. Scheitern nat.-soz. Neuordnung (1968); ders., Zur Geschichte der Mussert-Bewegung, VfZG 18 (1970). Aufschlußreich für Belgien die Aufzeichnungen aus der Kriegszeit von P. STRUYE, L'Évolution du sentiment public en Belgique sous l'occupation allemande (Brüssel 1945). – D. WOLF, Die Doriot-Bewegung. Ein Beitrag zur Geschichte des franz. Faschismus (1967); zu Doriot u. Déat ferner E. JÄCKEL, Frankreich in Hitlers Europa (1966). – Zu Norwegen u. Dänemark vgl. Anm. 15–17.

[11] E. L. HOMZE, Foreign Labor in Nazi Germany (Princeton 1967); H. PFAHLMANN, Fremdarbeiter u. Kriegsgefangene in der dt. Kriegswirtschaft 1939–1945 (1968).

[12] L. de JONG, Zwischen Kollaboration und Resistance, in: Das Dritte Reich u. Europa, Bericht über die Tagung des Instituts f. Zeitgeschichte, Mai 1956 in Tutzing (1957). European Resistance Movements 1939–1945, Bd. 1: First Internat. Conference on the Hist. of the Res. Movements held at Liège ... 14–17 Sept. 1958 (Oxford 1960) u. Bd. 2: Proceedings of the Second Conference on the Hist. of the Res. Movements held at Milan 26–29 March 1961 (London 1964); H. MICHEL, La Guerre de l'ombre. La Résistance en Europe (Paris 1970). Regelmäßige Bibliographien der europ. Widerstandsbewegungen in: Revue d'Histoire de la Deuxième Guerre mondiale, ab Jg. 12 (1962).

[13] Ehrengard SCHRAMM v. THADDEN, Griechenland u. die Großmächte im Zw. Weltkrieg (1955); H. RICHTER, Griechenland zwischen Revolution u. Konterrevolution, 1936–1946 (1973).

[14] Vgl. Lit. in Kap. 5, Anm. 17 u. 21; ferner W. R. ROBERTS, Tito, Mihailovic and the Allies, 1941–1945 (New Brunswick 1973).

[15] E. THOMSEN, Dt. Besatzungspolitik in Dänemark 1940–1945 (1971);

A. TROMMER, Modstandsarbejde i naerbillede. Det illegale arbejde i Syd- og Sønderjylland under den tyske besaettelse af Danmark 1940–1945 (1973); J. HAESTRUP, From occupied to ally. Denmark's fight for freedom 1940–1945 (1963); R. ECKERT, Die polit. Struktur der dän. Widerstandsbewegung im Zw. Weltkrieg. Eine Untersuchung über die Bedeutung der illegalen Presse u. einiger repräsentativer Vertreter der Widerstandsgruppen (Diss. Hamburg 1969); U. POCH, Der dän. Widerstand in den Jahren 1943–1945 (1971).

[16] J. C. KJAER, The Church in Denmark's struggle for freedom 1940–45 (Diss. Seattle Wash. 1952); VISSER'T HOOFT (Hg.), Holländische Kirchendokumente, Der Kampf der holländ. Kirche um die Geltung der göttlichen Gebote im Staatsleben ([2]1946); L. E. WINKEL, De Ondergrondse Pers 1940–45 (Den Haag 1954). – Zum norwegischen Widerstand: O. RISTE/ B. NÖKLEBY, Norway 1940–1945: The resistance movement (1970); aus der Reihe »Norge og den 2. Verdenskrig«: O. K. GRIMNES u.a., Motstandskamp, strategi og marinepolitikk (1972).

[17] Eivind BERGGRAV, Der Staat u. der Mensch (a. d. Norweg. 1946), enthält u.a. Kriegsvorträge über »Religion u. Recht« u. »Wenn der Kutscher trunken ist«, Luther über die Pflicht zum Ungehorsam gegenüber der Obrigkeit.

[18] W. LIPGENS (Hg.), Europa-Föderationspläne der Widerstandsbewegungen 1940–1945 (1968), Zitate aus Dok. Nr. 64 u. 31.

[19] D. BRANDES, Die Tschechen unter dt. Protektorat. 1939–1945 (2 Bde. 1969 u. 1975); Dokumente bei W. KRÁL (Hg.), Die Deutschen in der Tschechoslowakei, 1933–1947 (Prag 1964); V. MASTNY, The Czechs under Nazi rule. The failure of National resistance, 1939–1942 (New York 1971).

[20] M. BROSZAT, Nat.-soz. Polenpolitik 1939–1945 (1961, [2]Tb. 1965);

G. EISENBLÄTTER, Grundlinien der Politik des Reichs gegenüber dem Generalgouvernement, 1939–1945 (Diss. Frankfurt 1969); Ch. KLESSMANN, Die Selbstbehauptung einer Nation. NS-Kulturpolitik u. poln. Widerstandsbewegung (1971), mit ausführlicher Berücksichtigung der poln. Lit. – Zu Frank: St. PIOTROWSKI (poln. Delegierter in Nürnberg), Hans Franks Tagebuch (Warschau 1963), Darstellung u. Auszüge aus Diensttagebuch; dieses vollständig hg. v. W. JACOB-MEYER, Das Diensttagebuch des dt. Generalgouverneurs in Polen (1975); H. FRANK, Im Angesicht des Galgens, Deutung Hitlers u. seiner Zeit auf Grund eigener Erlebnisse u. Erkenntnisse (1953); biogr. Skizzen: Ch. KLESSMANN, Der Generalgouverneur Hans Frank, VfZG 19 (1971) u. J. FEST in: Das Gesicht des Dritten Reiches (1963).

[21] Denkschrift HIMMLERS: Einige Gedanken über die Behandlung der Fremdvölkischen im Osten, Mai 1940, in: VfZG 5 (1957), S. 197.

[22] Eine umfassende Untersuchung des Falles wurde von einem im September 1951 eingesetzten Komitee des amerikan. Kongresses durchgeführt. Dessen Bericht: Hearings before the Select Committee to conduct an investigation of the facts, evidence and the circumstances of the Katyn Forest Massacre (7 Bde. 1952). Das Ergebnis: »This Committee unanimously agreed that evidence ... proves conclusively and irrevocably the Soviet NKVD (People's Commissariat of Internal Affairs) committed the massacre of Polish Army officers in the Katyn Forest near Smolensk, Russia, not later than the spring 1940«; J. K. ZAWODNY, Zum Beispiel Katyn. Klärung eines Kriegsverbrechens (a.d. Amerik. 1971).

[23] Über die Vernichtung d. Warschauer Gettos im April u. Mai 1943 Bericht des verantwortl. SS- u. Polizeiführers STROOP, »Es gibt keinen jüdischen Wohnbezirk in Warschau mehr« (1960), Faksimile der an Himmler gerichteten Sammelakte; F. J. BERANEK, Das Judentum in Polen, in W. MARKERT (Hg.), Polen (1959); J. WULF, Das Dritte Reich u. seine Vollstrecker. Die Liquidation von 500000 Juden im Getto Warschau (1961); Erlebnisbericht eines der wenigen Überlebenden: B. GOLDSTEIN, Die Sterne sind Zeugen (a.d. Poln. 1950, Tb. 1965); zur Frage der Beziehungen zwischen der jüd. Bevölkerung u. dem poln. Widerstand: J. TENENBAUM, Underground (New York 1952).

[24] Überblick zur inneren Geschichte Polens im Zw. Weltkrieg in den Beiträgen von H. ROOS u. G. RHODE in: W. MARKERT (Hg.), Polen (1959). Von Führern des poln. Widerstandes: Gen. T. BOR-KOMOROWSKI, The secret army (London 1950); J. KARSKI, Story of a secret state (London 1945); ferner Ch. KLESSMANN (s.o. Anm. 20); ders., Das »Programm Volkspolens« von 1941. Zur Gesellschaftspolitischen Grundsatzdiskussion im poln. Widerstand, Dokumentation, VfZG 21 (1973); W. JACOB-MEYER, Heimat u. Exil. Die Anfänge der poln. Untergrundbewegung im Zw. Weltkrieg (1973).

[25] H. v. KRANNHALS, Der Warschauer Aufstand 1944 (1964); Z. KLISZKO, Der Warschauer Aufstand. Erinnerungen u. Betrachtungen (a.d. Poln. 1969).

[26] E. M. HOWELL, The Soviet partisan movement 1941–44 (Wash. Dept. of the Army 1956); J. A. ARMSTRONG (Hg.), Soviet Partisans in World War II (Madison 1964); E. HESSE, Der sowj.russ. Partisanenkrieg im Spiegel dt. Kampfanweisungen u. Befehle (1969); H. KÜHNRICH, Der Partisanenkrieg in Europa 1939 bis 1945 (Berlin-Ost 1968).

[27] A. DALLIN, Dt. Herrschaft in Rußland 1941–1945. Eine Studie über Besatzungspolitik (a.d. Amerik. 1958). Eine entsprechend breit angelegte Studie von dt. Seite fehlt. Von

einem ehem. Mitarb. des Ostministeriums: P. z. MÜHLEN, Zwischen Hakenkreuz u. Sowjetstern. Der Nationalismus der sowj. Orientvölker (1971); J. A. ARMSTRONG, Ukrainian nationalism 1939–45 (New York 1955); ders., Collaborationism in World War II: the integral nationalist variant in Eastern Europe, in: Journ. Mod. Hist. 40 (1968).

[28] H.-A. JACOBSEN, Kommissarbefehl u. Massenexekution sowj. Kriegsgefangener, in: M. BROSZAT/H.-A. JACOBSEN/H. KRAUSNICK, Anatomie des SS-Staates (1965), Bd 2; A. HILL-

GRUBER, Die »Endlösung« u. das dt. Ostimperium als Kernstück des rassenideologischen Programms des Nat.soz., VfZG 20 (1972).

[29] H. HEIBER (Hg.), Der Generalplan Ost, VfZG 6 (1958); Nachtrag VfZG 8 (1960); EISENBLÄTTER (s.o. Anm. 20), S. 205 ff.

[30] Untersagung weiterer Friedensplanungen: Runderlaß RMdI 6.4. 1943, zit. bei HEIBER, S. 692.

[31] Th. ESCHENBURG (Hg.), Reichsführer SS Himmler auf der Gauleitertagung am 3. August 1944 in Posen, VfZG 1 (1953), S. 393 f.

Kapitel 9
Judenvernichtung und »Ausmerzung lebensunwerten Lebens«

In den Jahren vor dem Kriege hatte das Judentum in Deutschland und Österreich durch Auswanderung und Verfolgung über die Hälfte seines Bestandes eingebüßt. Es war eine von Hitler wiederholt mit aller Deutlichkeit verkündete Absicht, den Krieg zu benutzen, um das Judentum in Europa gänzlich auszurotten. So hatte er am 30. Januar 1939 für den Fall eines Krieges »die Vernichtung der jüdischen Rasse in Europa« gefordert, so erklärte er am 30. Januar 1942, der Krieg werde dazu führen, daß entweder die arischen Völker ausgerottet oder die Juden aus Europa verschwinden würden, und am 29. Mai 1942 hieß es in einem Tischgespräch, Europa müsse nach einer bestimmten Zeit völlig judenfrei sein[1].

Gleich im Polenfeldzug kam es zu Gewalttaten von SS-Formationen gegen die Juden. Es widersprach der Tradition der deutschen Kriegführung, über die Zivilbevölkerung eines feindlichen Landes herzufallen. Der Widerspruch militärischer Befehlshaber gegen das Vorgehen der SS führte dazu, daß die Wehrmacht aus der Verwaltung des Landes ausgeschaltet und in allen während des Krieges eroberten Gebieten die Polizeigewalt in die Hände Himmlers und seiner Organe gelegt wurde (SS, Sicherheitsdienst, Einsatzgruppen)[2]. In polnischen Städten wie u. a. in Warschau und Lodz wurde die jüdische Bevölkerung in Gettos zusammengepfercht[3]. In der Nähe von Lublin wurde ein

Gebiet von etwa 90–100 qkm als Judenreservation bestimmt. Durch Beraubung der Lebensmöglichkeiten, Enteignung, Hunger, Dezimierung während der Transporte und Epidemien erlitt das Gettojudentum furchtbare Verluste. In der Zeit vom April bis Juni 1940 fiel das Judentum in Dänemark und Norwegen, Holland, Belgien, Luxemburg und Frankreich in den nationalsozialistischen Machtbereich[4]. In Dänemark[5] weigerten sich Regierung und König, gegen die Juden vorzugehen. Als die Deutschen drohten, den Judenstern einzuführen, erklärte der König, daß er und sein ganzer Hof dieses Zeichen ebenfalls anlegen würden. Der König und der dänische Hof nahmen an jüdischen Festgottesdiensten in der Synagoge teil. In Vichy-Frankreich[6] kam es zu einer antijüdischen Gesetzgebung nach deutschem Vorbild. Eine der Kräfte, auf die sich das Regime des Marschalls Pétain stützte, war die Action Française[7], die mit ihrem Royalismus einen prononcierten Antisemitismus verband. In Rumänien[8] erließ das Regime Antonescu scharfe Gesetze gegen die Juden, ähnlich wie in Deutschland. Auch in Italien wurden sie diskriminierenden Gesetzen unterworfen und in der letzten Kriegsphase verfolgt[9], ebenso in Ungarn, nachdem dieses Land im März 1944 von deutschen Truppen besetzt worden war[10]. Die ersten Opfer der deutschen Polizei in den eroberten Ländern waren die aus Deutschland emigrierten Juden, die zu vielen Tausenden in die osteuropäischen Gettos deportiert oder in Konzentrationslager verschleppt wurden. Kultstätten wurden geschändet, Kunstschätze geraubt, hohe Geldsummen erpreßt, Menschen dem Hunger preisgegeben. Der Angriff auf die Sowjetunion war das Signal zu einer weiteren Barbarisierung der Kriegführung, u. a. zu dem Befehl Hitlers, ohne weiteres alle gefangenen Kommissare zu erschießen. Dieser Befehl wurde jedoch von der Truppe meist umgangen. In der Behandlung der russischen Juden fielen die letzten Hemmungen. Es wurde die »Endlösung der Judenfrage« beschlossen. Am 31. Juli 1941 beauftragte Göring Heydrich mit der Durchführung. Eine Zeitlang war erwogen worden, die europäischen Juden nach Madagaskar zu verschicken. Dieser Plan wurde jedoch durch die Entwicklung des Krieges politisch und militärisch überholt. Ein direkter Weg zur Erreichung des von Hitler gesetzten Ziels waren Massenerschießungen durch die sogenannten Einsatzgruppen der Sicherheitspolizei und des SD, motorisierten Einheiten eigener Art, die zum ersten Mal nach dem »Anschluß« Österreichs, dann bei der Eingliederung des Sudetenlandes und bei der Unterwerfung der restlichen Tschechoslowakei in Erscheinung getreten waren[11]. Diese Truppen Himmlers vollführten ihr Werk, ohne sich um die zuständigen Verwaltungsbehörden zu kümmern. Ihre Methoden waren derart, daß sich z. B. der deutsche Generalkommissar für Weißruthenien Gauleiter Kube zu einem Protest veranlaßt sah: Das Polizeibataillon Nr. 11 aus Kauen sei selbständig vorgegangen, ohne ihn oder eine andere Dienststelle des Generalkommissariats zu benachrichtigen. Es habe dem Prestige des deutschen Volkes großen Schaden zugefügt. Schwerverwundete Menschen lebend zu beerdigen, die sich dann aus den Gräbern wieder herauswühlen, sei ein so niedriger und gemeiner Akt, daß dies dem Führer gemeldet werden müsse[12]. Heydrich ließ unauffälligere Methoden entwickeln. Am 20. Januar 1942 führte er auf Anordnung Görings die »Wannseekonferenz« durch. Hier wurde das Programm zur endgültigen Vernichtung des europäischen Judentums entwickelt. Im Konferenzprotokoll heißt es:

»Unter entsprechender Leitung sollen im Zuge der Endlösung die Juden in geeigneter Weise im Osten zum Arbeitseinsatz kommen. In großen Arbeitskolonnen, unter Trennung der Geschlechter, werden die arbeitsfähigen Juden straßenbauend in diese Gebiete geführt, wobei zweifellos ein Großteil durch natürliche Verminderung ausfallen wird. – Der allfällig endlich verbleibende Restbestand wird, da es sich bei diesen zweifellos um den widerstandsfähigsten Teil handelt, entsprechend behandelt werden müssen, da dieser, eine natürliche Auslese darstellend, bei Freilassung als Keimzelle eines neuen jüdischen Aufbaues anzusprechen ist. (Siehe die Erfahrung der Geschichte.) – Im Zuge der praktischen Durchführung der Endlösung wird Europa von Westen nach Osten durchgekämmt. Das Reichsgebiet einschließlich Protektorat Böhmen und Mähren wird, allein schon aus Gründen der Wohnungsfrage und sonstiger sozialpolitischer Notwendigkeiten, vorweggenommen werden müssen. – Die evakuierten Juden werden zunächst Zug um Zug in sogenannte Durchgangsgettos verbracht, um von dort aus weiter nach dem Osten transportiert zu werden. – Wichtige Voraussetzung, so führte SS-Gruppenführer Heydrich weiter aus, für die Durchführung der Evakuierung überhaupt ist die genaue Festlegung des in Betracht kommenden Personenkreises. – Es ist beabsichtigt, Juden im Alter von über 65 Jahren nicht zu evakuieren, sondern sie einem Altersgetto – vorgesehen ist Theresienstadt[12a] – zu überstellen. – Neben diesen Altersklassen – von den am 31. Oktober 1941 sich im Altreich und der Ostmark befindlichen etwa 280000 Juden sind etwa 30 Prozent über 65 Jahre alt – finden in den jüdischen Altersgettos weiterhin die schwerkriegsbeschädigten Juden und Juden mit Kriegsauszeichnungen (EK I) Aufnahme. Mit dieser zweckmäßigen Lösung werden mit einem Schlage die vielen Interventionen ausgeschaltet.«[13]

Eine Methode unauffälliger Vernichtung war die Vergasung. Schon im Juni 1941 befahl Himmler unter Berufung auf Hitler dem Kommandanten des Lagers Auschwitz die Schaffung von Vergasungsanlagen großen Stils. Diese Methode wurde ab Dezember 1941 im Lager Chelmno, dann auch in den Lagern Belcec, Sobibor, Treblinka, Maidanek und Auschwitz angewendet[14]. Die Weisung für das Anlaufen der Aktion in den polnischen Lagern kam unmittelbar aus der »Kanzlei des Führers«.

Der Kommandant von Auschwitz, Höß, der diesen Posten vom 1. Mai 1940 bis 1. Dezember 1943 bekleidete, hat nach dem Kriege die Arbeitsweise seines Lagers genau geschildert[15]. Hier ging man gegenüber der andernorts angewandten Methode der Verwendung von Dieselauspuffgasen zu dem wirkungsvolleren Gift Zyklon B über, das die Tötung der in den Gaskammern Eingepferchten in 13 bis 15 Minuten bewirkte. Für diesen Zweck wurde der Giftstoff von der »Degesch«, einer der I. G. Farbenindustrie nahestehenden Gesellschaft , geliefert[16]. Wahrscheinlich hat Höß die Zahl der Opfer seines Lager zu hoch angegeben, wenn er sie mit 2,5 Millionen bezifferte neben einer halben Million, die durch Hunger und Krankheit umgekommen sei. Ein deutsches Schwurgericht kam zu dem Ergebnis: »Wie viele Menschen in Auschwitz mit Zyklon B getötet worden sind, läßt sich nicht mehr feststellen. Fest steht nur, daß es Hunderttausende, wenn nicht Millionen waren.«[17] Ein zentrales Zeugnis zu den Vergasungen ist das Gerstein-Dokument. Gerstein war SS-Offizier und in der Berliner Zentrale mit der Beschaffung von Giftstoffen für die Lager beauftragt. Er stammte aus der christlichen Jugendbewegung und hat das, was er als Augenzeuge im Lager Belcec beobachtete, unmittelbar danach einem Angehörigen der schwedischen Botschaft in der Absicht der Bezeugung dieses Vorgangs mitgeteilt und für sich selbst in einer Aufzeichnung festgehalten. Das Dokument ist mit einer kritischen Einführung von Hans Rothfels über den Verfasser, den Charakter des Berichtes und über die Frage der subjektiven und objektiven Glaubhaftigkeit veröffentlicht worden[18].

Die Zahl der Opfer läßt sich nicht genau bestimmen. Das Nürnberger Tribunal ging von der Zahl von 5 721 800 aus, die vom World Jewish Council errechnet worden war. Nach einer Äußerung des SS-Obersturmbannführers Adolf Eichmann vom August 1944, der mit der Erfassung der Juden für ihre Vernichtung beauftragt war, betrug zu diesem Zeitpunkt die Zahl der Opfer der Vernichtungslager 4 Millionen, der auf andere Weise Getöteten 2 Millionen[19]. Das gäbe eine Gesamtziffer, die noch über die der jüdischen Schätzung hinausginge. Im Reichssicherheitshauptamt war ein besonderer Statistiker, Korherr, mit Berichten an Himmler über die Entwicklung der jüdischen Bevölkerung beauftragt. Ein Bericht Korherrs vom März 1943 ist erhalten[20]. In diesem Bericht werden bis zum damaligen Zeitpunkt die Verluste des Judentums, also nicht allein die Erschießungen und Vergasungen, auf 4,5 Millionen berechnet. Spätere Untersuchungen kommen zu dem Ergebnis, daß die Zahl der Opfer auf alle Fälle über 4 Millionen beträgt[21]. In der Welt lebten 1939 ca. 15 Millionen Juden, 1945 9 Millionen; in Europa 1939 9,2 Millionen, 1945 3,1 Millionen; in Deutschland (ohne Österreich) 1939 0,2 Millionen, 1945 0,012 Millionen.

Der Völkermord am Judentum ist keine Terrormaßnahme. Der Terror, wie er etwa in der Französischen Revolution oder in der Bolschewistischen Revolution geübt wurde und dessen Opfer in der Sowjetunion viele Millionen betrugen, richtet sich gegen politische Gegner. Er vollzieht sich vor der Öffentlichkeit als Mittel der Abschreckung. Die Guillotine steht mitten auf dem Platz der Revolution. Um die Vernichtungslager aber erstreckte sich eine Zone des Schweigens. Was hier geschah, sollte niemand, auch nicht das deutsche Volk selber, erfahren. Hier wurden Menschen ermordet, die – unabhängig davon, ob sie überhaupt einen politischen Faktor darstellten – als minderwertig betrachtet wurden. Deshalb ist die nationalsozialistische Vernichtungsaktion auch nicht zu vergleichen mit elementaren Ausbrüchen von Judenhaß, wie sie aus religiösen, politischen oder wirtschaftlichen Gründen im Laufe der europäischen Geschichte immer wieder vorgekommen sind. Die SS ging mit einer bürokratischen Systematik vor. Die Statistiken, die erhalten geblieben Rechnungen und Zahlungsquittungen über die gelieferten Giftstoffe sind Zeugnis dafür. Gespenstisch aber mutet die völkische Romantik an, die sich mit diesem Massenmorden verband. So hatte die SS im Vernichtungslager Treblinka ihren »Gemeinschaftssaal im typisch himmlerischen altdeutschen Stil« ausstaffiert[22]. Der Massenmord war die mit unheimlicher Konsequenz in die Praxis umgesetzte nationalsozialistische Theorie des biologischen Materialismus. Man kann Robespierre als den Typus des »tugendhaften Mörders« bezeichnen. Auf Himmler träfe diese Bezeichnung nicht zu. Zwar besaß auch er eine Art privater bürgerlicher Ehrenhaftigkeit; er hat sich nicht wie mancher andere Gewalthaber des Dritten Reiches persönlich bereichert, und wo solche Fälle in seinem Umkreis aufgedeckt wurden, ist er dagegen eingeschritten. Mörder suchen ihr Opfer in einem menschlichen Gegenüber, sei es ein einzelner oder eine Gruppe. Die Vernichtung der Juden hingegen trug einen gänzlich unpersönlichen Zug. Der von den Nationalsozialisten zur Beseitigung unerwünschten Lebens verwendete Ausdruck heißt »Ausmerzung«. Die Ausmerzung konnte sich gegen jedes Leben richten, das als »lebensunwert« bezeichnet wurde.

So ist das sogenannte Euthanasieprogramm[23] in engem Zusammenhang mit der Vernichtung des Judentums zu sehen. Der Name ist insofern irreführend, als es sich hierbei um eine Massentötung handelt und nicht um individuelle Hilfe, die dem Sterbenden gewährt wird (Euthanasie = Sterbehilfe) und deren Maß und Erlaubtheit ein ernstes Problem der ärztlichen Ethik darstellt. Man spricht daher richtiger nicht von Euthanasie, sondern von Lebensvernichtung[24]. Das Programm der Lebensvernichtung war die Kriegskonsequenz aus dem Gesetz zur Verhütung erbkranken Nachwuchses. Im Unterschied zu diesem erhielt es jedoch ebensowenig wie die Kindertötung eine gesetzliche Grundlage. Es beruhte lediglich auf einem an den Leiter der Kanzlei des Führers, Bouhler, und an den Begleitarzt Hitlers, Brandt, gerichteten Führererlaß vom Oktober 1939, zurückdatiert auf den 1. September, den Tag des Kriegsbeginns. Hierin ordnete Hitler an, »die Befugnisse namentlich zu bestimmender Ärzte so zu erweitern, daß nach menschlichem Ermessen unheilbaren Kranken bei kritischer Beurteilung ihres Krankheitszustandes der Gnadentod gewährt werden kann«[25]. Zu den Kriterien gehörte zufolge dem durch die Tarnorganisation »Reichsarbeitsgemeinschaft Heil- und Pflegeanstalten« verschickten Fragebogen neben den eigentlichen Krankheitsmerkmalen auch »Arbeitsleistung« und »Rasse«. Die nach einer lediglich anhand der Fragebogen vorgenommenen Begutachtung zur Tötung bestimmten Kranken wurden durch eine weitere Tarnorganisation, die »Gemeinnützige Krankentransportgesellschaft

GmbH«, zunächst zum Zwecke der Verschleierung gegenüber den Angehörigen in eine Durchgangsanstalt, von dort in eine der sechs Tötungsanstalten gebracht. Diese waren mit Vergasungsanlagen und Krematorien ausgestattet. Gerüchte von dem, was in diesen Anstalten vor sich ging, drangen in die Öffentlichkeit und verursachten eine erhebliche Beunruhigung in der Heimat und auch in der Truppe. Einige Kirchenführer wie namentlich Graf v. Galen, der Bischof von Münster, und der württembergische Landesbischof Wurm erhoben mutig ihre Stimme zum Protest. In einer Predigt in der Lamberti-Kirche zu Münster am 3. August 1941 sagte v. Galen: »Wenn einmal zugegeben wird, daß Menschen das Recht haben, ›unproduktive Menschen‹ zu töten, und wenn es jetzt zunächst auch nur arme, wehrlose Geisteskranke trifft, dann ist grundsätzlich der Mord an allen unproduktiven Menschen, also an den unheilbar Kranken, den arbeitsunfähigen Krüppeln, den Invaliden der Arbeit und des Krieges, dann ist der Mord an uns allen, wenn wir alt und altersschwach und damit unproduktiv werden, freigegeben.«[26] Pastor v. Bodelschwingh, der Leiter der Anstalten der evangelischen Inneren Mission in Bethel, wehrte sich mannhaft gegen die Aktion und erreichte, daß seine Kranken verschont blieben. Aufgrund solchen Widerstandes wurde Ende 1941 die Aktion angehalten, ohne jedoch vollständig eingestellt zu werden. In manchen Anstalten wurde eine »wilde Euthanasie« weiter praktiziert. Die Gesamtzahl der Opfer wird auf 80000 bis 100000 geschätzt. Die Vergasungsapparaturen der Tötungsanstalten wurden zur Weiterverwendung in Judenvernichtungslager überführt.

Neben diesem unter psychiatrischem Vorwand durchgeführten Massenmord wurde zeitweilig während des Krieges auf Veranlassung Himmlers eine Sonderaktion in den Konzentrationslagern durchgeführt. Sie diente der Beseitigung von Häftlingen, die aufgrund bestimmter Krankheiten arbeitsunfähig oder auch einfach politisch oder rassisch unerwünscht waren. Die Zahl der Opfer dieser »Sonderbehandlung 14f 13« (Aktenzeichen) lag bei etwa 20000.

Unbekannt ist die Zahl der in Menschenversuchen umgekommenen Häftlinge[27]. Diese Versuche wurden von SS-Ärzten angeregt, von Himmler genehmigt und z.T. von anerkannten Medizinern durchgeführt. Es handelte sich dabei um Experimente mit Unterdruck, Unterkühlung, Fleckfieberimpfstoffen, Sulfonamiden zur Wundbrandbekämpfung, chemischen Kampfstoffen u. a. War bei all diesen Versuchen ein hohes Todesrisiko gegeben und die Quote der Todesfälle entsprechend hoch, so waren manche der Experimente von vornherein als »terminal«, d. h. auf die Durchführung und Experimentbeobachtung bis zum Eintreten des Todes angelegt. Mehr noch als die Zeugenaussagen im Nürnberger Ärzteprozeß, der diese grausigen Vorgänge erhellt hat, gehören die dortigen Verteidigungsreden der angeklagten Ärzte zu den für die NS-Zeit und für die Anfälligkeit der menschlichen Existenz enthüllendsten Dokumenten. Sie sind Zeugnisse für die Spaltung des Bewußtseins und die Pervertierung der moralischen Urteilsfähigkeit, die bei beruflich und privat sonst tüchtigen und als ehrenwert geltenden Personen eintreten konnte, wenn sie – freiwillig oder unfreiwillig – sich in die Apparatur des totalitären Systems einspannen ließen.

DW 397/766; vgl. Lit. zu Bd. 20, Kap. 10; als menschliches Zeugnis von herausragender Bedeutung das Tagebuch der Anne Frank, 14. 6. 1942–1. 8. 1944 (a. d. Holländ., Tb. 1950); E. Schnabel, Anne Frank, Spur eines Kindes. Ein Bericht (Tb. 1958). – Neben der Dokumentensammlung von Poliakov-Wulf als umfassende Untersuchung: G. Reitlinger, Die Endlösung. Hitlers Versuch der Ausrottung der Juden Europas 1939–45 (a. d. Engl. [3]1960); R. Hilberg, The Destruction of the European Jews (Chicago 1961); G. Schoenberner, Der Gelbe Stern. Die Judenverfolgung in Europa 1933–1945 (1960); ders., Wir haben es gesehen. Augenzeugenberichte über Terror u. Judenverfolgung im Dritten Reich (1962); W. Scheffler, Judenverfolgung im Dritten Reich 1933 bis 1945 ([2]1964); H. G. Adler, Der verwaltete Mensch. Studien zur Deportation der Juden aus Deutschland (1974). – Zusammenstellung der wichtigsten Dokumente zur »Endlösung« in: Ursachen u. Folgen 19, Nr. 3358–3375. – Zusammenfassende Darstellungen: H. Krausnick, Judenverfolgung, in: M. Broszat/H.-A. Jacobsen/H. Krausnick, Anatomie des SS-Staates, Bd. 2 (1965); U. D. Adam, Judenpolitik im Dritten Reich (1972); Luzy S. Dawidowicz, The War against the Jews 1933–1945 (New York 1975). – Zu den übrigen Massentötungen: K. Dörner, Nat.soz. u. Lebensvernichtung, VfZG 15 (1967). Zum ideologiegeschichtl. Zusammenhang: Hedwig Conrad-Martius, Utopien d. Menschenzüchtung. Der Sozial-Darwinismus u. seine Folgen (1955).

[1] H. Picker, Hitlers Tischgespräche, hg. v. P. E. Schramm (1963), S. 378. Vgl. ferner Reden v. 30. 9. 1942, 24. 2., 21. 3. 1943 bei M. Domarus, Hitler. Reden u. Proklamationen 1932–1945 (1962/63), Bd. 2.
[2] H. Krausnick, Hitler u. die Morde in Polen. Ein Beitrag zum Konflikt zwischen Heer u. SS um die Verwaltung der besetzten Gebiete, VfZG 11 (1963); K. J. Müller, Zu Vorgesch.

u. Inhalt der Rede Himmlers vor der höheren Generalität am 13. März 1940 in Koblenz, VfZG 18 (1970); H. v. Krannhals, Die Judenvernichtung in Polen u. die »Wehrmacht«, Wehrwiss. Rdsch. 10 (1965); ferner M. Broszat, Nat.soz. Polenpolitik 1939–1945 (1961); Tatiana Berenstein u. a. (Hg.), Faschismus – Getto – Massenmord. Dokumentation über Ausrottung u. Widerstand der Juden in Polen während des Zw. Weltkrieges (2. Aufl. Berlin-Ost 1961).

[3] Zum Warschauer Getto s. Kap. 8, Anm. 23; J. GUMKOWSKI u.a. (Hg.), Briefe aus Litzmannstadt. Briefbericht eines Juden aus dem Getto Lodz (a.d. Poln. 1967); J. C. HAMPE (Hg.), Im Feuer vergangen. Tagebücher aus dem Getto (1963).

[4] Ausnahme-Gesetze gegen Juden in den von Nazi-Dtld. besetzten Gebieten Europas, hg. v. Wiener Library (London 1957), enthält nach Ländern geordnete Zusammenstellung mit kurzen Inhaltsangaben u. Quellennachweis. Über Verfolgung der Juden im Ausland vgl. Gutachten des Inst. f. Zeitgesch. (1958 u. 1966). – Für Holland vgl. J. PRESSER, Ondergang. De verfolging en verdelging van het Nederlandse Jodendom 1940–1945 (2 Bde. 's-Gravenhage 1965).

[5] H. G. ADLER, Danish Jewry under German Occupation, Wiener Library Bulletin 9 (1955); Lena YAHIL, Et demokrati på prøve. Jøderne i Danmark under besaettelsen (Diss. Jerusalem 1966, dän. 1967).

[6] J. BILLIG, La Condition des Juifs en France, Juillet 1940 à Août 1944, Rev. Hist. Deux. Guerre Mondiale 6 (1956).

[7] E. NOLTE, Die Action Française 1899–1944, VfZG 9 (1961).

[8] M. BROSZAT, in: Gutachten des Inst. f. Zeitgesch.

[9] A. SPINOSA, Le persecuzioni razziali in Italia (1952).

[10] A. BISS, Der Stopp der Endlösung. Kampf gegen Himmler u. Eichmann in Budapest (1966); R. L. BRAHAM, Eichmann and the Destruction of Hungarian Jewry (New York 1963); ders., The Destruction of the Hungarian Jewry. A documentary account (2 Bde. New York 1962).

[11] J. TENENBAUM, The Einsatzgruppen, Jew. Soc. Stud. 17 (1955); A. HILLGRUBER, Die »Endlösung« u. das dt. Ostimperium als Kernstück des rassenbiolog. Programms d. Nat.soz., VfZG 20 (1972).

[12] H. HEIBER (Hg.), Aus den Akten des Gauleiters Kube, VfZG 4 (1956).

[12a] Z. LEDERER, Getto Theresienstadt (London 1953); H. G. ADLER, Theresienstadt 1941–1945 (²1960).

[13] Nürnberger Dok. NG 2586, bei POLIAKOV-WULF, Das Dritte Reich u. die Juden, S. 122f.

[14] Zu den Vernichtungslagern: E. KOLB, Bergen-Belsen. Geschichte eines »Aufenthaltslagers«, 1943 bis 1945 (1962); H. G. van DAM/R. GIORDANO (Hg.), KZ-Verbrechen vor dt. Gerichten (1962); H. G. ADLER u.a. (Hg.), Auschwitz. Zeugnisse u. Berichte (1962); H. LANGBEIN, Der Auschwitz-Prozeß (2 Bde. 1965); B. NAUMANN, Auschwitz. Bericht über die Strafsache gegen Mulka u.a. vor dem Schwurgericht Frankfurt (1965, Tb. 1967); K. SMOLÉN, Auschwitz 1940–1945 (a.d. Poln. 1965); J. F. STEINER, Treblinka. Die Revolte eines Vernichtungslagers (1966).

[15] Eidliche Aussage des Lagerkommandanten, Nürnberger Dok. 3868-PS; ferner R. HOESS, Kommandant in Auschwitz. Autobiographische Aufzeichnungen, hg. v. M. BROSZAT (Tb. ³1961).

[16] Degesch-Prozeß, Schwurgericht Frankfurt 1949; Strafsache Peters (Geschäftsführer der Degesch), Schwurgericht Frankfurt 1955.

[17] Urteil in der Strafsache Peters, 27. Mai 1955.

[18] H. ROTHFELS (Hg.), Augenzeugenbericht zu den Massenvergasungen, VfZG 1 (1953); zu Gerstein auch Urteil zu Strafsache Peters, s.o.; Zur »Umsiedlung« der Juden im Generalgouvernement (Dokumentation), VfZG 7 (1959), bringt Belege dafür, daß Kenntnis der Massenvergasung »im Generalgouvernement durchaus verbreitet war«. Zu Gerstein: S. FRIEDLÄNDER, Kurt Gerstein oder die Zwiespältigkeit des Guten (a.d. Franz. 1968); P. JOFFROY, Der Spion Gottes: die Passion des Kurt Gerstein (a.d. Franz. 1972).

[19] Eidliche Aussage Dr. Hoettl, Ref.

im Amt VI des RSHA über Gespräch mit Eichmann, Nürnb. Dok. 2738. Zur Person u. Rolle Eichmanns: J. BRAND, A. Eichmann. Fakten gegen Fabeln (1961), Brand verhandelte 1944 mit Eichmann über das Schicksal der ungarischen Juden; R. M. W. KEMPNER, Eichmann u. Komplizen (1961); Hannah ARENDT, Eichmann in Jerusalem (a. d. Amerik. 1964); zu dieser Darstellung vgl. W. SCHEFFLER, Hannah Arendt u. der Mensch im totalen Staat u. P. ARNSBERG, War Eichmann ein Dämon?, in: Parlament (Beilage 45, 1964), u. F. A. KRUMMACHER (Hg.), Hannah Arendt, Eichmann u. die Juden (1964).

[20] Nürnberger Dok. NO 5192–4, bei POLIAKOV-WULF (s. o. Anm. 13), S. 210ff.

[21] So G. REITLINGER, Die Endlösung; H. KRAUSNICK, Zur Zahl der jüdischen Opfer des Nat.soz., in: Schriftenreihe der Bundeszentrale für Heimatdienst ([3]1956).

[22] ROTHFELS (s. o. Anm. 18), S. 192.

[23] Diese Bezeichnung wurde in den Nürnberger Prozessen verwandt. Die Nat.soz. sprachen von »Gnadentod«. – Zusammenhänge, durch den Nürnberger Ärzteprozeß erhellt, hierzu A. MITSCHERLICH/F. MIELKE, Medizin ohne Menschlichkeit. Dok. des Nürnberger Ärzteprozesses ([2]1962); Alice PLATEN-HALLERMUND, Die Tötung Geisteskranker in Dtld. (1949); G. SCHMIDT, Selektion in der Heilanstalt 1939–1945 (1965), aufgrund erhaltener Unterlagen aus der Heil- u. Pflegeanstalt Eglfing/Haar bei München. H. EHRHARDT, Euthanasie u. Vernichtung »lebensunwerten« Lebens (1965); W. SCHULTE, »Euthanasie« u. Sterilisation, in: Dt. Geistesleben u. Nat.soz. Eine Vortragsreihe der Univ. Tübingen (1965); W. v. BAEYER, Die Bestätigung der NS-Ideologie in der Medizin unter bes. Berücksichtigung der »Euthanasie«, in: Nat.soz. u. die dt. Univ., Universitätstage 1966 (Berlin 1966).

[24] So zu Recht vorgeschlagen von K. DÖRNER, ähnlich W. SCHULTE.

[25] Nürnberger Ärzteprozeß, Dok. 630 PS; vgl. H. BUCHHEIM, Das Euthanasie-Programm, in: Gutachten des Inst. f. Zeitgesch. (1958).

[26] Dok. zum kirchl. Protest u. staatl. Gegenmaßnahmen in: Ursachen u. Folgen 19, Nr. 3376–3380. Zu den Bischöfen von Galen u. Wurm s. Lit. Bd. 20, Kap. 13.

[27] Hierzu A. MITSCHERLICH/F. MIELKE (Hg.), Medizin ohne Menschlichkeit (s. o. Anm. 23).

Kapitel 10
Wende des U-Boot- und Luftkrieges. Kriegstechnik

Wie zu Lande, so lag auch im atlantischen Zufuhrkrieg und im Luftkrieg die Wende im Jahre 1942. Seit die rückläufige Bewegung der deutschen Fronten in Rußland und in Afrika eingesetzt hatte, war als einziges Offensivinstrument in der Hand der deutschen Führung die U-Bootwaffe verblieben. Die Zahl der Neubauten hatte, bei steigenden eigenen Verlusten, erheblich vermehrt werden können. Die U-Bootwaffe fügte in opferreichen Kämpfen dem Gegner empfindliche Verluste an Schiffsraum zu. Sie hatte mit 70 Prozent der von deutscher Seite erzielten Versenkungen neben Überwasserstreitkräften und Luftwaffe den Hauptanteil an den Erfolgen des Zufuhrkrieges. Jedoch konnten sie je länger, um so weniger Schritt halten mit der Produktion neuen Schiffsraums auf den britischen und vor allem den amerikanischen Werften. Die britisch-amerikanische Jahresverlustbilanz zwischen versenkter und neugebauter Handelstonnage war von 3,1 Millionen BRT im Jahre 1940 auf 2,4 Millionen im Jahre 1941 und auf 1 Million im Jahre 1942 gesunken. Die Entwicklung der Monatsbilanzen im Verlaufe des Jahres 1942 ließ erkennen, daß die Kurven der Versenkungs- und Neubauziffern im Begriffe waren, sich zu schneiden und somit die Verlust- in eine Gewinnbilanz umschlagen werde. Der ehemalige Chef der Historischen Abteilung des Oberkommandos der Kriegsmarine Kurt Assmann charakterisiert die Entwicklung der Bilanz im Zufuhrkrieg für die Jahre 1942/43 wie folgt: »Die Spanne zwischen Schiffsversenkungen und Neubauten, also das Maß, um das die monatlichen Versenkungen die Neubauten überstiegen, nahm bis zum April 1942 zu, dann verringerte sie sich bis zum Jahresende 1942. Von da ab überstiegen die Neubauten die Versenkungen – dies war der eigentliche Wendepunkt des Zufuhrkrieges –, und im September 1943 waren die durch den Krieg eingetretenen Totalverluste an Frachtraum durch die Neubautätigkeit aufgeholt. Die den Alliierten zur Verfügung stehende Handelsschiffstonnage war jetzt ebenso groß wie bei Kriegsbeginn und vermehrte sich nunmehr laufend in schnellem Tempo. Damit war dem Zufuhrkrieg das Todesurteil gesprochen«.[1] Der den Seekrieg entscheidende Wettlauf zwischen Versenkung und Neubau feindlicher Handelstonnage war also um die Jahreswende 1942/43 zuungunsten Deutschlands entschieden, lange bevor die Fanfaren der Sondermeldungen verstummten, mit denen die Erfolge der Konvoi-Schlachten im Nordatlantik über den deutschen Rundfunk verkündet wurden.

Die deutsche U-Bootwaffe hat, wendig in ihrem taktisch-operativen Einsatz und opferbereit im Kampf, den durch die wirtschaftliche Überlegenheit des Gegners vorgezeichneten Verlust des Zufuhrkrieges abzuwenden versucht. Der offene Eintritt der USA in den Krieg Ende 1941 hatte eine neue, die vierte Phase in der Atlantik-Schlacht eröffnet (über die vorhergehenden Phasen s. Kap. 4). In den ersten Monaten des Jahres 1942 wurde der Schwerpunkt der U-Bootoperationen in die amerikanischen Küstengewässer verlagert. Die Unerfahrenheit der amerikanischen Abwehr ermöglichte den Booten große Anfangserfolge. Die Versenkungsziffern schnellten empor. Sie sanken aber ebenso schnell ab, als die Amerikaner auch für ihre Küstenschiffahrt das Geleitsystem einführten. Im Juli 1942 wurden darauf die nordatlantischen Konvoirouten erneut zum Hauptschauplatz des U-Bootkrieges.

Die fünfte Phase der Schlacht im Atlantik von Juli 1942 bis Mai 1943 war die entscheidende. Durchschnittlich waren jetzt 102 Boote in See. Durch breit aufgestellte Vorpostenketten suchten sie die anlaufenden Geleitzüge aufzufangen und im kombinierten Einsatz herangeholter U-Bootrudel aufzureiben. Den Höhepunkt dieser Kämpfe stellt die Geleitzugschlacht im März 1943 dar. Sie erzielte einen so hohen Erfolg, daß in der Märzbilanz des Zufuhrkrieges die Versenkungen die feindlichen Neubauten wenn nicht überholten, so doch ausglichen. Aber dieser Erfolg wiederholte sich nicht.

Den Gegnern gelang es, wirkungsvolle Methoden der Abwehr zu entwickeln. Diese waren teils taktischer, teils technischer Natur. Indem man die den Ozean überquerenden Geleitzüge durch den Nordatlantik führte, gewann man die Möglichkeit, ihren Weg von Neufundland, Island und Irland aus von der Luft her zu überwachen. Die Maschen des Netzes der Luftüberwachung wurden im Laufe der Zeit immer enger, das Loch in der Luftüberwachung jenseits der Eindringtiefe der Flugzeuge durch Verwendung von Langstreckenflugzeugen immer schmaler und schließlich durch Geleitflugzeugträger ganz überbrückt. Dieses taktische System erhielt seine volle Wirksamkeit durch technische Erfindungen. Der Einbau von automatischen Funkpeilgeräten an Bord von Geleitfahrzeugen ermöglichte es, die U-Boote frühzeitig auszumachen. Die Erfindung des Radargerätes setzte Flugzeuge instand, die bei Nacht über Wasser fahrenden U-Boote ausfindig zu machen und in vielen Fällen durch überraschenden Bombenabwurf zu vernichten. Nun gelang es zwar auf deutscher Seite später, ein Anti-Radargerät zu entwickeln, durch das das Überraschungsmoment weitgehend ausgeschaltet wurde. Aber die Boote wurden dadurch nicht der Notwendigkeit enthoben, zunehmend auch für die langen Anmarschwege und nicht erst am Feind die langsame Unterwasserfahrt zu benutzen. Dadurch wurde die Orientierungsmöglichkeit und die Geschwindigkeit und damit die Wirksamkeit der Boote wiederum erheblich gemindert.

Die Höhe der deutschen Verluste stand schon wenige Wochen nach dem großen Erfolg in der Geleitzugschlacht vom März 1943 in keinem tragbaren Verhältnis mehr zu den erzielten Versenkungen[2]. Großadmiral Dönitz, seit 30. Januar 1943 in Nachfolge Raeders Oberbefehlshaber der Kriegsmarine, zog die Konsequenzen. Er brach am 24. Mai 1943 die Geleitzugbekämpfung im Nordatlantik ab. Im Vergleich der Jahre 1942/43 ergibt die Bilanz, daß sich die Zahl der U-Bootverluste etwa verdreifachte, während die Gesamtversenkungsziffer feindlichen Handelsschiffsraums auf weniger als die Hälfte sank. Ein Teil der U-Boote blieb auch jetzt in der Übergangsphase zwischen den großen Geleitzugschlachten und den Schlußkämpfen zur Störung des Handels und zur Bindung feindlicher Kräfte im Nordatlantik. Im übrigen wichen die Operationen in andere Räume aus. Der Mittelatlantik versprach wegen der 1942 erfolgten Landung der Alliierten in Nordafrika lohnenden Einsatz. Jedoch wurde die feindliche Luftüberwachung auch in diesem Raum wirkungsvoll ausgedehnt, nachdem die Portugiesen im Oktober 1943 der Errichtung von Stützpunkten auf den Azoren zustimmen mußten.

Den Rückschlag im U-Bootkrieg hoffte man durch technische Neuentwicklungen überwinden zu können. Diese gelangten in der Schlußphase der Atlantikschlacht in der Zeit von der Invasion bis Kriegsende zur Verwendung. Die Ausrüstung mit einem Luftmast, dem sogenannten Schnorchel, gestattete es den Booten, unbegrenzt lange zu tauchen und auch die Akkumulatoren unter Wasser aufzuladen. Die Konstruktion eines Bootstypus mit erheblich gesteigerter Unterwassergeschwindigkeit wirkte sich für den Einsatz nicht mehr aus. Vielleicht ist es eine Überschätzung solcher technischen Faktoren gegenüber der taktischen Gegebenheit der feindlichen Luftherrschaft über dem Atlantik und gegenüber der Produktionsüberlegenheit der amerikanischen Werften gewesen, die Dönitz hoffen ließ, daß es ihm gelingen könnte, die Initiative im Seekrieg zurückzugewinnen. Immerhin ist in den letzten Kriegsmonaten die Versenkungskurve noch einmal leicht angestiegen, ohne allerdings auch nur entfernt die Ziffern der feindlichen Neubauten einzuholen.

An amerikanischem und britischem Schiffsraum wurden vom Kriegseintritt der USA bis Kriegsende fast 14 Millionen BRT versenkt, im Gesamtverlauf des Krieges zwischen 23 und 24 Millionen BRT (vgl. Bd. 22, Anhang Tab. 25). Von den fast 1200 im Verlaufe des Krieges verwendeten Booten ging mehr als die Hälfte auf Feindfahrt verloren. Ähnlich opferreich wie der Kampf der U-Boote war der Einsatz der Luftwaffe. Im Laufe des Krieges wurden rund 113 000 Flugzeuge in Dienst gestellt. Rund 72 000 gingen im Kampf verloren.

Die deutsche Luftwaffe hatte im Polen-, Norwegen- und Frankreichfeldzug eine große Überlegenheit über ihre Gegner besessen. In der Luftschlacht über England im Herbst 1940 stieß sie auf einen Gegner, den sie nicht zu bezwingen vermochte. Weder wurde durch die Bombenangriffe der Kampfflugzeuge die englische Wirtschaftskraft spürbar getroffen, noch gelang es der deutschen Jagdwaffe, die englische Jagdabwehr zu zerbrechen oder zu verhindern, daß die deutschen Kampfverbände bei ihren Einsätzen über England Ausfälle in einer Höhe erlitten, die zum Abbruch der Schlacht zwang. Man machte die Erfahrung, daß der deutsche Messerschmitt-Jäger zwar eine größere Geschwindigkeit und Feuerkraft als die englische Spitfire besaß, daß diese aber wendiger war. Die Hauptschwäche des deutschen Jägers aber war seine geringe Flugdauer und damit die Begrenzung seines Aktionsradius, die es ihm unmöglich machte, den deutschen Kampffliegerverbänden über den südenglischen Raum hinaus Begleitschutz zu geben. Im Jahre 1941 wurden dann die Hauptkräfte vom Einsatz gegen England abgezogen und in Afrika, auf dem Balkan und vor allem gegen Rußland verwendet. Es stellte sich nun bald heraus, daß die im Westen verbliebenen Jagdverbände nicht ausreichten, um die Briten daran zu hindern, offensiv zu werden und Bombenangriffe nach Deutschland zu fliegen. Die Industriegebiete an Rhein und Ruhr waren die ersten Ziele. Am 28. und 29. März 1942 erlitt zum erstenmal eine deutsche Stadt, Lübeck, einen Großangriff aus der Luft. Gegen Köln richtete sich in der Nacht vom 30. zum 31. Mai 1942 der erste »1000-Bomber-Angriff«. Es folgten Essen am 1. Juni und Bremen am 25. Juni 1942. Um die Jahreswende 1942/43 gingen die Amerikaner zu Tagesangriffen mit Großverbänden über. Am 27. Januar 1943 griffen sie, von den Britischen Inseln aus operierend, Wilhelmshaven an. In zunehmendem Maße wurde es nun erforderlich, die deutsche Jagdwaffe von den Fronten abzuziehen und zur unmittelbaren Reichsverteidigung zu verwenden. Es gelang ihr aber nicht, den deutschen Luftraum abzuschirmen.

Zu Anfang des Krieges schien die Leistungsfähigkeit der deutschen Luftwaffe unbegrenzt. Wo lagen die Gründe für ihr Versagen? Auch hier ist in erster Linie die von Hitler niemals in ihrer vollen Bedeutung eingeschätzte materielle Überlegenheit der Gegner zu nennen. Schon vor dem offiziellen Eintritt der USA in den Krieg wurde die englische Luftwaffe in einem erheblichen Grade in den Vereinigten Staaten und in Kanada aufgebaut. Die britische und die amerikanische Luftwaffe kannten vor allem auch nicht den Brennstoffmangel, der die deutsche besonders in der Endphase des Krieges erheblich lähmte. Entscheidende technische Leistungen auf alliierter Seite waren die Entwicklung eines Langstreckenjägers und die Erfindung des sogenannten »Rotterdamgeräts«, das es ermöglichte, auf einer Mattscheibe »selbst bei Nacht oder bei völlig aufliegender Wolkendecke das überflogene Gelände wie auf einem Kartenbild zu erkennen« (Feuchter, Luftkrieg, S. 233). Bei dem katastrophalen Versagen der Luftwaffe auch in der Abwehr, die allen großsprecherischen Versicherungen Görings zum Hohn nicht verhindern konnte, daß die deutschen Städte in Schutt und Trümmer versanken, spielten jedoch auch eigene Fehler der Technik, Organisation und Planung eine erhebliche Rolle. Zwei neu entwickelte Typen, die Me 210 als Jäger und die He 177 als viermotoriger Fernbomber, erwiesen sich als Fehlkonstruktionen. Mängel der Organisation und der Wunsch Görings, so bald wie möglich zu demonstrieren, daß die Luftwaffe ihre Überlegenheit wiedergewonnen habe, führten dazu, daß die Produktion des Fernbombers anlief, bevor an der Front seine Tauglichkeit erprobt war. Die kritische Frage war, ob die Kräfte Deutschlands ausreichten, zugleich Bomber und Jäger zu bauen. Die Frage hing zusammen mit der strategischen Entscheidung, vor die die deutsche Führung gestellt war, ob man nämlich daran festhalten wollte, die Gegner durch Angriffe zu bezwingen, oder ob man sich jetzt begnügen müßte, alle Kraft auf die Verteidigung zu konzentrieren. Der Generalinspekteur der Luftwaffe Milch ebenso wie der für die Luftrüstung im besonderen verantwortliche Generalluftzeugmeister, der ehemalige Kampf- und Kunstflieger Udet, forderten Konzentration auf die Jagdwaffe. Jedoch Hitler befahl, selbst als nach dem furchtbaren Angriff der Engländer auf Hamburg in der Nacht vom 24. zum 25. Juli 1943 die Führer der Luftwaffe einmütig verlangten, nunmehr alle Kraft auf den Bau von Jägern zu verwenden, die Bomberflüge gegen England in verstärktem Maße wieder aufzunehmen. Die Fehlentwicklung der deutschen Luftwaffe führte diejenigen, die sehen konnten, in die Verzweiflung: Udet erschoß sich am 17. November 1941, und der Generalstabschef der Luftwaffe Jeschonnek setzte am 19. August 1943 seinem Leben ein Ende.

Das Heer war durch seine Panzerwaffe in den Feldzügen 1939 und 1940 allen seinen Gegnern weit überlegen gewesen. Eine Überraschung war die hohe Qualität des russischen Panzers T 34. Auch ihm aber wurden im Verlaufe des Krieges mit dem »Panther« und »Tiger« überlegene Typen entgegengestellt. Freilich blieb der Grad der Motorisierung des deutschen Heeres im Verhältnis zur Masse der an der Ostfront eingesetzten Truppen und zur Weite des Raumes so gering, daß hier nicht mehr jene schnelle Beweglichkeit erreicht wurde, die in dem engeren Raume des Westfeldzuges eine der Voraussetzungen des deutschen Erfolges gewesen war. Im Verlaufe des Krieges machten sich aber auch Mängel im Nachrichtenwesen spürbar, nicht zuletzt infolge der Knappheit an geschultem Personal, das bei dem hastigen Aufbau der deutschen Wehrmacht für alle durchtechnisierten Waffengattungen und bei dem Verschleiß, den der Krieg im Osten mit sich brachte, kaum mehr ersetzt werden konnte. Die deutsche Infanterie erhielt im Jahre 1942 ein hervorragendes Maschinengewehr, obwohl daneben mancherlei andere sehr veraltete Typen in Gebrauch blieben. Die Handwaffe des Einzelsoldaten blieb durchweg der Karabiner, während die russische Infanterie weitgehend mit Schnellfeuerwaffen (Maschinenpistolen) ausgerüstet war. 1944 wurde für den deutschen Infanteristen ein Sturmgewehr entwickelt, zu spät, um noch in genügenden Mengen zur Truppe zu kommen.

Technische Neuentwicklungen kamen nicht mehr zum Tragen. Keine »Wunderwaffen« waren da, die, wie die Propaganda dem Volke einzureden versuchte, die Überlegenheit der Gegner hätte ausgleichen können. Es wurden Jäger mit Düsenantrieb konstruiert, aber wegen Mangel an Zahl, Brennstoff und ausgebildetem Personal kamen sie über Einzelerfolge nicht hinaus. Die Raketenwaffe kam infolge feindlicher Luftangriffe auf ihre Fertigungsstätten und Abschußbasen verspätet zum Einsatz. Sie war auch technisch nicht zu Ende entwickelt, ihre Zielsicherheit war gering. Die waffentechnische Ausnutzung der Atomenergie schließlich kam in Deutschland nicht über erste vorbereitende Schritte hinaus[3]. Hier wirkte sich ein Befehl Hitlers von 1940 aus, der wissenschaftlich-technische Entwicklungsarbeiten untersagte, die nicht kurzfristig praktische Erfolge versprachen. Albert Speer, der Reichsminister für Bewaffnung und Munition, berichtete Hitler von einem Gespräch, das er mit den Physikern Hahn und Heisenberg über den Forschungsstand der Kernphysik geführt hatte. Hitler verspürte nicht das Bedürfnis, sich von den beiden Forschern unmittelbar ins Bild setzen zu lassen..Speer vermutet, daß dieses Versäumnis auch durch ideologische Vorurteile mitbedingt war. Der Physiker Lenard, Verfasser des Werkes ›Die deutsche Physik‹ (1935), habe »Hitler belehrt, daß die Juden auf dem Wege über die Kernphysik und Relativitätstheorie einen zersetzenden Einfluß ausübten. Vor seiner Tafelrunde bezeichnete Hitler gelegentlich, unter Berufung auf seinen illustren Parteigenossen, die Kernphysik als ›jüdische Physik‹ – was dann nicht nur von Rosenberg aufgegriffen wurde, sondern offenbar auch den Erziehungsminister zögern ließ, die Kernforschung zu unterstützen.«[4]

DW 397/687–693 (Seekrieg); DW 397/694–700 (Luftkrieg); DW 397/701–707 (Rüstung), S. Lit. zum See- u. Luftkrieg S. 22 – E. GODT, Der U-Boot-Krieg, in: W. PICHT u.a., Bilanz des Zw. Weltkrieges (1953). – Daselbst: A. KESSELRING, Die dt. Luftwaffe, u. H. RUMPF, Luftkrieg über Dtld.; ders., Der hochrote Hahn (1952); ders., Dt. u. engl. Luftkriegsstrategie im Zw. Weltkrieg, Wehrkunde 4 (1955). Rumpf, ehem. Gen. der Feuerschutzpolizei, setzt sich u.a. auseinander mit der Theorie des Bomben- u. Brandkrieges von Sir A. T. HARRIS, Bomber-Offensive (1947). – E. SCHNEIDER, Technik u. Waffenentwicklung im Kriege, in: Bilanz; katalogartige Zusammenstellung über die waffentechn. Entwicklung gibt R. LUSAR, Die dt. Waffen u. Geheimwaffen des Zw. Weltkrieges u. ihre Weiterentwicklung (⁵1964); D. IRVING, Die Geheimwaffen des Dritten Reiches (a.d. Engl. 1965, Tb. 1968); G. JANSSEN, Das Ministerium Speer. Dtlds. Rüstung im Kriege (1968); W. A. BOELCKE (Hg.), Dtlds. Rüstung im Zw. Weltkrieg. Hitlers Konferenzen mit Albert Speer 1942–1945 (1969). Statistik über Tonnagekrieg u. U-Bootverluste: Bd. 22, Anhang Tab. 25; Statistik zum Einsatz d. Luftwaffe: H.-A. JACOBSEN, 1939 bis 1945, Der Zw. Weltkrieg in Chronik u. Dok. (⁵1961), Nr. 171.

[1] K. ASSMANN, Dt. Schicksalsjahre (1950), S. 398 f.; statist. Kurven über Versenkungen u. Neubauten ebd. S. 399 u. 401. Die Encyclopaedia Britannica, Bd. 23 (1959) S. 347, setzt den Zeitpunkt, zu dem die brit.-amerik. Neubauten die Verluste überstiegen, auf den Monat August 1942 an.
[2] J. ROHWER, Geleitzugschlachten im März 1943 (1975); vgl. Lit. Kap. 4, Anm. 6.
[3] D. IRVING, Der Traum von der dt. Atombombe (a.d. Engl. 1967); zum

wiss. organisatorischen Rahmen der dt. Atomforschung im Kriege: K. ZIEROLD, Forschungsförderung in drei Epochen. Dt. Forschungsgemeinschaft – Geschichte, Arbeitsweise, Kommentar (1968), S. 258 ff.; zur Verhaltensweise der an der Atomforschung hauptbeteiligten Wissenschaftler: W. HEISENBERG, Der Teil u. das Ganze. Gespräche im Umkreis der Atomphysik (1969), Kap. 14–16.
[4] A. SPEER, Erinnerungen (1969), S. 242.

Kapitel 11
Kriegswirtschaft und Kriegsfinanzierung

Die deutsche Produktionskraft wurde erst zu einem verhältnismäßig späten Zeitpunkt in vollem Umfange auf die Kriegsanstrengungen konzentriert. Vor dem Kriege war General Thomas, der Chef des Wehrwirtschafts- und Rüstungsamtes im OKW, der Überzeugung gewesen, daß Deutschland sich auf einen langen Kampf einstellen müsse und entsprechend für den Kriegsfall die gesamte Wirtschaft unter dem Gesichtspunkt des Kriegsbedarfs zu organisieren habe. Hitler hatte eine andere Vorstellung über die der Lage Deutschlands angemessene Kriegführung. Die Zeit seiner politischen Erfolge und die ersten Kriegsjahre selbst schienen ihm recht zu geben. Wenn die Gegner durch politisch-militärische Coups matt gesetzt oder in Blitzkriegen einzeln niedergeworfen wurden, genügte es, den entsprechenden Vorrat an Waffen, Gerät und Munition aufzustocken, der den Bedarf solch kurzer Beanspruchungen deckte. Als aber die Methode der Überrumpelung schließlich versagte und ein langer Krieg daraus wurde, mußte Deutschland in einen aussichtslosen Produktionswettkampf mit seinen Gegnern eintreten.

Die Ernährung[1] hielt sich den Krieg hindurch bis zum Jahre 1944 auf erträglicher Höhe. Erhöhte landwirtschaftliche Produktion schon vor dem Kriege, ein die Erfahrungen des Ersten Weltkrieges sorgfältig auswertendes System der Kontrolle und Verteilung, ferner Nahrungsmittel, die aus den eroberten Gebieten, namentlich aus der Ukraine, dem Heer und der Heimat zufielen, ermöglichten es, außer dem deutschen Volk auch den sechs Millionen Fremdarbeitern in Deutschland bis in das Jahr 1944 hinein eine ausreichende Ernährung zu sichern. In den letzten Kriegsmonaten allerdings fielen die Zuteilungen unter das Lebensnotwendige. Eine englische Untersuchung kommt in Auswertung der vorhandenen deutschen und ausländischen Statistiken und Schätzungen zu folgendem Ergebnis:

»Die durchschnittliche Kalorienmenge für die Zivilbevölkerung fiel von 2700 pro Tag in den Jahren 1939–40 auf 2450 in den Jahren 1944–45, wenn man auch den Verbrauch nicht rationierter Lebensmittel dabei mit berücksichtigt. Während der ersten Monate 1945 fiel sie auf 2100 Kalorien; der Verbrauch der nichtländlichen Bevölkerung senkte sich zum ersten Male auf 2000 Kalorien und weniger, und die Ration des Normalverbrauchers, d. h. jeder dritten Person der Gesamtbevölkerung, fiel erheblich unter diese Zahl, bis sie schließlich vor der Kapitulation Deutschlands auf 1600 Kalorien abgesunken war.«[2]

Die größte wirtschaftliche Schwierigkeit lag bei den Rohstoffen. Durch die Vorkriegsplanungen (Verhüttung minderwertiger Erze, Buna, synthetischer Treibstoff etc.), durch die Erbeutung erheblicher Rohstoffvorräte und durch die Nutzung der Rohstoffquellen in den besetzten europäischen Ländern wurden diese Schwierigkeiten weitgehend überwunden. Fühlbar blieb der Mangel an Treibstoffen[3]. Die Vermehrung der U-Boot-, Luft- und Panzerwaffe erhöhte ständig den Bedarf. So war es für die wirtschaftliche Kriegführung eine entscheidende Wende, daß es Ende 1942 nicht gelang, das kaukasische Öl zu gewinnen. Als in der Folgezeit und besonders im letzten Kriegsjahr die deutschen Hydrierwerke durch systematisch auf diese wie auf andere Grundstoffindustrien geführte Luftangriffe weitgehend ausfielen und zudem die rumänischen Ölfelder verloren gingen, wurde hierdurch dem Krieg wirtschaftlich ein Ende gesetzt. Dazu kam in der Endphase des Krieges die planmäßige Zerstörung des deutschen Verkehrsnetzes aus der Luft.

Die Organisation der Rüstungswirtschaft zeigte zu Beginn des Krieges das für den Führungsstil des Dritten Reiches charakteristische Neben- und Gegeneinander verschiedener rivalisierender Stellen. Der erste große Rückschlag, der das deutsche Heer im russischen Winter 1941/42 traf, erzwang eine Straffung. Göring hätte als der Beauftragte für den Vierjahresplan und aufgrund seiner Stellung im Machtgefüge des Dritten Reiches zum Planer und Lenker der Wirtschaft werden können, war aber einem solchen Anspruch nicht gewachsen und verlor im Verlaufe des Krieges an Einfluß. Die Vierjahresplanorganisation entsprach ursprünglich dem Konzept des Blitzkrieges. Sie wollte vor allem dem akuten Mangel an Brennstoffen und Kautschuk abhelfen und blieb den Krieg hindurch auf dem Gebiet der Kohleverflüssigung, der Buna-Herstellung und der Verhüttung minderwertiger Erze ein wichtiger Faktor der Rüstungswirtschaft. Planungsinitiativen für die jetzt notwendig werdende Umstellung der gesamten deutschen Wirtschaft auf den Kriegsbedarf zu entwickeln, waren Göring und seine Behörde nicht in der Lage. Auch General Thomas hat es nicht vermocht, mit seinem Wehrwirtschafts- und Rüstungsamt diese Lücke zu füllen, obwohl er sich von Anfang an für die »Tiefenrüstung« eingesetzt und mit einer langen Kriegsdauer gerechnet hatte. Es gelang ihm nicht, die Zuständigkeit seiner Behörde über Beschaffungs- und Kontrollfunktionen im engeren Bereich der Rüstungs-Endfertigung hinaus auszudehnen. Sein Wirkungskreis beschränkte sich zudem im wesentlichen auf das Heer, während Marine und Luftwaffe die Beschaffung von Schiffen und Flugzeugen, von Waffen, Gerät und Munition in eigener Zuständigkeit vornahmen. Außerdem wünschte Hitler nicht, daß sich die Machtbefugnis des Heeres vergrößerte. In der Staatsverwaltung war der Chef der eigentlich umfassend zuständigen Behörde der Reichswirtschaftsminister Funk. Er wurde aber von Hitler nicht zu Rate gezogen. Die Aufgaben seines Ministeriums wurden mehr oder weniger auf die nicht rüstungsbezogene Industrie, Gewerbe, Banken und Handel, darunter auch die Einfuhr rüstungswichtiger Rohstoffe beschränkt. Eine weitere in Rüstungsfragen zuständige Stelle war das am 17. März 1940 geschaffene Reichsministerium für Bewaffnung und Munition. Zu seinem Leiter ernannte Hitler den Erbauer der Autobahnen und des Westwalls Fritz Todt, der in der paramilitärisch-technischen, bei großen Bauvorhaben eingesetzten »Organisation Todt« eine eigene Hausmacht besaß. Gestützt hierauf gelang es Todt, den Übergang der deutschen Wirtschaft, die bisher nur in Teilen für die Rüstung arbeitete, zur vollen Kriegswirtschaft vorzubereiten. Todt kam bei einem Flugzeugunfall am 8. Februar 1942 ums Leben.

Zum Nachfolger bestellte Hitler den Architekten Albert Speer, Erbauer der Reichskanzlei und Organisator der Nürnberger Parteitage. Speer besaß bis zum Jahre 1944 die volle Unterstützung Hitlers. Mit dieser Rückendeckung überspielte der von der Person Hitlers faszinierte, politisch geschickte und organisatorisch hochbegabte Außenseiter seine Rivalen, Göring ebenso wie Thomas. Um den auf sein Prestige bedachten Göring zu beschwichtigen, den Hitler bei Kriegsausbruch zu seinem Nachfolger designiert und nach dem Westfeldzug mit dem pompösen Titel »Reichsmarschall« dekoriert hatte, wurde ihm Speer als »Generalbevollmächtigter für Rüstungsaufgaben im Vierjahresplan« formell unterstellt. Das Wehrwirtschafts- und Rüstungsamt gliederte Speer in seinen wichtigsten Teilen in sein Ministerium ein. Im übrigen arbeitete er mit einem nur kleinen bürokratischen Stab. Organisatorischer Kerngedanke für die von ihm nach und nach durchgeführte volle Indienstnahme der Industrie für die Kriegsproduktion war der an Walther Rathenau orientierte Grundsatz der wirtschaftlichen Selbstverwaltung. Für die verschiedenen Zweige der Wirtschaft wurden Ausschüsse gebildet, in denen Offiziere, Konstrukteure und ausschlaggebend Industriemanager saßen. Speer charakterisiert rückblickend sein System wie folgt: »Jetzt gab es wieder Gremien, in denen diskutiert, Mängel und Fehlgriffe aufgedeckt und ihre Beseitigung besprochen werden konnte. Oft meinten wir im Scherz, daß wir im Begriff seien, das parlamentarische System wieder einzuführen. Unser neues System hatte eine der Voraussetzungen geschaffen, um die Schwächen jeder autoritären Ordnung wieder auszugleichen. Wichtige Angelegenheiten sollten nicht nur nach militärischem Prinzip, das heißt auf dem Befehlswege von oben nach unten geregelt werden. Erforderlich war dafür allerdings, daß an der Spitze der erwähnten Gremien Personen standen, die Gründe und Gegengründe zu Wort kommen ließen, ehe sie eine klare und fundierte Entscheidung trafen.«[4] Die Leitung des Ganzen lag bei einem Ausschuß für »Zentrale Planung«, in dem Speer und mit ihm General Milch, der Leiter des Wirtschaftsstabes der Luftwaffe[5], bestimmend waren. Hier erhielten die verschiedenen Wirtschaftszweige die knappen Rohstoffe zugeteilt, deren Verwendung schärfer als zuvor kontrolliert wurde. Durch langfristige Auftragserteilung an die einzelnen Firmen und Beschränkung der Herstellung in den jeweiligen Betrieben auf nur wenige Erzeugnisse, durch Typenvereinfachung, zwischenbetriebliche Arbeitsteilung, verstärkte Verlagerung der Produktion auf technisch leistungsfähige, im Fließbandverfahren arbeitende größere Unternehmen und durch Drosselung der für den zivilen Bedarf arbeitenden Wirtschaft auf das Lebensnotwendige wurden bisher brachliegende Produktionsreserven nutzbar gemacht. Der Rationalisierungseffekt dieser Maßnahmen führte zu einer erheblichen Steigerung der Rüstungsproduktion. Deren Index stieg von 100 Anfang 1942 auf 153 Mitte 1942, 229 Mitte 1943 und 322 Mitte 1944. Speer sagte in Nürnberg aus, daß es ihm bis zum Herbst 1944 gelungen sei, »trotz der Fliegerangriffe eine laufende Steigerung zu erzielen. Diese war, um es in einer Zahl zu sagen, so groß, daß ich im Jahre 1944 130 Infanteriedivisionen und 40 Panzerdivisionen vollständig neu ausstatten konnte. Das war die Neuausstattung für zwei Millionen Menschen. Allerdings wäre sie 30 Prozent höher gewesen, wenn die Fliegerangriffe nicht gewesen wären. Wir hatten die Höchstleistungen im ganzen Kriege im August 1944, soweit sie Munition anbetrifft, im September 1944 bei den Flugzeugen und im Dezember 1944 bei den Waffen und bei den neuen U-Booten.«[6] Trotz solcher Steigerungen war der Rüstungswettlauf Deutschlands mit seinen Gegnern aussichtslos. Im Jahre 1941 betrug der Wert der Kriegsmaterialherstellung in den USA, Großbritannien und der Sowjetunion gegenüber Deutschland und Japan das Zweieinhalbfache, 1943 aber bereits das Dreieinhalbfache. Dennoch war die Fähigkeit Deutschlands, seine Rüstungsproduktion während des Krieges in so kurzer Zeit in dem genannten Maß zu steigern, für seine Gegner eine vollkommene Überraschung. Diese waren unter dem Eindruck der kriegerischen Selbststilisierung des Dritten Reiches sowie der Reden Hitlers und seiner Politik davon ausgegangen, daß Deutschland schon vor dem Kriege seine Wirtschaft ganz auf den Kriegszweck eingestellt hätte.

Um dem zu begegnen, war in England bereits im Jahre 1939 die Wirtschaft in ungleich höherem Maße als in Deutschland für Rüstungszwecke in Anspruch genommen worden. Dort wurden z. B. im Jahre 1939 mehr Panzer produziert als in Deutschland. Während des Krieges entschloß sich England zu einem früheren Zeitpunkt als Deutschland, alle seine materiellen und menschlichen Kräfte für den Krieg zu erfassen. England praktizierte den »totalen Krieg«, seit es nach dem Zusammenbruch Frankreichs zunächst allein die ganze Last des Kampfes gegen Deutschland auf sich genommen hatte. Im Unterschied zu dieser frühen britischen Einstellung auf den totalen Krieg willigte Hitler nur zögernd in die Zurückstellung der Konsumbedürfnisse der Bevölkerung ein. Und kaum waren als Ergebnis der gesteigerten Rüstung im Sommer 1942 operative Erfolge in Rußland errungen worden, als er unter diesem Eindruck und bevor neue Rückschläge kamen, in der Industrieproduktion wieder eine stärkere Berücksichtigung des zivilen Bedarfs verlangte. Auch bei den Gauleitern stieß Speer auf Widerstand. So machten sie Schwierigkeiten, wenn im Interesse der Rüstungssteigerung Produktionsstätten verlagert und Arbeitskräfte zur zweckmäßigeren Verwendung an anderem Ort abgezogen werden sollten. Vollends im Widerspruch zu den psychologischen und materiellen Erfordernissen des Krieges stand der aufwendige Bauluxus, den manche Potentaten des Dritten Reiches auch jetzt betrieben. Speer hat hiervon in seinen Erinnerungen ein abschreckendes Bild gezeichnet. Der ihm von Hitler erteilten Generalvollmacht blieben überdies bestimmte Bereiche völlig entzogen, nämlich die Luftrüstung, die sich Göring nicht nehmen ließ, die Marinerüstung, die erst Dönitz Speer unterstellte, und der Arbeitseinsatz, für den Hitler als Sonderbevollmächtigten den thüringischen Gauleiter Fritz Sauckel ernannte. Dieser organisierte den Transport ausländischer Zwangsarbeiter in die Rüstungsbetriebe, lehnte es aber gegen den Wunsch Speers ab, in größerem Umfang auf deutsche weibliche Arbeitskräfte zurückzugreifen. Der totale Krieg wurde in Deutschland niemals in seinen vollen Konsequenzen durchgeführt, auch nicht, nachdem Goebbels ihn unter dem Eindruck der Katastrophe von Stalingrad am 18. Februar 1943 in einer Sportpalastkundgebung proklamiert hatte[7]. Im September 1943 endlich erhielt Speer die Verantwortung für die gesamte deutsche Industrie, aber seit Mitte 1944 sank er in der Gunst Hitlers und verlor an Einfluß. Sauckel und der im zugrunde gehenden Hitlerreich immer mächtiger werdende Bormann wurden seine Gegenspieler. Beide wollten der Partei einen stärkeren Einfluß auf die Wirtschaft verschaffen und mit Hilfe der Gauwirtschaftsberater Kontrolle ausüben. Ihr Angriffspunkt war die Selbstverwaltung der Wirtschaft und die darin führende Rolle der Großindustrie. In dieser Gegnerschaft der Partei gegen Speer und seine Organisation der Kriegswirtschaft lebte der alte Antikapitalismus der NS-Bewegung wieder auf.

Der Krieg beschleunigte den Konzentrationsprozeß in der Industrie und die weitere Gewichtsverlagerung von den Klein- und Mittelbetrieben auf die Großunternehmen. Ihnen brachte die Rüstung hohen Gewinn, und die unter Speer vollzogene Auftragsplanung auf längere Sicht lag in ihrem Interesse. Andererseits sah sich die Partei gezwungen, Rücksicht zu nehmen auf die Stimmung der arbeitenden Bevölkerung, über die die Geheime Staatspolizei aus allen Reichsteilen laufend berichtete[8]. Ein zu Anfang des Krieges durchgeführter Versuch, die Normalarbeitszeit von 8 auf 10 Stunden zu erhöhen und damit zugleich den Überstundenzuschlag in Wegfall zu bringen, mußte zurückgenommen werden. Man kehrte bei einer fast allgemeinen zehnstündigen Arbeitszeit zur Achtstundennorm mit Lohnzuschlag für Überstunden zurück. In den meisten Betrieben wurde nur in einer Schicht gearbeitet. Auf die Einführung von Doppel- oder Dreifachschichten und damit auf eine bessere Ausnützung der Betriebsanlagen verzichtete man. Der Grund hierfür ist nicht nur in betriebstechnischen Gründen (Überstrapazierung der Anlagen) und in der Knappheit der in die Produktion gegebenen Rohstoffe zu suchen, sondern nicht zuletzt darin, daß die Partei es ablehnte, so stark wie im Ersten Weltkrieg oder wie gleichzeitig in England Frauen für die Arbeit in Rüstungsbetrieben heranzuziehen.

Auch die Art der Kriegsfinanzierung wurde durch Rücksichtnahme auf Leistungswillen und Stimmung des Volkes, dessen man nicht sicher war, entscheidend beeinflußt. Hitler untersagte öffentliche Kriegsanleihen, deren sich das Reich im Ersten Weltkrieg bedient hatte. Kriegszuschläge auf Lohn-, Einkommen-, Gewerbe- und Körperschaftssteuer sowie auf die Verbrauchssteuern für Tabak, Bier, Branntwein und Schaumwein hielten sich in Grenzen. Aus Steuern und Zöllen wurden im Laufe des Krieges nur 28,1% der Reichseinnahmen aufgebracht. Neben Tributen aus dem Protektorat Böhmen und Mähren und aus dem Generalgouvernement wurde aus den unterworfenen Gebieten an Besatzungskosten eine Gesamtsumme in Höhe von 12,9% der Einnahmen des Reichshaushaltes erpreßt. Den größten Anteil hiervon trug Frankreich. Dazu kamen Kriegsbeiträge der Länder und Gemeinden sowie die Einnahmen aus staatlichen Wirtschaftsunternehmen. Insgesamt wurden auf diese Weise jedoch nur 47,9% der Reichseinnahmen aufgebracht. Mehr als die Hälfte des Geldbedarfs, nämlich 52,1%, wurden auf dem Kreditwege beschafft. Da öffentliche Anleihen und damit die öffentliche Erörterung der Kriegslage ausgeschlossen sein sollten, entwickelte man eine Methode der »geräuschlosen« Mittelbeschaffung. Neben der Auftragsfinanzierung der Rüstungsindustrie durch Steuergutscheine, Reichsschatzwechsel und Schatzanweisungen zog das Reich die privaten Guthaben bei Sparkassen, Versicherungen und Banken für langfristige Kreditnahme heran. Die Abschöpfung vagabundierender Geldmittel, für die kein entsprechendes Warenangebot vorhanden war, und ihr Zufluß zu den Kreditinstituten wurde durch das steuerbegünstigte, langfristige »eiserne Sparen« gefördert. Dennoch wuchs die Menge des umlaufenden Geldes. Sie stieg von 10 Milliarden RM bei Kriegsbeginn auf ca. 73 Milliarden RM bei Kriegsende. Dazu kamen 225 Milliarden RM an Bank- und Steuereinlagen. Die Reichsschuld betrug bei Kriegsende etwa 400 Milliarden RM (gegen 145,5 Milliarden RM am Ende des Ersten Weltkrieges). Der Verlust des Krieges mußte die Dämme vor dieser gestauten Inflation zum Einsturz bringen und die deutsche Währung abermals in den Strudel einer völligen Entwertung reißen. Die Leidtragenden waren die Masse derjenigen, die ihre Ersparnisse verloren und als Arbeiter, Angestellte, Beamte und freiberuflich Tätige nicht viel mehr besaßen als ihre Arbeitskraft.

A. S. MILWARD, Die dt. Kriegswirtschaft 1939–1945 (a. d. Engl. 1966); daneben die betr. Abschnitte in W. TREUE/G. FREDE, W. FISCHER/G. THOMAS u. D. PETZINA, s. Bd. 20, Kap. 9; R. WAGENFÜHR, Die dt. Industrie im Kriege 1939–1945 (²1963), von einem ehem. Mitarbeiter im Ministerium Speer, enthält grundlegende statist. Informationen; D. EICHHOLTZ, Gesch. der dt. Kriegswirtschaft 1939–1945, Bd. 1: 1939 bis 1941 (Berlin-Ost 1969), eine breit angelegte marxistische Darstellung zur Untermauerung der Theorie des »staatsmonopolistischen Kapitalismus« in Anwendung auf das Verhältnis von Wirtschaft u. Politik im Zw. Weltkrieg. – Bes. aufschlußreich für die innere Gesch. des Dritten Reiches: A. SPEER, Erinnerungen (1969); ders., Spandauer Tagebücher (1975); krit. K. D. BRACHER, Die Speer-Legende, in NPL 15 (1970); W. A. BOELCKE (Hg.), Dtlds. Rüstung im Zw. Weltkrieg. Hitlers Konferenzen mit Albert Speer 1942–1945 (1969); G. JANSSEN, Das Ministerium Speer. Dtlds. Rüstung im Kriege (1968); H. KEHRL, Krisenmanager im Dritten Reich. 6 Jahre Frieden – 6 Jahre Krieg. Erinnerungen, hg. von E. VIEFHAUS (1973). – F. FEDERAU, Der Zw. Weltkrieg. Seine Finanzierung in Dtld. (1962); D. PETZINA, La politique financière et fiscale de l'Allemagne pendant la seconde guerre mondiale, in: Rev. d'Histoire de la Deuxième Guerre Mondiale 19 (1969); ders., Die Mobilisierung dt. Arbeitskräfte vor u. während des Zw. Weltkrieges, VfZG 18 (1970).

[1] H. J. RIECKE, Ernährung u. Landwirtschaft im Kriege, in: W. PICHT u. a., Bilanz des Zw. Weltkrieges (1953); W. KLATT, Food and agriculture, in: Hitler's Europe, Survey of Internat. Affairs 1939–46 (1954).

[2] W. KLATT, Food and agriculture, S. 216.

[3] W. BIRKENFELD, Der synthetische Treibstoff 1933–1945. Ein Beitrag zur nat.soz. Wirtschafts- u. Rüstungspolitik (1964).

[4] A. SPEER, Erinnerungen, S. 226.

[5] D. IRVING, Die Tragödie der dt. Luftwaffe. Aus den Akten u. Erinnerungen von Feldmarschall Milch (1970).

[6] Nürnberger Prozeß 16, S. 532.

[7] G. MOLTMANN, Goebbels Rede zum totalen Krieg am 18. 2. 1943, VfZG 12 (1964).

[8] S. Kap. 13, Anm. 1; aufschlußreich dazu auch Marlis STEINERT, Hitlers Krieg u. die Deutschen. Stimmung u. Haltung der dt. Bevölkerung im Zw. Weltkrieg (1971).

Kapitel 12
Von Stalingrad zur Invasion

Während in Stalingrad die 6. Armee verblutete und die Truppen Rommels durch die Cyrenaika zurückwichen, landeten am 7. und 8. November 1942 unter dem Oberbefehl Eisenhowers Engländer, Amerikaner und frei-französische Verbände in Algier und Marokko. Pétain lehnte öffentlich aus Furcht vor deutschen Gegenmaßnahmen die Zusammenarbeit mit den Alliierten ab und befahl die Verteidigung Nordafrikas, betrieb aber insgeheim ein Doppelspiel. Die Vichy-Truppen leisteten nur kurz Widerstand. Admiral Darlan, der Oberbefehlshaber, ging auf die Feindseite über, wurde aber am 24. Dezember in Algier ermordet. In Rivalität zu dem aus deutscher Kriegsgefangenschaft entflohenen General Giraud, den der französische Nationalrat zum Hohen Kommissar für Französisch-Nordafrika bestellte, setzte sich General de Gaulle als Führer der Vichy-feindlichen Franzosen durch. Aber der französische Beitrag zur alliierten Kriegführung war zunächst gering im Vergleich zu dem großen Kräfteeinsatz, mit dem die Briten und Amerikaner nun von Osten und Westen her entlang der nordafrikanischen Küste die deutsch-italienische Nordafrika-Armee bedrängten. Hier war nun endlich eine zweite Front entstanden. Auf deren Bildung hatte Stalin seit der großen deutschen Ostoffensive vom Sommer 1942 mit wachsender Ungeduld gedrängt; dabei bestand er allerdings auf einer Landung in Frankreich und war nicht bereit, Operationen in Nordafrika bzw. in Italien als die geforderte Entlastung anzuerkennen.

Der Plan zur Bildung einer anglo-amerikanischen Front gegen die Achsenmächte war schon sehr bald nach dem Kriegseintritt der Vereinigten Staaten entstanden[1]. Als sich Churchill und Roosevelt Weihnachten 1941 in Washington trafen, hatten sie zunächst an Nordafrika gedacht. Im Frühjahr 1942 drängten die Amerikaner darauf, noch für dieses Jahr eine Landung in Frankreich vorzubereiten. Die Briten hielten jedoch an dem Vorrang Nordafrikas fest. Hier erschien eine Aktion um so dringender notwendig, als infolge der deutschen Vorstöße zum Kaukasus und nach Ägypten die britische Stellung im mittleren Osten bedroht war. Überdies zeigte ein gewaltsamer Erkundungsvorstoß vom 19. August 1942 nach Dieppe, der von der deutschen Abwehr zurückgeschlagen wurde, in welchem Umfang weitere Vorbereitungen für eine Invasion auf dem europäischen Kontinent getroffen werden mußten, wenn man die deutsche Küstenverteidigung des »Atlantikwalls« bezwingen wollte. Im August 1942 flog Churchill nach Moskau, um Stalin von der bevorstehenden Landung in Nordafrika zu unterrichten. Es begann sich nun ein enges Zusammenspiel zwischen der Kriegführung der Alliierten in Rußland, Nordafrika und später auf dem europäischen Kontinent anzubahnen, wenngleich diese Koalition von starken inneren Spannungen belastet war, nicht nur zwischen den Westmächten und der Sowjetunion, sondern auch zwischen den Engländern und Amerikanern. Vom 14.–26. Januar 1943 legten Churchill und Roosevelt in Casablanca den Plan für die weitere Kriegführung fest. Es ging hier in erster Linie um die Frage, ob die Kriegführung im Pazifik oder in Europa den Vorrang haben sollte. Es hatte sich nämlich herausgestellt, daß nach dem großen Sieg der Amerikaner gegen die japanische Flotte bei den Midway-Inseln im Sommer 1942 die eigentlichen Schwierigkeiten des Krieges im Pazifik erst begannen. Zwar konnte sich das japanische Herrschaftsgebiet von nun an nicht mehr weiter ausdehnen, aber auf Guadalcanar und Neuguinea hatten sich die Japaner als außerordentlich zähe, den Tod verachtende Verteidiger erwiesen, die auch in hoffnungsloser Lage nie bereit waren zu kapitulieren. Es schien dringend erforderlich, die Japaner aus ihren neu gewonnenen Stellungen so schnell wie möglich zu verdrängen, um ihnen nicht Zeit zu lassen, sich hier zur Verteidigung einzurichten. Auch die Wiedergewinnung der Burmastraße duldete keinen Aufschub, wenn man das Risiko eines Zusammenbruchs der chinesischen Widerstandskraft vermeiden wollte. Dennoch hat Roosevelt am Vorrang des europäischen Kriegsschauplatzes festgehalten. Das schien notwendig im Hinblick auf die Lage des russischen Bundesgenossen. Und es schien erfolgversprechend, weil die Achsenmächte nach den übergroßen Anstrengungen des Jahres 1942 deutlich erkennen ließen, daß ihre Kräfte nachzulassen begannen. Für den Kampf gegen die Achsenmächte wurde in Aussicht genommen, daß nach der Freikämpfung Nordafrikas im Sommer 1943 eine Landung in Sizilien unternommen werden sollte, der dann wahrscheinlich im Sommer 1944 die große Landung in Nordfrankreich folgen würde. Die treibende Kraft für den alliierten Feldzug in Nordafrika und den Sprung nach Sizilien als Auftakt zur Eroberung Italiens war jetzt und in den folgenden Monaten Churchill. Er sah in einem Vorstoß mit starken Kräften gegen die weiche Südflanke Europas die größte Chance eines Erfolges. Dabei spielten auch politische Erwägungen eine Rolle: Italien würde bei einem Vorstoß der Alliierten vielleicht vom Achsenbündnis losgerissen werden können, und von Italien aus boten sich für die alliierte militärische und politische Kriegführung Möglichkeiten im Balkanraum, bevor dort die Rote Armee erscheinen konnte. Die Amerikaner hingegen drängten darauf, die Invasion Frankreichs zu erzwingen, ohne sich auf zeitraubende Ablenkungsmanöver in Süd- und Südosteuropa einzulassen. Darin waren sich allerdings Roosevelt und

Churchill einig, daß nur auf französischem Boden die Hauptentscheidung fallen konnte. Und beide beurteilten die Kriegslage bereits so, daß der Vorschlag des amerikanischen Präsidenten, von Deutschland und seinen Verbündeten bedingungslose Kapitulation zu fordern, von Churchill gebilligt wurde, obwohl hierdurch der Kampfeswille des deutschen Volkes nur verstärkt werden konnte und in der Tat die Goebbelssche Kriegspropaganda diese Formel weidlich ausnutzen sollte[2]. Schon am 1. Januar 1942 hatten sich alle am Kampf gegen die Achse beteiligten Mächte im Pakt von Washington verpflichtet, keinen Sonderwaffenstillstand zu schließen.

Das Waffenglück hatte die deutschen Armeen verlassen. An der Ostfront mußte am 31. Januar 1943 die in Stalingrad eingeschlossene 6. Armee unter Generalfeldmarschall Paulus kapitulieren[3]. Von 220000 Mann, die sie zählte, waren 30000 bis 40000 meist Verwundete herausgeflogen worden. Der Rest war gefallen oder geriet in Gefangenschaft. Ein Vorstoß zum Entsatz der eingeschlossenen Armee war gescheitert, weil sich Paulus und ebenso auch v. Manstein, der Oberbefehlshaber der Heeresgruppe Don, der Forderung Hitlers beugten, Stalingrad nicht preiszugeben, statt den Ausbruch in Richtung der Entsatzarmee zu befehlen. Der Durchbruch der Russen beiderseits Stalingrads brachte die gesamte Südfront in Bewegung. In wechselvollen Kämpfen, in denen Charkow den Besitzer mehrmals wechselte, wurde die deutsche Front über Don und Donez zurückgedrängt. Die Kaukasusarmee hielt zunächst noch einen von der Krim her versorgten Brückenkopf auf der Kubanhalbinsel. Im Nordabschnitt gelang es den Russen im Januar 1943 in schweren Kämpfen südlich des Ladogasees eine Landverbindung nach Leningrad herzustellen. Im Februar/März räumten die deutschen Truppen zur Einsparung von Kräften die Frontbögen von Demjansk und von Wjasma/Rschew westlich von Moskau. Die Schlammperiode ließ jetzt die Front für einige Zeit erstarren. Im Sommer 1943 versuchte Hitler die Initiative zurückzugewinnen. Alle verfügbaren Reserven faßte er zusammen, um einen großen russischen Frontbogen bei Kursk von Norden und Süden her abzuschneiden. Der am 5. Juli begonnene Angriff (Unternehmen Zitadelle) mußte jedoch am 15. Juli abgebrochen werden[4], da in dem von operativen Reserven entblößten Mittelabschnitt die Russen einen Einbruch erzielten und am 4. August Orel eroberten.

Die bedrängte Ostfront konnte nicht mit den notwendigen

Kräften versorgt werden wegen des Bedarfs auf den mittelmeerischen Kriegsschauplätzen. Nach der Landung der Anglo-Amerikaner in Marokko und Algier rückten die Deutschen am 11. November 1942 in das unbesetzte Frankreich ein und besetzten Tunis. Den Oberbefehl führte hier seit März 1943 Generaloberst v. Arnim. Generalfeldmarschall Rommel erhielt im Dezember 1943 die Heeresgruppe B in der Normandie, die die Hauptlast der erwarteten Invasion zu tragen haben würde. Der Zweifrontenkrieg in Tunis endete am 13. Mai 1943 mit der Kapitulation von 252 000 Deutschen und Italienern[5]. Am 10. Juli – d. h. als das Unternehmen Zitadelle bei Kursk auf seinem kritischen Höhepunkt stand – landeten Briten und Amerikaner auf Sizilien, ohne daß die dort stehenden Italiener ihnen ernsthaft Widerstand geleistet hätten. Bis zum 17. August brachten sie die ganze Insel in ihre Hand, bereit, nunmehr den Fuß auf den europäischen Kontinent zu setzen[6].

Der Verschleiß der deutschen Reserven bei Kursk brachte auch die südrussische Front in eine schwere Krise. Der Kuban-Brückenkopf und das Donezbecken mußten preisgegeben werden, Kiew ging verloren. Es gelang nicht, am Dnjepr eine haltbare Abwehrfront aufzubauen. Im März und April 1944 ging die südliche Ukraine verloren. Die Rote Armee überschritt den Pruth und Sereth und trug damit den Kampf in rumänisches Gebiet hinein. Durch das Zurückweichen der ukrainischen Front wurde die Heeresgruppe Mitte gezwungen, ihren rechten Flügel zurückzunehmen und zu verlängern, um den Anschluß zu wahren. Dadurch wurde ihre eigene Frontdichte gefährlich gelockert. Ihr rechter Flügel stand jetzt mit Front nach Süden an den Pripjetsümpfen. Die Front verlief dann in großem Bogen über Witebsk nach Norden an den Peipus-See und die Narwa. Auf diese günstige Verteidigungslinie war die Heeresgruppe Nord unter Aussparung des großen Frontbogens südlich Leningrad unter schweren Kämpfen zurückgenommen worden. So war der Frontverlauf im Juni 1944, als sich die Russen anschickten, durch einen mit stärksten Kräften an der karelischen Front gegen Finnland geführten Angriff diesen Bundesgenossen von Deutschland zu trennen.

Der italienische Bundesgenosse war inzwischen in das Lager der Gegner übergegangen[7]. Am 25. Juli 1943 war durch einen von Marschall Badoglio und dem König geschickt arrangierten Staatsstreich das faschistische Regime ohne ernsthafte Gegenwehr zusammengebrochen. Mussolini wurde auf dem Gran

Sasso gefangengehalten, aber durch ein kühnes Unternehmen deutscher Fallschirmjäger am 12. September befreit. Badoglio, der zunächst den deutschen Bundesgenossen der italienischen Loyalität versicherte, verhandelte insgeheim mit den Alliierten. Diese landeten am 3. September in Kalabrien. Am gleichen Tage schloß Italien einen Sonderwaffenstillstand, der am 8. September verkündet wurde und in Kraft trat. In der Zwischenzeit versuchten die Amerikaner durch eine Landung bei Salerno, den in Süditalien stehenden deutschen Verbänden den Rückzug abzuschneiden. Sie wurden jedoch in ihrem Brückenkopf festgehalten, bis es den Deutschen gelang, südlich Neapel eine neue zusammenhängende Front quer durch die Halbinsel aufzubauen. Die deutsche Führung handelte in der kritischen Lage, die durch den Sturz Mussolinis entstanden war, umsichtig und ohne Zögern. Deutsche Truppen übernahmen die von den Italienern in Griechenland und an der südfranzösischen Küste besetzten Gebiete, in Norditalien wurden deutsche Divisionen zusammengezogen, um auf alle Fälle einen Einbruch in das Reich von Süden her zu verhindern. Die Adriaküste und das Gebiet mit den Zugängen zum Brenner wurden der direkten deutschen Verwaltung und Kontrolle unterstellt. Zahlreiche italienische Verbände wurden entwaffnet und in die Gefangenschaft geführt. In dem von Deutschland besetzten nördlichen Teil Italiens proklamierte Mussolini, der jetzt ganz von Deutschland abhängig war[8], eine »Repubblica Sociale Italiana«. Nach seinem eigenen Selbstverständnis kehrte damit der italienische Faschismus zu seinen sozialistischen Ursprüngen zurück in scharfer Frontstellung gegen die in Badoglio und dem Königshaus verkörperte Reaktion. Aus Freiwilligen konnten vier neue Divisionen aufgestellt werden, die an der Seite Deutschlands den Kampf in Italien weiterführten, während auf seiten der Alliierten der vom König mit der Regierung beauftragte Marschall Badoglio italienische Truppen und zur Geleitsicherung im Südatlantik auch italienische Kriegsschiffe einsetzte. In dem nun von Deutschland beherrschten Teil Italiens – Rom wurde am 10. September von deutschen Truppen besetzt – schlossen sich verschiedene Widerstandsgruppen zu einem Komitee der nationalen Befreiung zusammen[9]. Sie haben den rückwärtigen Verbindungen der in Italien unter Generalfeldmarschall Kesselring kämpfenden Armee Schwierigkeiten bereitet. Unter dem Druck der Engländer und Amerikaner wichen die Deutschen von ihren Stellungen südlich Neapels zurück. Auch

Sardinien und Korsika wurden geräumt und frei-französischen Truppen überlassen. Bei Monte Cassino verfestigte sich der deutsche Widerstand. Fallschirmjäger haben diesen heißumstrittenen Eckpfeiler der deutschen Front von Oktober 1943 bis Mai 1944 halten können. Eine Landung der Alliierten von See her im Rücken der deutschen Front bei Anzio machte auf die Dauer eine Fortsetzung des Widerstandes auf der alten Linie unmöglich und zwang, im nördlichen Apenningebirge eine neue Abwehrstellung zu suchen. Am 4. Juni 1944 rückten die Alliierten in Rom ein. Zwei Tage später begann die Invasion in Nordfrankreich, und wiederum drei Tage später setzten die Russen zum Angriff gegen Finnland an.

Das Problem der Invasion in Frankreich war zwischen Roosevelt und Churchill im Sommer 1943 in Quebec und dann erneut in Kairo erörtert worden. Churchill war der Überzeugung, daß für die Durchführung eine größere Menge von Landungsfahrzeugen, Truppen und Material zur Verfügung stehen müsse als ursprünglich geplant. Die Erfolge in Sizilien und Süditalien stellten die Westalliierten vor die Frage, was mit den hier frei gewordenen Landungsfahrzeugen nun geschehen solle. Churchill wollte sie für die Invasion verwendet wissen, aber Roosevelt stand Anforderungen der pazifischen Kriegführung gegenüber. Daher vertrat Churchill in Kairo erneut die Ansicht, daß man dann zum mindesten durch weitere Stöße in Südeuropa vor der Invasion deutsche Kräfte aus Frankreich abziehen müsse. Ihm schwebte eine Landung in der Po-Ebene vor. Dadurch hätte man zugleich die Möglichkeit einer Einwirkung auf den Balkanraum gewonnen. Die Frage blieb in Kairo in der Schwebe. Sie wurde zwischen Stalin, Roosevelt und Churchill entschieden, als sich diese im Dezember 1943 in Teheran trafen, um die weitere Kriegführung im Osten und Westen aufeinander abzustimmen. Stalin wandte sich entschieden gegen die Pläne Churchills. Er gewann Roosevelt für seine Ansicht, daß auf verzettelnde Nebenaktionen verzichtet werden sollte, um für die Invasion in Frankreich die größte Kräftekonzentration zu erreichen. Roosevelt glaubte, daß er als Amerikaner Stalin besser zu nehmen wisse als die steifen Engländer. »Mir ist so«, sagte er damals, » als ob Stalin nichts anderes wünscht als Sicherheit für sein Land, und ich sage mir, wenn ich ihm nun alles gebe, was in meiner Macht steht, und keine Gegenleistung verlange, dann wird er sich – noblesse oblige – nichts einzuverleiben versuchen und für eine Welt der Demokratie und des Friedens arbeiten.«[10] Stalin setzte es durch, daß der Balkanraum außerhalb der operativen Planungen der Briten und Amerikaner blieb[11]. Es gelang ihm, diesen Raum für den russischen Einfluß auszusparen. So fiel bereits in Teheran eine Grundentscheidung für die Machtverhältnisse im Nachkriegseuropa.

Auf deutscher Seite war v. Rundstedt Oberbefehlshaber West, unter ihm Rommel Oberbefehlshaber der Heeresgruppe B in Nordfrankreich. Durch seinen damaligen Generalstabschef General Speidel sind wir genau unterrichtet über die Gedanken, die damals Rommel und seinen Stab bewegten[12]. Die Entwicklung des Krieges seit Stalingrad und El Alamein hatte Rommel zu der Überzeugung geführt, daß der Krieg militärisch nicht mehr gewonnen werden könne. Es konnte nur noch darauf ankommen, einen einigermaßen glimpflichen Waffenstillstand und Frieden zu erlangen. Rommel hat Hitler gegenüber illusionslos seine Meinung vertreten und von ihm gefordert, daß er die politischen Konsequenzen ziehen solle. Hitler aber war im Politischen ebenso unbelehrbar, wie er sich auch den rein operativen Forderungen Rommels für die Führung der Abwehrschlacht im Westen widersetzte. Hitler wollte die Verteidigung durch ein starres Festhalten an der Küstenlinie führen, wobei er die Abwehrkraft des auf weite Strecken nur schwach ausgebauten Atlantikwalls überschätzte. Er lehnte es ab, irgendeine Weisung für eine operative Kriegführung im französischen Raum zu geben. Rommel und Rundstedt dagegen waren beide der Überzeugung, daß ein Einbruch starker Invasionskräfte durchaus möglich sei, denen dann in beweglicher Kriegführung entgegengetreten werden müßte. In ihren operativen Vorstellungen für die Abwehr unterschieden sie sich insofern, als Rundstedt Eingreifreserven aus der Tiefe des Raumes heraus zum Gegenangriff ansetzen wollte, was Rommel wegen der feindlichen Luftüberlegenheit für untunlich hielt. Um eine bewegliche Verteidigung in Küstennähe unter planmäßiger Verwendung aller Kräfte zu ermöglichen, forderte er, auch dem Führungsdurcheinander auf dem westlichen Kriegsschauplatz ein Ende zu machen und die dort eingesetzten Teile der Luftwaffe, der Marine und der Organisation Todt der Verantwortung des Oberbefehlshabers West zu unterstellen, ähnlich wie auf der Gegenseite General Eisenhower als Beauftragter des vereinigten britischen und amerikanischen Generalstabs den Oberbefehl über sämtliche an der Invasion beteiligten Land-, Luft- und Seestreitkräfte führte. Hitler hat alle politischen und militärischen Forderungen Rommels abgelehnt. Dieser war entschlossen, selbständig zu handeln. Er hielt die Beseitigung Hitlers für notwendig, lehnte aber den Tyrannenmord ab, um nicht einen Märtyrer zu schaffen. Sein Gedanke war, Hitler festzusetzen, um ihn später vor ein deutsches Gericht zu stellen. Rommel stand mit den deutschen Widerstandskräften in Verbindung, die nach der Absetzung Hitlers eine vorläufige Regierungsgewalt bilden sollten. Mit den Gegnern im Westen gedachte er Waffenstillstandsverhandlungen zu führen, in denen die Räumung der Westgebiete und die Zurückführung des deutschen Heeres hinter den Westwall angeboten werden sollte gegen die sofortige Einstellung des feindlichen Bombenkrieges gegen die Heimat. Im Osten sollte der Kampf als Abwehr auf einer verkürzten Linie weitergeführt werden. Diesen Gedanken Rommels stand die alliierte Forderung der bedingungslosen Kapitulation gegenüber und die gegenseitige Verpflichtung Rußlands und der Westmächte, keinen Sonderfrieden mit Deutschland zu schließen. Wohin und wieweit der von Rommel vorgeschlagene Weg geführt hätte, weiß niemand. Denn die am 6. Juni erfolgte Landung absorbierte zunächst alle Kräfte für die Führung des Abwehrkampfes[13]. Unter stärkstem Einsatz von Schiffsartillerie und Luftwaffe landete die 2. britische Armee westlich der Ornemündung und die 1. amerikanische Armee östlich und westlich der Viremündung am Fuße der Halbinsel Cotentin. Auf dieser Strecke war der Atlantikwall verhältnismäßig schwach ausgebaut. Nach Ansicht der deutschen Marine war hier mit einer Landung nicht zu rechnen. Innerhalb von sechs Tagen gelang es der Invasionsarmee, die durch einen überwältigenden Einsatz von Luftstreitkräften unterstützt wurde, über 300000 Mann nach Frankreich zu bringen. Nach wenigen Tagen waren der amerikanische und britische Brückenkopf vereint, die Halbinsel Cotentin durchstoßen, Cherbourg abgeriegelt und die deutsche Abwehrfront durch den Einsatz einer unbegrenzten Übermacht an Kriegsmaterial Schritt für Schritt zurückgedrängt worden, obwohl sie ihren Zusammenhalt behielt. Rundstedt wurde am 6. Juli im Oberbefehl von Generalfeldmarschall v. Kluge abgelöst. Rommel wurde am 17. Juli bei der Rückfahrt von der Front zu seinem Gefechtsstand das Opfer eines Tieffliegerangriffs. Er erlitt eine schwere Verletzung. Unter den aktiven Heerführern war damit die stärkste Kraft im Widerstand gegen Hitler und für den Versuch, noch zu einer rechtzeitigen Beendigung des Krieges zu gelangen, ausgefallen.

Drei Tage später erfolgte im Führerhauptquartier das Bombenattentat gegen Hitler.

DW 397/652–666; 678/679.

[1] Für die Probleme der Koalitionskriegführung neben Erinnerungen von CHURCHILL, HULL u. HOPKINS bes. aufschlußreich die Aufzeichnungen des führenden militärischen Denkers auf brit. Seite: A. BRYANT (Hg.), Kriegswende, 1939–43. Aus den Kriegstageb. des Feldm. Lord ALANBROOKE, Chef des Empire-Generalstabs (a.d. Engl. 1957). – Grundlegende Darstellung von brit. Seite: Chester WILMOT, Der Kampf um Europa (a.d. Engl. 1954). Materialreich W. H. MCNEIL, America, Britain and Russia, their cooperation and conflict 1941–46, in: Survey of Internat. Affairs 1939–46 (1953); aus der Reihe der amtl. brit. u. amerikan. Kriegsgeschichte J. BUTLER, Grand Strategy (London 1957ff.) u. M. MATLOFF/ E. M. SNELL, Strategic Planning for Coalition Warfare (Washington 1953 u. 1959); ferner M. HOWARD, The Mediterranean Strategy in the Second World War (London 1968).

[2] Texte in Ursachen u. Folgen 18, Nr. 3231; G. MOLTMANN, Die Genesis der Unconditional-Surrender-Forderung, Wehrw. Rdsch. 6 (1956); Anne ARMSTRONG, Bedingungslose Kapitulation. Die teuerste Fehlentscheidung der Neuzeit (a.d. Amerik. 1961).

[3] Lagebesprechung im Hauptquartier Hitlers vom 1. Febr. 1943 in: H. HEIBER (Hg.), Hitlers Lagebesprechungen (1962), S. 120ff.; W. GÖRLITZ (Hg.), Paulus u. Stalingrad. Lebensweg des Generalfeldmarschalls F. Paulus. Mit den Aufzeichnungen aus dem Nachlaß, Briefen u. Dok. ([2]1964). – Erinnerungsbücher: J. WIEDER, Die Tragödie von Stalingrad, Erinnerungen eines Überlebenden, Geleitwort von H. Gollwitzer (1955); H. DIBOLD, Arzt in Stalingrad, Pas-

sion einer Gefangenschaft ([3]1966). – Grundlegende Darstellungen: M. KEHRIG, Stalingrad. Analyse u. Dokumentation einer Schlacht (1974); J. FÖRSTER, Stalingrad, Risse im Bündnis (1975).

[4] E. KLINK, Das Gesetz des Handelns – Die Operation Zitadelle 1943 (1967); anschauliche Schilderung der Kämpfe an diesem Frontabschnitt bei P. CARELL, Verbrannte Erde. Schlacht zw. Wolga u. Weichsel (1966).

[5] Über den Kriegsverlauf in Afrika neben ESEBECK, ROMMEL, PLAYFAIR, BAUM-WEICHOLD (s. Kap. 4, Anm. 7 u. 14) die Erinnerungen von B. L. MONTGOMERY, Memoiren (a.d. Engl. 1958) u. ALEXANDER of TUNIS, The Battle of Tunis (Sheffield 1957).

[6] A. GARLAND/H. M. G. SMYTH, Sicily and the Surrender of Italy (Washington 1965), a.d. amtl. amerik. Reihe; W. G. F. JACKSON, The Battle for Italy (London 1967).

[7] F. W. DEAKIN, Die brutale Freundschaft. Hitler, Mussolini u. der Untergang des ital. Faschismus (a.d. Engl. 1964); F.-K. v. PLEHWE, Schicksalsstunden in Rom. Ende eines Bündnisses (1967), dazu J. SCHRÖDER in: Militärgeschichtl. Mitt. (1969/2); R. ZANGRANDI, 1943, 25 luglio–8 settembre (Mailand 1964); ders., L'Italia tradita. 8 settembre 1943 (Mailand 1971); G. BIANCHI, 25 luglio, crollo di un regime (Mailand 1963); zu den dt. Reaktionen s. J. SCHRÖDER, Italiens Kriegsaustritt 1943. Die dt. Gegenmaßnahmen im ital. Raum: Fall »Alarich« u. »Achse« (1969); ferner BAUM-WEICHOLD (s. Kap. 4, Anm. 7) u. die Erinnerungen von KESSELRING, v. RINTELEN u. BADOGLIO (s. S. 18 u. Bd. 20, S. 19.

[8] E. COLLOTTI, L'amministrazione tedesca dell'Italia occupata 1943–1945

(Mailand 1963); K. STUHLPFARRER, Die Operationszonen »Alpenvorland« u. »Adriatisches Küstenland«, 1943–1945 (Wien 1969).

[9] R. BATTAGLIA, Storia della Resistenza italiana (Torino 1964); L. VALIANI/G. BIANCHI/E. RAGIONIERI, Azionisti, cattolici e communisti nella resistenza (Mailand 1971); G. BOCCA, Storia dell'Italia partigiana, settembre 1943–luglio 1945 (Bari 1966).

[10] Zit. bei WILMOT, S. 142; Lit. zu Teheran s. Bd. 22, Kap. 1.

[11] Zu den Plänen Churchills, den Balkan in die Operationen einzubeziehen: K.-H. MINUTH, Die westalliierte milit. u. polit. Südosteuropastrategie 1942–1945 (Diss. Kiel 1966); ders., Brit. Balkanstrategie. Betrachtungen zu Churchills »The Second World War«, in: K. JÜRGENSEN/R. HANSEN (Hg.), Hist.-polit. Streiflichter (1971).

[12] H. SPEIDEL, Invasion 1944. Ein Beitrag zu Rommels u. des Reiches Schicksal (³1950); F. RUGE, Rommel u. die Invasion (1959); Lit. zu Rommel s. Kap. 4, Anm. 14; H. KRAUSNICK, Erwin Rommel u. der dt. Widerstand gegen Hitler, VfZG 1 (1953). Mittelsmann der Widerstandskreise um Goerdeler zu Rommel war der Stuttgarter Oberbürgermeister Karl STRÖLIN. Er berichtet in seiner Schrift: Verräter oder Patrioten (1952), S. 33, daß er den Feldmarschall an ein Wort Hitlers erinnert habe: »Wenn durch die Hilfsmittel der Regierungsgewalt ein Volkstum dem Untergang entgegengeführt wird, dann ist die Rebellion eines jeden Angehörigen eines solchen Volkes nicht nur Recht, sondern Pflicht ... Menschenrecht bricht Staatsrecht.« Mein Kampf, S. 104f.

[13] Aus der amtl. Gesch.schreibung, amerik.: G. H. HARRISON, Cross-Channel-Attack (1951); S. E. MORISON, The Invasion of France and Germany 1944–1945 (1957); brit.: J. EHRMAN, Grand Strategy (1956); L. F. ELLIS, Victory in the West (1962); ferner WILMOT (s.o.); W. HAUPT, Die Invasion. Der 6. Juni 1944 (1968); anschauliche Schilderung bei C. RYAN, Der längste Tag. Normandie: 6. Juni 1944 (a.d. Amerik. 1961). Knappe Darstellung der beiderseitigen Konzeptionen: A. NORMAN, Die Invasion in der Normandie 1944, in: H.-A. JACOBSEN/J. ROHWER (Hg.), Entscheidungsschlachten (1960); E. B. POTTER/C. W. NIMITZ/J. ROHWER, Seemacht (1974), Kap. 37.

Kapitel 13
Der deutsche Widerstand und der 20. Juli 1944

Durch die Errichtung der nationalsozialistischen Parteidiktatur waren alle die mannigfaltigen, in sich verschiedenen Kräfte, die das politische Leben Deutschlands bis dahin bestimmt hatten, von der Oberfläche verschwunden. Aber hinter der geschlossenen und einheitlichen Fassade des nationalsozialistischen Reiches, das sich im Flaggenschmuck der Nürnberger Parteitage und im festlichen Bild der Olympischen Spiele von 1936 der Welt präsentierte, regten sich die Kräfte, die sich der geistigen und politischen Uniformierung entzogen. Man kann nicht von einer einheitlichen Widerstandsbewegung sprechen. Wie der

Nationalsozialismus, solange es freie Wahlen in Deutschland gab, niemals über ein starkes Drittel der Wählerschaft hinausgelangte und nur darum zur Macht hatte kommen können, weil die Arbeiterbewegung und die nationalbürgerlichen Parteien nicht den positiven politischen Kompromiß fanden, der die Fortführung einer rechtsstaatlichen Ordnung ermöglicht hätte, so zeigte nun auch das politische Leben im Untergrund des Dritten Reiches eine zunächst unzusammenhängende Vielfalt von Gruppen und Ideologien, eine natürliche Fortsetzung des chaotischen Bildes, das zuletzt das politische Leben der Weimarer Zeit bestimmt hatte. Die historische Bedeutung der untergründigen Strömungen, die sich schließlich zum aktiven Widerstand und Staatsstreichsversuch verdichteten, liegt nun aber gerade darin, daß die gemeinsame Not der Verfolgung und die drohende Katastrophe des Vaterlandes, auf die die Hitlersche Kriegspolitik hintrieb, zwischen bestimmten Gruppen der konservativen, bürgerlichen und Arbeiteropposition zu jenen Versuchen einer Neugestaltung des deutschen Lebens aus einer undoktrinären Staatsgesinnung führte, an deren Mangel die Weimarer Republik zugrunde gegangen war, als jene Gruppen sich noch frei und öffentlich bewegen konnten.

Der Bereich des Widerstandes läßt sich nur schwer abgrenzen. Nicht alles, was der nationalsozialistischen Bewegung fernblieb, kann hierzu gerechnet werden, wie andererseits gerade aus dem Idealismus solcher, die die nationale Erhebung des Jahres 1933 mit Begeisterung begrüßt hatten, dem Widerstand wertvolle Kräfte zuströmten. Überhaupt zeigte sich im Laufe der Jahre, daß über die geheime Opposition hinaus unter den Gegebenheiten des totalen Staates eine Umwälzung nur erreicht werden konnte mit Hilfe solcher Personen, die selber durch Mitarbeit an den politischen und militärischen Aufgaben des Staates Schlüsselstellungen innehatten und im näheren Umkreis des Zentrums der Macht standen. Über die Verbreitung und zahlenmäßige Stärke greifbarer oppositioneller Strömungen und Widerstandsgruppen besitzen wir nur unzureichende Kenntnisse. Quantitative Abschätzungen werden immer schwierig bleiben wegen der gleitenden Übergänge zwischen privatem Nonkonformismus, oppositioneller Gesinnung, aktivem Widerstand und direkter Verschwörung zum Sturz Hitlers und wegen der notwendigen Tarnungen solcher Haltungen unter den Bedingungen des Polizeistaates. Aber mehrere Studien, die aus den Akten der Geheimen Staatspolizei schöpfen[1], Ge-

richtsakten und andere hier und da greifbare Zahlen erlauben es
doch, mit Sicherheit zu sagen, daß die oppositionellen Strömungen erheblich umfangreicher waren, als es in einer seltsamen
Interessenverbindung die nationalsozialistische und die alliierte
Kriegspropaganda wahrhaben wollten. Nach der Hinrichtungs-
liste des Reichsjustizministeriums sind von 1933 bis 1944 aufgrund von regelrechten Justizurteilen 11 881 Hinrichtungen
vollzogen worden[2], ohne die zahlreichen Hinrichtungen der
letzten Kriegsmonate hinzuzurechnen und ohne die Morde und
Gewalttaten außerhalb der regulären Justiz oder die Opfer der
Militärgerichtsbarkeit einzubeziehen, wenn auch die gerichtlich
geahndeten Fälle nur zum Teil politischer Natur sind. Noch gar
nicht erfaßbar ist die Zahl der außerhalb der regulären Justiz in
den Konzentrationslagern und Gefängnissen gesetzlos ermordeten oder zugrunde gerichteten Menschen. Sehr viel höher ist
wiederum die Zahl der vorübergehend oder dauernd in Konzentrationslagern Inhaftierten. Sie wird sehr unterschiedlich geschätzt (Weisenborn: Deutsche und Ausländer insgesamt
1933–1945 7–8 Millionen, bis Kriegsanfang etwa 1 Million.
Broszat: etwa 1,1 Millionen Häftlinge 1933–1945, hiervon etwa
100000 Deutsche, in den Lagern, die der Zentrale der Inspek-
tion der KL unterstanden; nicht einberechnet sind hierbei die
»wilden« KZ 1933/34 und die vor allem während des Krieges in
den besetzten Gebieten bestehenden Lager unter örtlichen SS-
und Polizeiführern; in diese Zahl sind natürlich auch nicht einberechnet die in den Vernichtungslagern einzelner KZ getöteten
Juden und nicht die Gettos). Sehr viel größer als die Zahl der
von Polizei und Justiz Gegriffenen muß die Zahl derer gewesen
sein, die den oppositionellen Strömungen angehörten und die in
unterschiedlichen Intensitätsgraden in Abweichung vom Regime bis zum entschiedenen Kampf gegen diese standen. Jeder,
der einem verfolgten Juden half, der mit Kriegsgefangenen oder
verschleppten Ostarbeitern freundlich umging, jeder, der seinem Unmut in einer unbedachten Äußerung Luft machte oder
zu erkennen gab, daß er nicht an einen guten Kriegsausgang
glaubte, galt als ein Gegner des Regimes. Jeder Pfarrer, der von
der Kanzel die christliche Botschaft verkündete, ohne sie durch
einen Kompromiß mit der nationalsozialistischen Lehre zu ver-
wässern, war tatsächlich eine geistige Widerstandskraft, auch
wenn sich sein Protest nicht zur direkten Anklage verdichtete.
Überhaupt ist der unpolitische Protest ein charakteristischer
Zug im Bereich des Widerstandes, so bei den jugendlichen Op-

positionsgruppen (Edelweiß, Pack und anderen), die in ihren Kreisen den Protest der Jugendbewegung gegen die reglementierte Hitlerjugend verkörperten[3]. Hier ist vor allem auch auf studentische Gruppen hinzuweisen, die in München und Hamburg durch Flugblätter ihre Empörung gegen den Unrechtsstaat bekundeten. So riefen im Februar 1943 die Geschwister Scholl und ihre Freunde in der Münchener Universität die Studenten auf, sich von der Herrschaft des Unrechts loszusagen. Die Geschwister Scholl, mehrere ihrer Kommilitonen und Professor Huber besiegelten den Protest des Gewissens mit dem Opfer ihres Lebens[4].

Der ehemals enge Zusammenhalt in den aufgelösten Arbeiterorganisationen ging auch nach dem Verbot nicht ganz verloren. Aber eine oppositionelle Massenarbeit war unter den Gegebenheiten des totalitären Staates nicht möglich. Wenn zahlenmäßig kleine zu aktiver Widerstandspropaganda bereite Gruppen über den Kreis der ursprünglichen Parteimitglieder hinauszugreifen trachteten, öffneten sie den Weg für das Eindringen von Spitzeln. So sind im Verlaufe der nationalsozialistischen Zeit immer wieder Schläge gegen die illegalen Reste der Arbeiterparteien geführt worden. Das gilt insbesondere für die Kommunisten[5]. Die KPD war von der Machtübernahme Hitlers überrascht worden. Sie war weder auf einen aktiven, gewaltsamen Massenwiderstand noch auf eine konspirative Tätigkeit im Untergrund organisatorisch vorbereitet. Die durch den Reichstagsbrand ausgelöste Verfolgungswelle beraubte sie weitgehend ihrer Führer, ihrer Presse und ihrer äußeren Organisation. Dennoch ist es den Kommunisten gelungen, im Untergrund eine weitverzweigte agitatorische Widerstandtätigkeit zu entfalten. Sie wurde im wesentlichen getragen von einzelnen Zellen und Gruppen, die aus eigener Initiative tätig wurden. Wiederholte Ansätze zu einer illegalen Landesleitung wurden zerschlagen. Die offizielle Leitung lag im Ausland, zunächst in Paris, später in Moskau, dann zeitweilig wieder in Paris bzw. in Prag. Zunächst versuchte diese mit Hilfe von »Abschnittsleitungen« in Prag, Kopenhagen, Amsterdam und Zürich, die politische Tätigkeit kommunistischer Untergrundgruppen in verschiedenen »Reichsabschnitten« zu dirigieren. Die Führung der deutschen Kommunisten war dabei abhängig von den verschiedenen taktischen Wendungen, die sich im Exekutivkomitee der Kommunistischen Internationale vollzogen. Die auf dem 7. Kongreß der Kommunistischen Internationale 1935 beschlossene Volksfronttaktik bedeutete eine Absage an die bisherige gegen die Sozialdemokraten gerichtete Sozialfaschismus-Ideologie. Dementsprechend wurde auf der sogenannten Brüsseler Konferenz der KPD, die im Oktober 1935 bei Moskau durchgeführt wurde, beschlossen, die Zusammenarbeit mit den Sozialdemokraten zu suchen. Im Jahre 1937 wurde das Politbüro als zentrales Führungsorgan der KPD aufgelöst. Aus den Rivalitätskämpfen der kommunistischen Emigration gingen Wilhelm Pieck und Walter Ulbricht als die maßgebenden Führer hervor. Durch die stalinistischen Säuberungsprozesse wurden Mitte der 30er Jahre auch zahlreiche deutsche Kommunisten liquidiert oder inhaftiert. Man schätzt, daß »Stalins Terror größere Opfer unter führenden deutschen Kommunisten als der Hitlers« forderte, darunter »vier Mitglieder des Politbüros von vor 1933, zehn Mitglieder des Zentralkomitees, etwa fünfzehn weitere höhere Parteifunktionäre und Hunderte namenloser deutscher Kommunisten, die ihr Exil in der Sowjetunion gesucht hatten«[6]. Angesichts des stalinistischen Terrors schlugen die Bemühungen der deutschen Kommunisten um die Schaffung einer Einheitsfront von unten mit den Sozialdemokraten fehl. Auch die von Dimitroff auf dem 7. Kominternkongreß entwickelte Taktik des »Trojanischen Pferdes«, des Einschleusens illegaler kommunistischer Zellen in die nationalsozialistischen Parteiorganisationen, hatte keinen Erfolg.

Lähmend mußte auf die kommunistische Untergrundtätigkeit der zwischen der Sowjetunion und dem nationalsozialistischen Deutschland geschlossene Freundschaftspakt wirken. Der nationalsozialistischen Führung erschien es danach als unbedenklich, kommunistische Funktionäre aus der Konzentrationslagerhaft zu entlassen. Als sich die sozialdemokratische Parteiführung hinter die französisch-britische Kriegserklärung an Deutschland stellte, wurde sie deswegen von Ulbricht in schärfster Weise angegriffen. Der britische Imperialismus sei mehr noch als der deutsche die eigentliche kriegstreibende Kraft, und die herrschenden Kreise Deutschlands wurden gelobt wegen ihrer Weigerung, »als Werkzeug Englands den Krieg gegen die Sowjetunion zu führen«[7]. Die Rechtfertigung des Hitler-Stalin-Paktes durch Ulbricht löste heftige Reaktionen bei den westeuropäischen und den deutschen Sozialdemokraten aus. Da solche Parolen Ulbrichts, wie sie ähnlich auch Pieck und andere verkündeten, nur dazu dienen konnten, den englischen und französischen Kriegsanstrengungen durch die kommunistischen

Parteien dieser Länder Schwierigkeiten zu bereiten, ging der englische Sozialist Gollancz so weit, von einem »objektiven Pronazismus« der Moskauer KPD-Führung zu sprechen[8]. Solche Auseinandersetzungen zwischen Exilkommunisten und -sozialdemokraten hatten allerdings keine direkte Rückwirkung auf die Einstellung der von Auslandsinformationen abgeschnittenen illegalen Kommunisten in Deutschland. Sie setzten, wenn auch durch den Hitler-Stalin-Pakt gelähmt, ihre Untergrundtätigkeit fort. Der Angriff Deutschlands auf die Sowjetunion beseitigte dann den Widerspruch zwischen der kommunistischen Ideologie und den Machtinteressen der Sowjetunion. Die Methode des kommunistischen Widerstandes war propagandistisch. Man druckte oder schrieb und verteilte Flugblätter und versuchte durch Häuser- und Maueranschrieb die Arbeit in den Fabriken und die Kampfbereitschaft der Soldaten zu lähmen. Auch Sabotageakte wurden verübt. Darüber hinaus hatte aber der kommunistische Widerstand keinerlei Chancen, durch eine Volkserhebung die Hitlerherrschaft zu stürzen. Die Kriegssituation brachte es mit sich, daß die kommunistischen Widerstandsgruppen wegen der jetzt fast völligen Unmöglichkeit von Auslandsverbindungen noch mehr auf ihre eigene Initiative angewiesen waren als zuvor. Nach dem Kriege wurden diese selbständigen kommunistischen Gruppen von der aus Moskau zurückgekehrten kommunistischen Parteileitung unter Kontrolle genommen bzw. aufgelöst. Ihre Tätigkeit hat insofern Erfolg gehabt, als es ihnen gelungen war, durch die Zeit der Verfolgung hindurch einen aktiven Kommunismus zu behaupten, der zwar das Kriegsgeschehen nicht beeinflussen konnte, sich aber durch die große Kampf- und Opferbereitschaft vieler namenloser einzelner legitimierte. Die Zahl der Opfer läßt sich nicht mit Genauigkeit angeben, war aber sehr hoch. In einer gegenüber der kommunistischen Ideologie kritischen Darstellung heißt es: »Etwa die Hälfte ihrer Mitgliedschaft von 300000 im Jahre 1933 verbrachte lange Jahre in Gefängnissen, Zuchthäusern und Konzentrationslagern oder war gezwungen, aus Deutschland zu flüchten. Die Anzahl der während der Nazizeit ermordeten oder nach Prozessen hingerichteten Kommunisten wird in Parteiquellen auf zwischen 9000 und 30000 Personen geschätzt. Die tatsächliche Zahl der von den Nazis getöteten Kommunisten dürfte etwa bei 20000 liegen, das heißt mehr als die Hälfte aller Deutschen, die wegen ihrer politischen Überzeugungen den Tod durch Hinrichtung erlitten.«[9]

Widerstand, Spionage und Landesverrat gingen in einer linkssozialistischen Widerstandsgruppe ineinander über, die sich um Arvid Harnack, einen Neffen des großen Theologen, und den aus der Familie Tirpitz stammenden Harro Schulze-Boysen gebildet hatte[10]. Dieser war Oberleutnant im Luftfahrtministerium, jener Oberregierungsrat im Wirtschaftsministerium. Der Kreis reichte in das Oberkommando der Wehrmacht und in das Auswärtige Amt hinein. Künstler, Intellektuelle, von Hause aus konservativ Gesonnene ebenso wie überzeugte Kommunisten gehörten ihm an. Ein Teil des Kreises stand in regelmäßiger Nachrichtenverbindung mit der Sowjetunion. Es wäre nicht richtig, den gesamten Kreis als kommunistisch zu bezeichnen, obwohl seine geistigen Führer die zukünftige Gestaltung der deutschen Verhältnisse in enger Anlehnung an die Sowjetunion suchten. Dieser Kreis und der mit ihm verbundene Spionagering, gemeinsam von der NS-Justiz als Rote Kapelle bezeichnet, wurden im August 1942 ausgehoben. Ein Kriegsgerichtsprozeß[11] führte zu zahlreichen Hinrichtungen.

Nicht zum deutschen Widerstand, sondern zur sowjetischen Kriegspropaganda zu zählen ist das »Nationalkomitee Freies Deutschland«[12]. Es wurde in der Sowjetunion unter exilkommunistischer Regie aus deutschen Kriegsgefangenen gebildet. So fand sich der Name des Komitees auf schwarzweißrot umränderten Flugzetteln, in denen der deutsche Soldat unter Versprechungen einer nationalen Zukunft für das Reich aufgefordert wurde, zu desertieren oder überzulaufen. Die Frontpropaganda des Nationalkomitees hatte keinen Erfolg. Ein »Bund deutscher Offiziere«, der in der Gefangenschaft entstanden war, fand dagegen zahlreiche Anhänger. Er erließ, von sowjetischen Versprechungen auf einen glimpflichen Frieden für Deutschland bestimmt, gefahrlose Widerstandsaufrufe an die deutsche Front. Eine größere Bedeutung hat das Nationalkomitee durch die in seinem Rahmen durchgeführten antifaschistischen Schulungslager erhalten. Hier wurden Kader ausgebildet, die später im sowjetisch besetzten Teil Deutschlands eingesetzt werden konnten.

Zwischen Sozialisten und Kommunisten hatte in der Weimarer Zeit erbitterte Feindschaft bestanden. Entgegen der emigrierten sozialistischen Parteileitung[13] versuchte unter den in Deutschland verbliebenen Sozialisten die Gruppe der sogenannten Neubeginner unter Abkehr von der bisherigen Linie der Partei eine Zusammenarbeit mit den Kommunisten[14]. Der

Hitler-Stalin-Pakt und das zeitweilige Ausscheren der deutschen Kommunisten aus der Opposition ließ aber den Unterschied zwischen ihnen und dem demokratischen Sozialismus wieder schärfer hervortreten. Nach der Aushebung der Schulze-Boysen-Gruppe hat aber eine gewisse Bereitschaft von Kommunisten zur Zusammenarbeit mit anderen Widerstandselementen einige der führenden Sozialisten veranlaßt, sich für Kontakte zur Verfügung zu stellen. Diese Gespräche gelangten zur Kenntnis der Polizei. Der Pädagoge Adolf Reichwein[15] und Julius Leber[16], zwei der aktivsten Köpfe der Sozialisten, wurden im Juni 1944 zusammen mit zahlreichen Kommunisten verhaftet und später hingerichtet. Es ist für den sozialdemokratischen Widerstand im Unterschied zum kommunistischen kennzeichnend, daß sich Angehörige der ehemaligen SPD und der Gewerkschaften an den notwendigerweise auf kleinere Kreise beschränkten Vorbereitungen zur Beseitigung Hitlers durch Staatsstreich beteiligt haben, daß aber andererseits an der Basis keine konspirativ-propagandistische Aktivität in der Breite und Beharrlichkeit entwickelt worden ist, wie es im kommunistischen Widerstand geschah. Die Sozialdemokratie blieb aber in zahlreichen kleinen Zirkeln als Gesinnungsgemeinschaft erhalten. An diesen nach dem Zusammenbruch des Hitlerreiches noch vorhandenen Personenbestand konnte die Wiederbegründung der SPD nach dem Kriege anknüpfen.

Reichwein und Leber gehörten zu einem Kreis, den Graf Helmuth James v. Moltke[17], ein Urgroßneffe des Siegers von Königgrätz und Sedan, auf seinem schlesischen Gut Kreisau versammelte[18]. Hier trafen sich Männer der verschiedensten politischen und geistigen Herkunft, Adlige und Arbeiterführer, Bürger und Geistliche der beiden Konfessionen[19]. Sie betrieben nicht eine aktive Politik des Umsturzes, obwohl sie zuletzt von dessen Notwendigkeit überzeugt waren und sich bereit zeigten, mit der Attentatsgruppe zusammenzugehen. Der Kreisauer Kreis beschäftigte sich mit der Frage der kommenden Staats- und Gesellschaftsordnung nach dem erwarteten Zusammenbruch und strebte politisch über die Demokratie der Weimarer Republik hinaus, indem er anstelle von Volkssouveränität und direkten Parlamentswahlen einen von unten nach oben gegliederten Staatsaufbau setzen wollte. Unmittelbare Wahlen sollten nur in dem überschaubaren Kreis der Kommunalvertretungen stattfinden und hieraus in Stufenfolge die Länderparlamente und die Reichsvertretung hervorgehen. Die Wirtschafts- und

Sozialideen der Kreisauer zeigten einen Einschlag sozialistischer Gedanken, ohne daß ein genau umrissenes Programm formuliert worden wäre. Die Bedeutung des Kreises liegt auch nicht in diesem Programm, sondern in dem Ausgangspunkt: Man war gewillt, über alte Gegensätze zwischen Konservativ und Bürgerlich und Sozialistisch, die das Leben der Weimarer Republik gelähmt hatten, hinwegzukommen, indem man gemeinsam eine Staatsidee geltend machte, die von dem Gedanken des Rechtes und der Würde des Menschen bestimmt war. Bei allen Angehörigen des Kreisauer Kreises ist hierbei das religiöse Motiv eine tragende Kraft gewesen.

Die politischen Widerstandskräfte, die auf den Staatsstreich hindrängten, fanden ihren Mittelpunkt in Carl Goerdeler, dem ehemaligen Oberbürgermeister von Königsberg und Leipzig und zeitweiligen Preiskommissar unter Hitler[20]. Er hatte sein kommunales Amt aus Protest gegen die Entfernung des Mendelssohn-Denkmals aus Leipzig niedergelegt. Von starkem Optimismus erfüllt, der immer wieder über taktische Bedenken der Mitverschworenen hinweg zum Handeln drängte, als erfahrener Kommunalpolitiker in seinen Plänen auf das Naheliegende und Praktische gerichtet, war er mit den starken sittlichen Impulsen, aus denen seine Haltung entsprang, die zentrale politische Kraft des Widerstandes. Seine Vorstellungen über den zukünftigen deutschen Verfassungsaufbau stimmten mit denen der Kreisauer grundsätzlich überein, wenn auch bei ihm der Gedanke der zentralen Staatsgewalt stärker betont war als bei jenen und wenn er auch als Staatsoberhaupt sich einen Generalstatthalter bzw. Monarchen dachte. Der Reichskanzler sollte von diesem ernannt werden, aber der Reichstag das Recht erhalten, die Regierung durch ein konstruktives Mißtrauensvotum abzulösen. Auch in der sozialen Gesinnung unterschied Goerdeler sich im Grunde nicht von den Kreisauern. Deutlich greifbar ist eigentlich nur seine andersartige Auffassung in der Wirtschaftspolitik. Goerdeler lehnte das Kreisauer Sozialisierungsprogramm für die Schlüsselindustrien ebenso ab wie deren planwirtschaftliche Vorstellungen, wollte aber die Macht der Gewerkschaften stärken. Er stimmte mit Leuschner in der Vorstellung überein, daß anstelle der früheren Richtungsgewerkschaften eine Einheitsgewerkschaft treten solle.

Hervorragende politische Köpfe des Widerstandes waren neben Goerdeler der preußische Finanzminister Popitz[21] und der 1937 von seinem Posten abberufene deutsche Botschafter in

Rom Ulrich v. Hassell[22]. Allerdings unterschieden sich ihre politischen Zielvorstellungen wesentlich von denen Goerdelers und des Kreisauer Kreises. Ihr Verfassungsbild war von der Vorstellung eines autoritären Staates ohne parlamentarische Kontrolle bestimmt, wenn auch rechtsstaatliche Freiheitsgarantien für den einzelnen und nicht näher bestimmte politische Mitwirkungsrechte für das Volk vorgesehen waren. Beide waren von tiefstem Mißtrauen gegen die Generäle erfüllt und glaubten nicht, daß der von Goerdeler verfolgte Weg über einen militärischen Coup zum Erfolg führen würde. Popitz suchte den Ansatzpunkt für den Sturz des Regimes vielmehr in dessen eigenen inneren Spannungen. Er rechnete mit dem Ehrgeiz Himmlers und mit dessen Wunsch, sich aus dem sinkenden Schiff zu retten. Im August 1943 hatte er eine Unterredung mit dem zum Innenminister emporgestiegenen Führer der SS über die Möglichkeit, die Macht Hitlers zu begrenzen. Daß diese Spekulationen eine reale Basis hatten, zeigt das spätere Verhalten Himmlers: den nach seiner Verurteilung auf die Hinrichtung wartenden Goerdeler ließ er politische Denkschriften ausarbeiten, und in der allerletzten Kriegsphase versuchte er den Absprung.

Bedeutungsvoll für die politische Konstellation des Widerstandes war es, daß zur Gruppe um Goerdeler auch führende Gewerkschaftler[23] gehörten wie Wilhelm Leuschner, der frühere hessische Innenminister und Mitglied des Vorstandes des ADGB, Jakob Kaiser, der Führer der christlichen Gewerkschaften, und Max Habermann, Sekretär des Deutschnationalen Handlungsgehilfenverbandes. Von den Sozialisten des aktiven Verschwörerkreises sind Carlo Mierendorff und Theodor Haubach zu nennen und schließlich auch Julius Leber. Diese Verschwörergruppe und der Kreisauer Kreis überschnitten sich. An dem breiten Aufbau des Widerstandskreises um Goerdeler aus Kräften der verschiedensten Herkunft und an der Kommunikation zwischen diesen hatten der Reichsgerichtsrat Dohnányi und Oberstleutnant Oster entscheidenden Anteil, die beide in der militärischen Abwehr tätig waren und hier einen organisatorischen Mittelpunkt für den Widerstand schufen. Admiral Canaris, der Chef der Abwehr, schirmte die Widerstandstätigkeit seiner Mitarbeiter ab[24]. In Zusammenarbeit mit der Widerstandsgruppe der Abwehr übernahm Informationsaufträge zu den Kirchen in der Schweiz, Skandinavien und England der Schwager Dohnányis Dietrich Bonhoeffer[24]. Mitstreiter der Bekennenden Kirche, als Seminarleiter in der Ausbildung von deren Pfarrernachwuchs und in der ökumenischen Bewegung tätig, hat er in einer herausfordernden Theologie der »Nachfolge« Wege zur Realisierung des Christseins gesucht. Er gelangte in deren Konsequenz über die Beschränkung der christlichen Existenzbehauptung im innerkirchlichen Bereich hinaus als »Zeitgenosse« zum politischen Widerstand – »Nur wer für die Juden schreit, darf auch gregorianisch singen« – und zur aktiven Teilnahme an der Verschwörung und zur theologischen Billigung von deren Ziel, Hitler zu beseitigen. Auch in der Polizeiführung hatte der Widerstand Anhänger. Zu den aktiven Gegnern des Regimes gehörten der bei der Geheimen Staatspolizei tätige Regierungsrat Gisevius[25] und neben ihm der Abteilungsleiter im Reichssicherheitshauptamt Nebe sowie der Berliner Polizeipräsident Graf Helldorf, beide anfangs überzeugte Nationalsozialisten.

Enge Verbindungen bestanden zwischen dem Widerstand und einem Kreis oppositioneller Diplomaten im Auswärtigen Amt, wie den Brüdern Erich und Theodor Kordt, Hans Bernd v. Haeften und Adam v. Trott zu Solz. Staatssekretär v. Weizsäcker stand hinter ihnen, förderte ihre Bestrebungen und ließ ihnen freie Hand. Es ist den Bemühungen des Weizsäcker-Kreises allerdings ebensowenig gelungen wie dem Kreis um Canaris, vom Ausland her irgendeine klare Ermutigung für die Gegner Hitlers zu erlangen. Die auf verschiedenen Wegen nach England und Amerika übermittelten Nachrichten über das Vorhandensein und die Pläne des Widerstandes fanden in London und Washington im Winter 1939/40 eine gewisse Aufmerksamkeit (vgl. Kap. 2), im weiteren Verlauf des Krieges aber keine Resonanz mehr[26]. Die starre Forderung der Alliierten nach bedingungsloser Kapitulation wurde auch nicht gelockert für den Fall, daß in Deutschland die Opposition zum Zuge käme. Immerhin gelang es dem durch Bonhoeffer bei einer Begegnung in Stockholm über Namen und Absichten des Widerstandes unterrichteten Bischof Bell von Chichester nach zähen Bemühungen um den britischen Außenminister Eden, die englische Regierung zu der im Oberhaus am 10. März 1943 abgegebenen Erklärung zu veranlassen, sie stimme mit Stalin darin überein, daß das Ziel des Krieges die Zerstörung des Hitlerstaates, aber nicht die Vernichtung des deutschen Volkes sei. Diese Formel war jeder Auslegung zugängig. Auf einem anderen Blatt steht, ob man es nicht, wenn ein Staatsstreich tatsächlich geglückt und das nationalsozialistische Regime aus eigener Kraft des deutschen Volkes gestürzt worden wäre, erreicht hätte, die harte Forderung der bedingungslosen Kapitulation zu mildern, und ob nicht selbst bei bedingungsloser Kapitulation in diesem Fall Deutschland anders aus dem Krieg herausgekommen wäre, als es tatsächlich geschah. Die letzte Entschlossenheit zum Widerstand beruhte jedoch auf Gründen, die nicht durch Fragen der politischen Zweckmäßigkeit des Unternehmens widerlegt werden konnten. So sagte Hans Henning v. Tresckow, erster Generalstabsoffizier der Heeresgruppe Mitte, zuletzt Chef des Stabes der 2. Armee, im Sommer 1944: »Das Attentat [auf Hitler] muß erfolgen, coûte que coûte. Sollte es nicht gelingen, so muß trotzdem in Berlin gehandelt werden. Denn es kommt nicht mehr auf den praktischen Zweck an, sondern darauf, daß die deutsche Widerstandsbewegung vor der Welt und vor der Geschichte den entscheidenden Wurf gewagt hat. Alles andere ist daneben gleichgültig.«[27]

Die aktive Spitze des Widerstandes konnte nur in der Wehrmacht gefunden werden[28]. Unter den Bedingungen des totalen Staates wäre es, ganz abgesehen von den Spannungen der verschiedenen Widerstandsgruppen zueinander, trotz der großen Zahl von Deutschen, die in den verschiedensten Formen in Opposition standen, unmöglich gewesen, eine revolutionäre Massenbewegung zu organisieren. Um die Situation der Widerstandskräfte im Offizierskorps in ihren großen Schwierigkeiten zu würdigen, ist zu bedenken, daß jede Rebellion gegen das Staatsoberhaupt der Tradition des Offiziers widersprach, sosehr sich die älteren unter ihnen auch des unüberbrückbaren Gegensatzes zwischen ihrer Ehrauffassung und dem Nationalsozialismus bewußt waren. Das jüngere Offizierskorps aber, das zum Teil stärker vom Nationalsozialismus ergriffen worden war, wäre mit geringen Ausnahmen für den Gedanken eines Staatsstreiches nicht zu gewinnen gewesen. Dazu kam, nachdem Deutschland nun einmal in einem Kampf auf Leben und Tod stand, der unauflösbare Pflichtkonflikt, auch für denjenigen, der von Hause aus ein Gegner des Regimes war. Was es für einen Offizier bedeutete, im Kriege sich an einem Attentat gegen den obersten Befehlshaber zu beteiligen, mag aus einem Worte des Generaloberst Beck deutlich werden, der noch in der Fritsch-Krise dem ungeduldigen Halder erklärte, daß Meuterei und Revolution Worte seien, die es im Lexikon eines deutschen Soldaten nicht gebe[29].

Der Nachfolger Becks im Generalstab, Generaloberst Halder, hat wie in der Sudetenkrise so auch zu Beginn des Krieges versucht, den Staatsstreich durchzuführen (vgl. Bd. 20, Kap. 18). Wahrscheinlich wegen der plötzlichen Rückgängigmachung des ersten Angriffsbefehls ist aber der alte Plan, Hitler festzunehmen, bei Ausbruch des Polenkrieges nicht durchgeführt worden. Halder betrieb dann den gleichen Plan in den Monaten nach dem Polenfeldzug, als das Heer defensiv im Westen stand und nun in Hitler, entgegen dem militärischen Rat Brauchitschs und Halders, der Entschluß reifte, Frankreich unter Verletzung der belgischen und holländischen Neutralität anzugreifen. Neben den militärischen Bedenken vor den unabsehbaren Konsequenzen, die auf lange Sicht die Entfesselung des wirklichen Krieges im Westen haben mußte, ist bei beiden die innere Empörung sichtbar über den Wortbruch Hitlers, der eben erst Holland und Belgien seiner friedlichen Absichten versichert hatte. Beck drängte entschieden zur Aktion und war bereit, sich zur Verfügung zu stellen. Eine Schlüsselfigur in den damaligen Vorbereitungen zu einem Schlag gegen Hitler war Major Groscurth[30], Chef der Sabotageabteilung in der Abwehr unter Canaris, dann ins OKW versetzt, um dort eine Widerstandsgruppe aufzubauen. Sein privates Tagebuch gehört zu den großen menschlichen Zeugnissen des Widerstandes. Dieser preußisch und christlich gesonnene Offizier war zutiefst getroffen durch die Nachrichten von den im besetzten polnischen Gebiet durch die Einsatzgruppen begangenen Greuel. Das bestimmende Handlungsmotiv seines Widerstandes war eine elementare Auflehnung gegen die Verbrechen des Regimes. Daß es auch damals bei bloßen Planungen blieb, erklärte sich aus einem doppelten Grunde: Von den Oberbefehlshabern der drei Heeresgruppen im Westen war nur Ritter v. Leeb für ein Handeln zu gewinnen, während Rundstedt und Bock ablehnten. Die starke Natur in der Heeresgruppe v. Rundstedt war Generalstabschef v. Manstein, dessen von Rundstedt geförderte und von Hitler schließlich gebilligte operative Ideen zur großen, entscheidungssuchenden Schlacht im Westen drängten. Der zweite Grund für das Unterbleiben des Staatsstreiches ist wohl darin zu sehen, daß die über die Schweiz und den Vatikan geführten Sondierungen in England über die Möglichkeit eines Remis-Friedens zu keiner befriedigenden Antwort führten. Auch war Halder der Meinung, daß die Masse der Soldaten und jungen Offiziere noch ganz hinter Hitler stünde und daß erst ein militärischer Rückschlag die Voraussetzung für einen Staatsstreich schaffen könne. Alles militärisch Denkbare zu tun, um einen Rückschlag zu vermeiden, war aber die Pflicht des Generalstabschefs, der seinem Amt mit vollkommener Hingabe diente. Aus diesem Zwiespalt erklärt sich, daß er nicht den Absprung zur entschiedenen Aktion fand. Der Oberbefehlshaber des Heeres v. Brauchitsch, ohne dessen Zustimmung ein breitangelegter Staatsstreichplan des Heeres nicht durchgeführt werden konnte, war Hitler gegenüber als Person innerlich unsicher und schwankend. Zudem hatten für ihn die Planungen der aktiven Widerstandsgruppe die Grenze des Vertretbaren überschritten. Die römisch-britischen Kontakte waren für ihn Landesverrat. »Wir stehen im Krieg«, so erklärte er gegenüber Halder; »daß man im Frieden mit einer ausländischen Macht Verbindungen anknüpft, darüber läßt sich reden. Im Krieg ist das für einen Soldaten unmöglich.«[31] Daß jedoch für ein verschärftes Gewissen in der äußersten Grenzsituation der Existenz das, was im rechtlichen Sinne eindeutig militärischer Landesverrat war, nicht als unmöglich, sondern geradezu als sittliche Pflicht erscheinen konnte, zeigt der Fall des Oberst Oster, der vor dem Angriff auf Dänemark und Norwegen und vor dem Westfeldzug den bedrohten Staaten Warnungen zukommen ließ[32].

Alle Pläne für einen Staatsstreich wurden nach dem großen Triumph des Westfeldzuges zunächst hinfällig. Erst nach der Wende des Kriegsglücks seit Stalingrad und El Alamein lebten sie wieder auf und wurden im Angesicht der herannahenden Katastrophe dringender. Mehrere Attentatsversuche einzelner Offiziere wurden seit 1943 geplant, aber schließlich doch nicht ausgeführt. Ein anderer Versuch scheiterte an der Tücke des Objekts: die von Schlabrendorff, einem Angehörigen des Stabes v. Tresckow bei der Heeresgruppe Mitte, in das Flugzeug Hitlers geschmuggelte Bombe entzündete sich nicht. Eine neue Lage für die Verschwörung entstand dadurch, daß mit Rommel ein populärer Truppenführer, der Kommandogewalt innehatte, für den Widerstand gewonnen wurde. Vor allem aber gewann der Widerstand in Oberst Claus Graf Schenk v. Stauffenberg einen von Schwung und Tatkraft erfüllten Geist, der die Zögernden mitriß[33]. Er war eine ungewöhnliche Erscheinung im deutschen Offizierskorps. Er hatte zu dem Kreis um Stefan George gehört. Seiner ursprünglich positiven Einstellung zur nationalen Erhebung des Jahres 1933 folgte schon vor dem Kriege eine Abkehr von Hitler und schließlich die entscheidende Wendung gegen ihn. Auch sein Protest gegen das Regime war im tiefsten Grunde nicht politisch motiviert, sondern erscheint als das bedingungslose Aufbegehren eines religiösen Gewissens gegen das Unmenschliche. Stauffenberg bereitete, in enger Verbindung zu Beck und Goerdeler stehend, das Attentat generalstabsmäßig vor. Die Verhaftung Reichweins und Lebers, durch die die ganze Verschwörung in Gefahr geraten konnte, löste den Entschluß zur Aktion aus. Stauffenberg übernahm die Doppelaufgabe, Hitler zu töten und den Ablauf des Staatsstreiches in Berlin zu leiten. Der Putsch scheiterte wiederum an einer unglücklichen Verkettung der Umstände[34]. Die militärische Lagebesprechung im Führerhauptquartier am 20. Juli 1944, in welcher Stauffenberg seine Aktentasche mit dem Sprengstoff in der Nähe Hitlers deponierte, fand nicht wie erwartet im Bunker, sondern in einer Baracke statt. Die Explosion verpuffte, ohne Hitler ernstlich zu verwunden. Der Putsch in Berlin brach auf die Nachricht, daß Hitler lebe, in sich zusammen. Während die Aktion in Paris, vom Militärbefehlshaber Frankreich General v. Stülpnagel[35] ausgelöst, planmäßig abrollte, waren in Berlin nicht alle Verschworenen von der klaren Entschlußkraft Stauffenbergs.

Das Scheitern des Putsches bedeutete für den Ablauf des Krieges, daß die Verantwortung des Nationalsozialismus für die Endkatastrophe durch keine zweite Dolchstoßlegende vernebelt werden konnte. Die Tatsache aber, daß der Putsch überhaupt unternommen wurde, obwohl im Grunde keine Hoffnung mehr bestand, hierdurch Deutschland vor dem militärischen Zusammenbruch retten zu können, gibt der ältesten und opferreichsten Widerstandsbewegung in Europa ihren historischen Rang. Es ist das Vermächtnis des 20. Juli, daß in der Auflehnung gegen die Gewalthaber die konservativen, bürgerlichen und sozialistischen Verschwörer ihr Leben opferten, um über die alten Gegensätze hinweg, an denen die Weimarer Republik zugrunde gegangen war, in einer undogmatischen, neue Wege suchenden Staatsgesinnung in der politischen Ordnung den Maßstab der Menschenwürde wieder zur Geltung zu bringen.

DW 397/243–375; zum kirchlichen Widerstand s. Bd. 20, Kap. 13. – Zum Stand der allg. Widerstandsforschung: Regine BÜCHEL, Der dt. Widerstand im Spiegel von Fachlit. u. Publizistik seit 1945 (Schriften d. Bibliothek f. Zeitgesch. 15, 1975).

Die Widerstandsforschung beginnt mit H. ROTHFELS, Die dt. Opposition gegen Hitler. Eine Würdigung (1949, rev. Neuausg. Tb. ³1969). Rothfels unterstrich die ethische Motivation der Gruppe, die den Staatsstreich wagte. Das gleiche gilt für die klassische Darstellung: E. ZELLER, Geist der Freiheit. Der 20. Juli (⁵1965). Von der zentralen polit. Figur her gibt eine Gesamtwürdigung des Widerstandes auch: G. RITTER, Carl Goerdeler u. die dt. Widerstandsbewegung (1954, Tb. 1964). Als Gegenstück hierzu kann man betrachten von einem der »Roten Kapelle« nahestehenden Vf.: G. WEISENBORN, Der lautlose Aufstand. Bericht über die Widerstandsbewegung des dt. Volkes 1933–1945 (²1954, Tb. 1962).

In einer Reihe neuerer Schriften wird die ungebrochen positive Beurteilung der Männer des 20. Juli in Frage gestellt. Ähnlich wie schon in der Reaktion der Goebbels-Propaganda auf den 20. Juli erschienen in der marxistischen Beurteilung die Männer des 20. Juli zunächst als Reaktionäre, s. z. B. H. DRESS, Der antidemokrat. u. reaktionäre Charakter der Verfassungspläne Goerdelers, ZfG 5 (1957). Der Versuch zu einem differenzierteren Urteil findet sich bei dem sowjet. Historiker D. MELNIKOW, 20. Juli 1944. Legende u. Wirklichkeit (dt. 1968); er überakzentuiert die Meinungsunterschiede zwischen Goerdeler und Stauffenberg, der sich den Staatsstreich durch eine Volkserhebung ergänzt wünschte, u. rückt den letzteren in die Nähe kommunist. Volksfrontideologien. Ähnlich bei G. FÖRSTER/B. LÖWEL/W. SCHUMANN, Forschungen zur dt. Gesch. 1933–1945, in: Hist. Forschungen in der DDR 1960–1970. Analysen u. Berichte zum 13. Internat. Historiker-Kongreß in Moskau 1970 (Sonderband ZfG 1970). Sie unterscheiden zwischen der »Beck-Goerdeler-Gruppe«, die die Interessen des dt. Imperialismus vertreten hätte, und den »patriotisch gesinnten« Offizieren und Bürgerlichen um Stauffenberg u. den Kreisauer Kreis, auf die die Politik der KPD einen »gewissen Einfluß« gehabt habe. Ostdt. Darstellungen unter diesem Gesichtspunkt: K. FINKER, Stauffenberg u. der 20. Juli 1944 (Berlin-Ost 1967); H. DRESS, Fortschrittliche u. reaktionäre Tendenzen in den Reformplänen des Kreisauer Kreises, in: Der dt. Imperialismus u. der Zw. Weltkrieg, Bd. 4 (Berlin 1961).

In der westlichen Literatur wird der Widerstandskreis um Beck u. Goerdeler wegen seiner konservativen Grundrichtung negativ beurteilt bei G. K. ROMOSER, Politik der Unsicherheit. Die dt. Widerstandsbewegung, in: H.-A. JACOBSEN (Hg.), 20. Juli 1944. Die dt. Opposition gegen Hitler im Urteil der ausländ. Gesch.schreibung. Eine Anthologie (1969, zuerst in Social Research 1964).

Eine aufgrund des neueren Forschungsstandes ausgewogene Beurteilung in W. SCHMITTHENNER/H. BUCHHEIM (Hg.), Der dt. Widerstand gegen Hitler. Vier historisch-kritische Studien (1966), enthält: H. GRAML, Die außenpolit Vorstellungen des dt. Widerstandes; H. MOMMSEN, Gesellschaftsbild u. Verfassungpläne des dt. Widerstandes; H.-J. REICHHARDT, Möglichkeiten u. Grenzen des Widerstandes der Arbeiterbewegung; E. WOLF, Zum Verhältnis der polit. u. moralischen Motive in der dt. Widerstandsbewegung.

Gesamtdarstellungen: T. PRITTIE, Deutsche gegen Hitler. Eine Darstellung des dt. Widerstandes gegen den Nat.soz. während der Herrschaft Hitlers (1965); P. HOFFMANN, Widerstand, Staatsstreich, Attentat. Der Kampf der Opposition gegen Hitler (²1970); ders., Die Sicherheit des Diktators. Hitlers Leibwachen, Schutzmaßnahmen, Residenzen, Hauptquartiere (1975), O. MOLDEN, Der Ruf des Gewissens. Der österr. Freiheitskampf 1938–1945 (²1958); K. STADLER, Österreich 1938–1945 im Spiegel der NS-Akten (1966); L. F. JEDLICKA, Der 20. Juli 1944 in Österreich, in: Das einsame Gewissen. Beiträge zur Gesch. Österreichs 1938–1945, Bd. 2 (1965). – Eine methodisch aufschlußreiche Lokalstudie: H.-J. STEINBERG, Widerstand u. Verfolgung in Essen 1933–1945 (1969). – Charakterbilder: Annedore LEBER, Das Gewissen steht auf ([11]1966); dies., Das Gewissen entscheidet ([5]1962); H. GOLLWITZER/K. KUHN/R. SCHNEIDER (Hg.), Du hast mich heimgesucht bei Nacht ([7]Tb. 1962), enthält persönliche Zeugnisse der Opfer; H. PÖLCHAU, Die letzten Stunden. Erinnerungen eines Gefängnispfarrers (1949); Luise KRAUSHAAR u.a., Dt. Widerstandskämpfer 1933–1945. Biographien u. Briefe (2 Bde. Berlin-Ost 1970), bringt eine Fülle von Kurzbiographien vor allem aus dem kommunistischen Widerstand.

[1] Editionen von B. VOLLMER u. H. BOBERACH s. Bd. 20, Kap. 13.

[2] Nach WEISENBORN, S. 13 f. u. S. 258 f.; Zahlen stammen aus dem Archiv Walter Hammer. Zum »Mordregister« s. auch R. PECHEL, Dt. Widerstand (1974), S. 326 ff. Hiernach sind im Jahre 1944 3400 Personen offiziell hingerichtet worden. W. WAGNER, Der Volksgerichtshof im nat.soz. Staat (1974), S. 799 f., schätzt die von zivilen Gerichten in der nat.soz. Zeit gefällten Todesurteile auf 16560.

[3] Vgl. Bd. 20, Kap. 11, Anm. 9.

[4] Inge SCHOLL, Die Weiße Rose ([3]1952, Tb. 1961); K. VIELHABER u.a., Gewalt u. Gewissen, Willi Graf u. die »Weiße Rose« (1963, Tb. 1967); Clara HUBER (Hg.), Kurt Huber zum Gedächtnis (1947); Chr. PETRY, Studenten aufs Schafott. Die Weiße Rose u. ihr Scheitern (1968).

[5] H. DUHNKE, Die KPD von 1933 bis 1945 (1972), umfassende Bibliographie; H. WEBER (Hg.), Der dt. Kommunismus, Dokumente 1915–1945 (1963); A. SYWOTTEK, Dt. Volksdemokratie. Studien zur polit. Konzeption der KPD 1935–1946 (1971); W. A. SCHMIDT, Damit Dtld lebe. Ein Quellenwerk über d. dt. antifaschistischen Widerstandskampf 1933–1945 (Berlin-Ost [2]1959); G. PLUM, Dokumentation: Die KPD in der Illegalität. Rechenschaftsbericht einer Bezirksleitung aus d. J. 1934, VfZG 23 (1975); zu Thälmann vgl. Gertrud MEYER, Nacht über Hamburg. Berichte u. Dok. 1933 bis 1945 (1971).

[6] H. DUHNKE, KPD, S. 188 f.

[7] Äußerungen Ulbrichts zum Hitler-Stalin-Pakt: H. DUHNKE, KPD, S. 343 ff.; H. WEBER, Dok. Nr. 109.

[8] V. GOLLANCZ, Where are you going? (1940), zit. bei H. DUHNKE, KPD, S. 346.

[9] H. DUHNKE, KPD, S. 525.

[10] A. v. HARNACK, Arvid u. Mildred Harnack, Gegenwart 2 (1947); K. LEHMANN, Widerstandsgruppe Schulze-Boysen/Harnack (1948); Else BOYSEN, Harro Schulze-Boysen. Bildnis eines Freiheitskämpfers. Zusammengestellt nach seinen Briefen (1947).

[11] G. PERRAULT, Auf den Spuren der Roten Kapelle (1969); H. HÖHNE, Kennwort: Direktor. Die Gesch. der Roten Kapelle (1970). L. TREPPER, Die Wahrheit. Ich war der Chef der Roten Kapelle (1975).

[12] B. SCHEURIG, Freies Dtld. Das Nationalkomitee u. der Bund dt. Offiziere in der Sowjetunion 1943–1945 ([2]1967); von einem der kommunistischen Mitbegründer: E. WEINERT, Das Nationalkomitee »Freies Dtld.« 1943–1945, Bericht über seine Tätigkeit u. seine Auswirkung (Berlin-Ost 1957); detaillierte Darstellung des »Nationalkomitees« u. der »antifaschistischen Schulung« in der Sowjetunion bei G. ROBEL, Die dt. Kriegsgefangenen in der Sowjetunion. Antifa (1974, Bd. 8 der Reihe: Zur Gesch. der dt. Kriegsgefangenen des Zw. Weltkrieges, hg. von E. MASCHKE).

[13] Lit. zur Gesch. der dt. Sozialdemokratie in der Emigration u. Illegalität s. Bd. 20, S. 23 f.

[14] H. J. REICHHARDT, Neu beginnen. Ein Beitrag zur Gesch. des Widerstandes der Arbeiterbewegung gegen den Nat.soz., in: Jb. f.d. Gesch. Mittel- u. Ostdtlds. 12 (1963).

[15] s. Lit. Bd. 20, Kap. 11, Anm. 9.

[16] J. LEBER, Ein Mann geht seinen Weg. Schriften, Reden u. Briefe (1952).

[17] H. J. Gf. v. MOLTKE, Letzte Briefe aus dem Gefängnis Tegel ([11]1971); Freya v. MOLTKE/M. BALFOUR/J. FRISBY, Helmuth James von Moltke, 1907–1945. Anwalt der Zukunft (1975).

[18] Wichtigstes Zeugnis für die Ideen des Kreisauer Kreises: Th. STELTZER, Von dt. Politik. Dokumente, Aufsätze u. Vorträge (1949); K. HORNUNG, Die Reformpläne des Kreisauer Kreises, GWU 7 (1956); E. GERSTENMAIER, Der Kreisauer Kreis, VfZG 15 (1967); G. VAN ROON, Neuordnung im Widerstand. Der Kreisauer Kreis innerhalb der dt. Widerstandsbewegung (1967), maßgebliche Darstellung.

[19] Zeugnisse weiterer Angehöriger des Kreisauer Kreises: K. EDSCHMID (Hg.), In memoriam Carlo Mierendorff, Lit. Schriften, posthume Veröffentl. eines Teiles von Mierendorffs Werk (1947); C. ZUCKMAYER, Carlo Mierendorff (1947). – Alma de L'AIGLE, Meine Briefe von Theo Haubach (1947); W. HAMMER, Theodor Haubach zum Gedächtnis (1955). – A. DELP, Im Angesicht des Todes ([7]1961); Alfred Delp S. J., Kämpfer, Beter, Zeuge, Briefe u. Beiträge von Freunden (1955). – Von einem anderen Überlebenden des Kreises: E. GERSTENMAIER, Der 20. Juli, Besinnung u, Auftrag, in: Christ u. Welt (20. 7. 1950). – Charakterbilder von Peter Graf Yorck v. Wartenburg u. Ulrich Wilhelm Graf Schwerin v. Schwanenfeld bei L. Gf. SCHWERIN v. KROSIGK, Es geschah in Deutschland. Menschenbilder unseres Jahrhunderts (1951); A. KREBS, Fritz-Dietlof Gf. v.d. Schulenburg. Zwischen Staatsraison u. Hochverrat (1964); B. SCHEURIG, Ewald v. Kleist-Schmenzin. Ein Konservativer gegen Hitler (1968).

[20] Im Anhang zu G. RITTER, Carl Goerdeler (1954, Tb. 1964), die wichtigsten Niederschriften Goerdelers über seine Pläne. Neu entdeckte Pläne: W. RITTER v. SCHRAMM (Hg.), Beck u. Goerdeler. Gemeinschaftsdokumente für den Frieden 1941–1944 (1965); H. PETERS, Verfassungs- u. Verwaltungsreformbestrebungen innerhalb der Widerstandsbewegung gegen Hitler (1961). Die Beurteilung Goerdelers einerseits, der sozialistischen Widerstandskreise andererseits ist umstritten. Während G. Ritter in Goerdeler den eigentlichen Staatsmann des Widerstandes sieht und zugleich den weiterführenden Staatsdenker im Unterschied zu den Vorstellungen des Kreisauer Kreises, die er für wenig tragfähig hält, liegen die Akzente umgekehrt u. a. bei Margret BOVERI, Der Verrat im 20. Jahrhundert (einb. Ausg. 1976).

[21] H. HERZFELD, Joh. Popitz, Ein Beitrag zur Gesch. des dt. Beamtentums, in: Festschrift f. Hartung (1958); L. A. BENTIN, Joh. Popitz u. Carl Schmitt. Zur wirtschaftl. Theorie des totalen Staates in Dtld. (1972).

[22] U. v. HASSELL, Vom anderen Deutschland. Aus den nachgelassenen Tagebüchern 1938–44 (1946, Tb. 1964).

[23] E. KOSTHORST, Jakob Kaiser. Der Arbeiterführer (1967); E. NEBGEN, Jakob Kaiser. Der Widerstandskämpfer (1967); J. G. LEITHÄUSER, Wilhelm Leuschner. Ein Leben für die Republik (1962); L. REICHHOLD, Arbeiterbewegung jenseits des totalen Staates. Die Gewerkschaften u. der 20. Juli 1944 (1965); H. ESTERS/H. PELGER, Gewerkschafter im Widerstand (1967).

[24] Lit. zu Canaris s. Bd. 20, S. 19.

[24a] E. BETHGE, Dietrich Bonhoeffer. Theologe – Christ – Zeitgenosse (1967); ders. (Hg.), Dietrich Bonhoeffer, Widerstand u. Ergebung. Briefe u. Aufzeichnungen aus der Haft (Neuausg. 1970); G. K. A. BELL, Die Ökumene u. die innerdt. Opposition, VfZG 5 (1957).

[25] H. B. GISEVIUS, Bis zum bittern Ende (2 Bde. 1948). – Zur Kritik des umstrittenen Quellenwertes: P. KLU-

KE, Der dt. Widerstand, HZ 169 (1949), S. 149 f.

[26] H. ROTHFELS (Hg.), Dokumentation: Adam v. Trott u. das State Department, VfZG 7 (1959); H. KRAUSNICK/H. GRAML, Der dt. Widerstand u. die Alliierten (1962); E. BETHGE, Adam v. Trott u. der dt. Widerstand, VfZG 11 (1963); H. ROTHFELS, Trott u. die Außenpolitik des Widerstandes, VfZG 12 (1964); C. SYKES, Adam v. Trott. Eine dt. Tragödie (a. d. Engl. 1969). – Zur Verbindung nach London bediente sich der Widerstand auch eines Weges über den Vatikan: J. MÜLLER, Bis zur letzten Konsequenz. Ein Leben f. Freiheit u. Recht (1975). – Lit. über Friedensfühler der Opposition nach England über den Vatikan im Winter 1939/40 s. Kap. 2, Anm. 13.

[27] Zit. bei F. v. SCHLABRENDORFF, Offiziere gegen Hitler (Tb. ²1960), S. 138. – B. SCHEURIG, Henning v. Tresckow. Eine Biographie (³1973).

[28] Die umfangreiche Forschung über den milit. Widerstand ist verarbeitet in K. J. MÜLLER, Das Heer u. Hitler (1969); ferner H. C. DEUTSCH, Verschwörung gegen den Krieg. Der Widerstand in den Jahren 1939 bis 1940 (a. d. Amerik. 1969). Der milit. Widerstand steht im Mittelpunkt auch der o. g. Gesamtdarstellungen.

[29] Zu Beck s. Lit. Bd. 20, Kap. 18, Anm. 13.

[30] H. GROSCURTH, Tagebücher eines Abwehroffiziers 1938–1940, hg. von H. KRAUSNICK/H. C. DEUTSCH (1970).

[31] Halders Aussage vor der Spruchkammer 1948, zit. nach K. SENDTNER, Die dt. Militäropposition im ersten Kriegsjahr, in: »Die Vollmacht des Gewissens« 1 (³1960), S. 473. Lit. zu Halder s. o. S. 18.

[32] Vgl. Kap. 2, Anm. 14. Zu den sich hier stellenden polit.-ethischen Fragen Margret BOVERI, Verrat im 20. Jhdt. – Es ist neuerdings erhärtet worden, daß auch General Reichenau, »der einzige hohe Generalstabsoffizier, der sich vor 1933 auf die Seite der Nazis geschlagen hatte«, sich zu einer ähnlichen Handlungsweise veranlaßt sah. Als Hitler am 30. Okt. 1939 den Armeeführern seine Absicht kundtat, demnächst im Westen anzugreifen und durch Holland und Belgien vorzustoßen, trat ihm Reichenau scharf entgegen. Da Hitler bei seiner Absicht verharrte, ließ Reichenau über Goerdeler und dänische Mittelsmänner die britische Regierung von der bevorstehenden Offensive unterrichten in der Erwartung, daß durch demonstrative Verteidigungsmaßnahmen in dem bedrohten Raume Hitler von seinem Entschluß abgebracht werden könne; hierzu »Reichenaus Alleingang« in: H. C. DEUTSCH, Verschwörung gegen den Krieg, S. 75 ff.

[33] I. KRAMARZ, Claus Gf. Stauffenberg, 15. November 1907 – 20. Juli 1944. Das Leben eines Offiziers (1965); C. MÜLLER, Oberst i. G. Stauffenberg. Eine Biographie (1970).

[34] Eine Fülle von Material enthält die geänderte u. vervollständigte Bearbeitung einer Sonderausgabe der Wochenzeitung »Das Parlament«: E. ZIMMERMANN/H.-A. JACOBSEN, 20. Juli 1944 (³1960). – Darstellungen des Verlaufs: H. FRAENKEL/R. MANVELL, Der 20. Juli (a. d. Engl. 1964, Tb. 1969), nicht ganz fehlerfrei; P. HOFFMANN, Zu dem Attentat im Führerhauptquartier »Wolfsschanze« am 20. Juli 1944, VfZG 12 (1964); ders., Zum Ablauf des Staatsstreichsversuchs am 20. Juli 1944 in den Wehrkreisen, Wehrwiss. Rdsch. 14 (1964); ders., Der 20. Juli im Wehrkreis II (Stettin), Beilage zum Parlament B 28 (1965). Aus den Akten der Gestapo: K. H. PETER (Hg.), Spiegelbild einer Verschwörung. Die Kaltenbrunner-Berichte an Bormann u. Hitler über das Attentat vom 20. Juli 1944 (1961), unkommentiert; H. MAIER, Die SS u. der 20. Juli 1944, VfZG 14 (1966) weist die genaue Kenntnis der SS über die Umsturzpläne nach; J. F. TAYLOR, Der 20. Juli 1944. Anatomie

einer Verschwörung (1968); D. MEL-
NIKOW, 20. Juli 1944. Legende u.
Wirklichkeit (a.d. Russ. 1968);
K. Frhr. v. HAMMERSTEIN, Flucht.

Aufzeichnungen nach dem 20. Juli
(1966).
[35] W. RITTER v. SCHRAMM, Der
20. Juli in Paris (1953).

Kapitel 14
Der Zusammenbruch

Im Inneren Deutschlands führte das Scheitern des Attentates
vom 20. Juli 1944 zu einer letzten Steigerung der nationalsozialistischen Herrschaft. Wenn Roosevelt und Hitler übereinstim-
mend erklärten, daß es sich bei den Attentätern nur um eine
kleine reaktionäre Offiziersclique gehandelt habe, so wußten es
in Wirklichkeit beide besser. Als sich die Staatspolizei mit einem Sonderapparat von über 400 Beamten daran machte, die
Angehörigen des Widerstandes aufzuspüren, da zeigte sich in
der Tat, wie breit und tief diese Gruppen in die verschiedenen
Schichten des Volkes hineinverzweigt waren. Die Verfolgung
dauerte bis in die letzten Kriegswochen. Das Instrument der
Rache, dessen sich Hitler bediente, war der Volksgerichtshof,
der seit der Ernennung Freislers zu seinem Präsidenten am 20.
August 1942 zu einem Instrument des unbeschränkten Terrors
geworden war[1]. Hitler ließ die Verhandlungen und die Hinrichtungen filmen. Die Todesurteile wurden durch den Strang voll-
streckt, auch an den Soldaten, denen Hitler die Kugel verweigerte und die er durch einen »Ehrenhof« unter dem Vorsitz
Rundstedts zuvor aus dem Heer ausstoßen ließ. Stauffenberg
und drei weiteren Offizieren aus der Verschwörergruppe blieb
der Volksgerichtshof erspart. Sie wurden beim Zusammenbruch
des Putsches standrechtlich erschossen, Beck gezwungen, Hand
an sich selbst zu legen. Man schätzt die Zahl der Opfer von den
an der Erhebung des 20. Juli unmittelbar Beteiligten auf
180–200, die der insgesamt von Anfang 1944 bis Kriegsende
aufgrund von Urteilen – außer Kriegsgerichtsurteilen – Hingerichteten auf etwa 4500[2]. Zu den Opfern gehörte auch Generalfeldmarschall Rommel. Abgesandte Hitlers suchten ihn in dem
kleinen schwäbischen Ort auf, wo der von seiner Verwundung
langsam Genesende lebte, und stellten ihn vor die Alternative
Volksgerichtshof oder Gift. Da er überzeugt war, Berlin in keinem Falle lebend zu erreichen, nahm er das Gift. Hitler veran-

staltete darauf die Komödie eines Staatsbegräbnisses und ließ Entwürfe ausschreiben für ein monumentales Ehrenmal. Der Generalstab und die in ihm verkörperten Traditionen wurden geschmäht und beschimpft. Das Heer sollte nun vollends dem Geist der SS unterworfen werden. Himmler erreichte den Gipfel seiner Macht. Er wurde zum Befehlshaber des Ersatzheeres ernannt. Jetzt, schon im Wetterleuchten des drohenden Untergangs, steigerte er sich erst recht in seine Visionen eines Großgermanischen Reichs und einer Herrschaft über die Sklavenvölker des Ostens hinein[3]. Sogenannte NS-Führungsoffiziere, eine Nachahmung der bolschewistischen Kommissare in der Roten Armee, Spitzel und Propagandisten zugleich, sollten endlich die immer mit Mißtrauen betrachteten Verbände des Heeres ganz unter nationalsozialistische Kontrolle bringen[4]. In dieser letzten Notlage wurde in einer gespenstischen Steigerung der weltanschaulichen Besessenheit Zuverlässigkeit im Sinne der Doktrin für wichtiger erachtet als das militärisch Zweckmäßige. Wie schon die hervorragenden Mannschaften, die aus der personell überbesetzten Bodenorganisation der Luftwaffe für den Erdkampf freigemacht worden waren, nicht dem blutenden Heere mit seiner geschulten Führerschaft, sondern eigenen Luftwaffenfelddivisionen eingegliedert wurden, weil die Luftwaffe im nationalsozialistischen Sinne für zuverlässiger angesehen wurde als das von der preußischen Tradition bestimmte Heer, so sollten jetzt in der Endphase auf den Führernachwuchsschulen des Heeres junge Theologen und Christen, wie sehr sie sich an der Front bewährt haben mochten, nicht mehr zum Offizier befördert werden, weil man sich für die Zukunft »kein Kuckucksei« ins Nest legen wollte. Die letzte lebendige Kraft des Volkes wurde in den Kampf geworfen. Die Sechzehnjährigen, Jahrgang 1929, wurden einberufen, der Volkssturm zur Heimatverteidigung gebildet und die Hitlerjugend für die Luftabwehr herangezogen. Offene Städte, zu Festungen dekretiert, wurden zum Todeskampf verurteilt. Als der Feind die Reichsgrenzen schon überschritten hatte, wurde durch den Befehl der »verbrannten Erde« in dem aussichtslosen Endkampf noch manche Brücke, manche Bahn, manches Werk zerstört, das die Bomben der Alliierten übriggelassen hatten[5]. Allerdings ist der Befehl nicht konsequent durchgeführt worden, weil sich Speer Hitler gegenüber offen widersetzte (vgl. Kap. 15). Die Führung des Kampfes an den Fronten läßt in dem Zeitraum vom Invasionsbeginn und dem russischen Großangriff gegen die Mittelfront im Sommer

1944 bis zur Endkatastrophe keine Freiheit operativer Entscheidungen mehr erkennen. Es war ein verzweifeltes Sichwehren gegen die unaufhaltsam herandrängende Flut, die durch die gebrochenen Schleusentore der Fronten im Osten und Westen auf die deutsche Heimat zustürzte. Der deutsche Soldat hat sich auch in den hoffnungslosen Abwehrkämpfen und Rückmärschen, der Panzer-, Artillerie- und Bombenmasse der Gegner ausgeliefert, oft abgeschnitten vom Zusammenhang mit der eigenen Truppe, bewährt, wenn es auch nicht ausblieb, daß die Rückwärtsbewegung in Katastrophenlagen zur Flucht wurde. Das Geschehen an den Fronten insgesamt bot das Bild einer großen einheitlichen, unheimlichen Bewegung: der Raum, der für die Verteidigung übrigblieb, verengerte sich von Stunde zu Stunde.

Wie entwickelte sich die militärische Lage im Sommer und Herbst 1944? Im Westen war es nach der Invasion fast zwei Monate hindurch gelungen, den sich im Landungsraum immer mehr verstärkenden Gegner, wenn auch langsam zurückweichend, zu halten. Dann erzielten die Amerikaner am 30./31. Juli bei Avranches einen Durchbruch durch die deutsche Front. Die Panzer der Invasionsarmeen stießen nun in den französischen Raum hinein, während an der französischen Mittelmeerküste am 15. August von Unteritalien aus eine zweite Invasion erfolgte. Am 25. August zog General de Gaulle in Paris ein. Anfang September fielen Brüssel, Antwerpen und Lüttich in die Hände der Engländer. Montgomery, der Befehlshaber der englischen Truppen, beurteilte die Lage jetzt so, daß in der Verfolgung ein Vorstoß bis ins Herz Deutschlands hinein gewagt werden könne. Eisenhower jedoch hielt die dafür erforderliche Konzentration der alliierten Panzerkräfte an ihrem linken Angriffsflügel für nicht vertretbar angesichts der immer noch vorhandenen Kampfkraft des deutschen Gegners. Er wollte frontal aufschließen und gegen die Reichsgrenze vorrücken[6]. Anfang September stand die deutsche Verteidigung am Westwall und entlang der südholländischen Flußläufe und Kanäle. Hier versuchten die Gegner durch Einsatz von Luftlandetruppen bei Arnheim und Nimwegen am 17. September den Übergang über Waal und Rhein zu erzwingen. Aber die bei Arnheim gelandeten Divisionen wurden durch deutschen Gegenangriff vernichtet[7]. Im Bereich des Westwalls kämpften die Amerikaner erfolgreich. Am 21. Oktober fiel Aachen in ihre Hand. Amerikanische und französische Divisionen überschritten die Vogesen.

Am 23. November fiel Straßburg, am gleichen Tage Metz. Entlang Oberrhein, Westwall und Niederrhein gelang es dann der deutschen Führung unter v. Rundstedt, der erneut das Oberkommando im Westen innehatte, eine fest zusammenhängende Front zu halten.

Im Osten führten in der gleichen Zeit des Sommers und Herbstes 1944 die Angriffserfolge der russischen Armeen zum Abfall der Verbündeten. Am 10. Juni durchbrachen die Russen nordwärts Leningrad die karelische Front. Deutschland konnte in seiner eigenen bedrängten Lage nicht in ausreichendem Maße Hilfe geben. Obwohl die Finnen entlang der nach dem finnisch-russischen Winterkrieg festgesetzten Landesgrenze standhielten, führte die hoffnungslose Gesamtlage des Reiches Marschall Mannerheim und die finnische Führung zum Entschluß, mit Rußland einen Sonderfrieden zu schließen[8]. Am 19. September wurde in Moskau der Waffenstillstand unterzeichnet. Die deutsche Lapplandarmee wich nach Norwegen hin aus unter Zerstörung des Rückzugsgebietes. Es kam hierbei zu Kämpfen mit den nachdrängenden Finnen. Die Trennung der Bundesgenossen hat wohl in keinem Falle zu so schmerzlichen und zwiespältigen Situationen geführt wie gerade hier.

Wenige Wochen nach dem Angriff gegen Finnland, am 22. Juni, trat die Rote Armee zu ihrer großen Offensive gegen den Mittelabschnitt der deutschen Ostfront an. Die Heeresgruppe Mitte wurde zum großen Teil vernichtet[9]. Am 13. Juli begann die sowjetische Offensive gegen die Heeresgruppe Nord. Diese wurde aus dem nördlichen Baltikum nach Kurland zurückgedrängt und durch einen sowjetischen Vorstoß bis an die Ostsee südlich Riga am 5. Oktober von ihren rückwärtigen Verbindungen über Land abgeschnitten[10]. Am 11. Oktober überschritt die Rote Armee die Reichsgrenze in Ostpreußen. Auch im Südabschnitt wurde die Front zerrissen. Ende Juli fielen Lemberg und Brest-Litowsk. Am 1. August erhoben sich die Polen in Warschau[11], im September die Slowaken im Industriegebiet von Neusohl[12]. Obwohl beide Aufstände niedergekämpft werden konnten, waren sie der Auftakt dafür, daß sich die osteuropäischen Völker von der deutschen Herrschaft lösten[13]. Im Südostraum änderte sich das Bild in wenigen Wochen vollständig. Nachdem es der sowjetischen Politik auf der Konferenz von Teheran gelungen war, ein Eingreifen des Westens in Südosteuropa zu verhindern[14], vermochte es die Rote Armee nun, diesen vom russischen Imperialismus lange erstrebten Einflußraum militärisch in ihre Hand zu bringen. Im August begann ihr Angriff gegen Rumänien. Ein Staatsstreich erleichterte ihr Vorgehen[15]. Der König ließ am 23. August Marschall Antonescu verhaften und erklärte zwei Tage später nach einem Angriff der deutschen Luftwaffe auf Bukarest Deutschland den Krieg.

Bulgarien folgte. Anfang September standen die Sowjets an der rumänischen Grenze nach Bulgarien und Jugoslawien hin. Am 5. September erklärte die Sowjetunion Bulgarien den Krieg. Ein Staatsstreich vom 9. September öffnete den Russen den Weg zur Besetzung des Landes ohne Widerstand. Die bulgarische Armee wurde nun zum Kampf gegen die Flanke der aus Griechenland sich zurückziehenden deutschen Südostarmee eingesetzt[16].

Da durch die Gesamtentwicklung der Lage im Osten und in Italien das Festhalten an Griechenland und den griechischen Inseln seinen Sinn verloren hatte, begann im August die Räumung. Unter ständigen Kämpfen gegen Partisanen ist der Rückzug der deutschen Truppen aus Griechenland und Albanien unter Generalfeldmarschall v. Weichs diszipliniert durchgeführt worden. An der Drina und Drau gelang es, eine neue Stellung zu halten, aus der die Heeresgruppe erst in den letzten Kriegswochen verdrängt wurde[17].

Die Vorgänge in Rumänien und Bulgarien veranlaßten Admiral Horthy, am 15. Oktober über den Rundfunk zu proklamieren, daß er für Ungarn um Waffenstillstand gebeten habe. Er wurde aber zum Widerruf gezwungen und nach Deutschland gebracht. Gestützt auf deutsche Truppen bildeten die mit dem Nationalsozialismus sympathisierenden Pfeilkreuzler eine neue Regierung[18].

Noch war, als der letzte Kriegswinter nahte, der Boden Deutschlands nur an einigen schmalen Stellen vom Feinde besetzt: im Westen Aachen, im Osten ein schmaler Grenzsaum bei Tilsit. Die Ostfront zog sich von dort nach Warschau und verlief weiter weichselaufwärts nach Süden. Im Westen versuchte Hitler noch einmal, die Initiative an sich zu reißen. 40 Divisionen etwa und 1800 Flugzeuge waren die Reserven, die er unter rücksichtsloser Entblößung aller anderen Frontabschnitte zusammenfassen konnte. Er setzte sie von der Eifel aus zu einem Vorstoß über die Ardennen an, in dem Raum also, in dem 1940 der Hauptangriff des Westfeldzuges geführt worden war. Jetzt war das Ziel die Nordseeküste bei Antwerpen, um den in Belgien und im südlichen Teil der Niederlande massierten Feind zu umfassen. Der Angriff blieb nach einigen Tagen, noch bevor er die Maas erreicht hatte, liegen[19].

Jetzt deuteten im Osten die Zeichen auf einen bevorstehenden Großangriff der Sowjetrussen aus dem Brückenkopf von Baranow, südlich Warschau. Die Front war ausgelaugt und ohne Reserven. Vergeblich beschwor Guderian, der nach dem Juliputsch zum Generalstabschef ernannt worden war, Hitler, rücksichtslos aus dem Westen Kräfte heranzuziehen, um den drohenden Dammbruch zu verhindern. Wie erwartet, brach am 12. Januar der Angriff an dieser Stelle los[20], die deutsche Front zerriß, Ostpreußen wurde abgeschnitten[21], Oberschlesien ging verloren, in der zur Festung erklärten Stadt Breslau wurde um jedes Haus gekämpft[22]. Damit begann für Deutschland der schrecklichste Abschnitt des Krieges. Die Leiden der ostdeutschen Bevölkerung unter den hereinbrechenden sowjetischen Truppen und auf der Flucht vor ihnen überstiegen jedes aussprechbare Maß. Die Vergeltung schlug in gleicher Weise Schuldige und Unschuldige eines Volkes, das sich von Machthabern hatte führen lassen, die den Mord am Judentum zu verantworten hatten und für die der Wehrlose und Besiegte kein Recht besaß. Neben den Namen Belcec, Treblinka und Auschwitz als grausigen Wortsymbolen für das Maß des radikal Bösen, dessen die menschliche Natur fähig ist, steht der Name Dresden: hier drängten sich riesige Scharen obdachloser Flüchtlinge. In diese schutzlosen Menschen warfen am 13. und 14. Februar 1945 vom Westen angreifende Fliegergeschwader ihre Spreng- und Brandbomben. Dresden wurde ein Feuermeer. In diesem Inferno gingen schätzungsweise 60000–100000 Menschen zugrunde[23].

Am Tage der Zerstörung Dresdens kapitulierte das von den Sowjets eingeschlossene Budapest. Am Plattensee aber gelang es noch einmal, den Gegner aufzuhalten. Auch der böhmisch-mährische Raum war damals noch in deutscher Hand. Weiter nach Norden verlief Anfang März die Front entlang der Neiße und Oder, an deren Westufer die Sowjetrussen mehrere Brückenköpfe bildeten.

Am 24. März 1945 begann die letzte Phase der kriegerischen Operationen im Osten und Westen. Briten und Amerikaner überschritten den Rhein an mehreren Stellen und stießen in das rechtsrheinische Deutschland vor, während die Sowjets nun zunächst an der ungarischen Front angriffen. Am 13. April fiel Wien in ihre Hand, während die in Süddeutschland vorrückenden Amerikaner und Franzosen Hessen, Württemberg und

Bayern besetzten, am 30. April München erreichten und darüber hinaus Westböhmen, Oberösterreich, das Salzkammergut und Tirol bis zum Brenner in ihre Hand brachten. Vom Mittelrhein her, aus dem Brückenkopf Remagen vorstoßend, erreichten sie am 12. April die Elbe und überschritten sie bei Magdeburg. Bei Wesel erzwangen die Briten den Rheinübergang, schnitten durch einen schnellen Vorstoß ins Emsland die von den deutschen Truppen bis zur Kapitulation gehaltene Festung Holland ab, zerschlugen die Reste der Heeresgruppe B im Ruhrkessel, nahmen Bremen und erreichten am 19. April die Elbe bei Lauenburg[24].

Das unerwartet schnelle Vorrücken vom Rhein zur Elbe stellte Briten und Amerikaner vor eine strategische Entscheidungsfrage, die das Verhältnis der Westmächte zu ihrem sowjetischen Verbündeten und damit die politische Zukunft Deutschlands und Osteuropas betraf. Thüringen und der größte Teil von Sachsen waren Mitte April 1945 in der Hand der Amerikaner. Sie fanden kaum noch Widerstand, während die deutsche Abwehrfront nach Osten entlang der Oder-Neiße-Linie in Erwartung des russischen Großangriffs auf Berlin noch stand. Es wäre den westlichen Armeen militärisch möglich gewesen, der sowjetischen Schlußoffensive zuvorzukommen und vor der Roten Armee Berlin und Prag zu erreichen. Daß dies nicht geschah, hat seinen Grund in der unterschiedlichen Beurteilung der politischen und militärischen Lage durch London und Washington in der Endphase des Krieges vor der deutschen Kapitulation.

DW 397/658–686. – E. Kuby (Hg.), Das Ende des Schreckens, Dokumente des Untergangs, Jan.–Mai 1945 (1955); Chronik des Zusammenbruchs vom März bis Mai 1945, Gegenwart 1 (1945); K. Koller, Der letzte Monat (1949), vom letzten Stabschef der Luftwaffe; P. E. Schramm (Hg.), Die Niederlage 1945 (TB. 1962), Dokumente; J. Toland, Das Finale. Die letzten 100 Tage (a. d. Amerik. 1968).

[1] G. Buchheit, Richter in roter Robe. Freisler – Präsident des Volksgerichtshofes (1968); W. Wagner, Der Volksgerichtshof im nat.soz. Staat (1974).
[2] Wagner op. cit., S. 792f., 799ff. u. Anlage 32.
[3] Seine Rede vor den Gauleitern am 3. Aug. 1944, s. Kap. 8, Anm. 31.
[4] W. Besson, Zur Gesch. des nat. soz. Führungsoffiziers, VfZG 9 (1961); G. L. Weinberg, A. Hitler u. der NS-Führungsoffizier (NSFO), Dokumentation, VfZG 12 (1964); M. Messerschmidt, Die Wehrmacht im NS-Staat (1969); V.R. Berghahn, NSDAP u. »Geistige Führung« der Wehrmacht 1939–1945, VfZG 17 (1969).
[5] Text in H.-A. Jacobsen, 1939–1945. Der Zw. Weltkrieg in Chronik u. Dokumenten (1961), Nr. 204.
[6] Vgl. Wilmot (Kap. 12, Anm. 1),

14. Der Zusammenbruch

S. 486 ff., Kap.: Die große Streitfrage.

[7] Anschauliche Schilderung bei C. RYAN, Die Brücke von Arnheim (a. d. Amerik. 1975).

[8] Hierzu MANNERHEIM, TANNER, ERFURTH, BLÜCHER, s. S. 18 f.; T. POLVINEN, Finland i stormaktspolitiken 1941–1944 (Stockholm 1969), S. 221 ff.; Protokolle der Waffenstillstandsverhandlungen in Th. PALM, The Finnish-Soviet Armistice Negotiations of 1944 (Stockholm 1971). – Über den Rückzug der Lapplandarmee deren letzter Befehlshaber L. RENDULIC, Gekämpft, gesiegt, geschlagen (1952); H. HÖLTER, Armee in der Arktis (1953).

[9] H. GACKENHOLZ, Der Zusammenbruch der Heeresgruppe Mitte 1944, in: H.-A. JACOBSEN/J. ROHWER (Hg.), Entscheidungsschlachten des Zw. Weltkrieges (1960).

[10] H. MEIER-WELCKER (Hg.), Abwehrkämpfe am Nordflügel der Ostfront 1944/45 (1963).

[11] S. Kap. 8, Anm. 25.

[12] W. VENOHR, Aufstand für die Tschechoslowakei. Der slowakische Freiheitskampf von 1944 (1969).

[13] H. SETON-WATSON, The East Europ. Revolution (a. d. Engl. 1956); L. LOWERY, Kap. über die einzelnen osteurop. Staaten, in: The realignment of Europe, Survey of Internat. Affairs 1939–46 (1955).

[14] S. Bd. 22, Kap. 1.

[15] H. KISSEL, Die Katastrophe in Rumänien 1944 (1964); A. HILLGRUBER, Hitler, König Carol u. Marschall Antonescu. Die dt.-rumän. Beziehungen 1938 bis 1944 (1965), S. 209 ff.

[16] P. GOSZTONY, Der Krieg zw. Bulgarien u. Dtld. 1944/45, Wehrwiss. Rdsch. 17 (1967).

[17] K. HNILICKA, Das Ende auf dem Balkan. Die milit. Räumung Jugoslawiens durch die dt. Wehrmacht (1970); K.D. WOLFF, Das Unternehmen »Rösselsprung« 1944, VfZG 18 (1970); P. GOSZTONY, Endkampf an der Donau 1944/45 (1969).

[18] C. A. MACARTNEY, Ungarns Weg aus dem Zw. Weltkrieg, VfZG 14 (1966); M. LACKO, Arrow-Cross men. National Socialists 1935–1944 (Budapest 1969).

[19] H. JUNG, Die Ardennenoffensive 1944/45 (1971).

[20] Eine ergreifende Schilderung des Zusammenbruchs im Osten gibt der ehem. Kriegsberichterstatter J. THORWALD, Die große Flucht. Es begann an der Weichsel. Das Ende an der Elbe (Neuausg. 1965).

[21] O. LASCH, So fiel Königsberg (1958), Erinnerungen des letzten Kommandanten der Festung.

[22] J. KONRAD, Das Ende von Breslau, VfZG 4 (1956).

[23] H. RUMPF, Bilanz (s. o. Kap. 10), S. 169: »Am häufigsten wird nach Unterlagen des State Department von 250000 Toten gesprochen, die wahre Zahl liegt wohl niedriger und ist mit 60000 oder 100000 in einer einzigen Nacht im Feuer umgekommener Zivilisten für die menschliche Vorstellungskraft immer noch schwer faßbar.«; D. IRVING, Der Untergang Dresdens (a. d. Engl. Tb. 1967).

[24] A. BRYANT, Sieg im Westen, 1943–1946 (a. d. Engl. 1960); F. KUROWSKI, Von den Ardennen zum Ruhrkessel. Das Ende der Westfront (1965); weitere Lit. s. Kap. 12, Anm. 13 u. Kap. 15, Anm. 12.

Am 8. März 1945 traf sich der Kommandeur der SS-Truppen in Italien SS-Obergruppenführer Wolff in der Schweiz mit dem Chef des amerikanischen Geheimdienstes Allan Welsh Dulles[1]. Er hatte erkannt, daß der Krieg endgültig verloren war, hoffte aber, daß es möglich sei, über die unausweichliche Kapitulation mit dem Westen verhandeln zu können. Dies wurde abgelehnt. Man hielt ihm die zwischen den Alliierten bestehende Vereinbarung entgegen, daß von Deutschland eine bedingungslose Kapitulation, und zwar gegenüber den Westmächten wie gegenüber der Sowjetunion, verlangt werde. Durch diese Forderung wurde aber die Möglichkeit von militärischen Teilkapitulationen an größeren oder kleineren Frontabschnitten nicht ausgeschlossen. Politisch mußte es von Bedeutung sein, in welchem Maße sich militärische Kapitulationen vollzogen und ob es sich um begrenzte Abschnitte oder ganze Fronten handelte. Es kam darauf an, wem diese Kapitulationen angeboten wurden. Die Endsituation, in der sich Deutschland im Augenblick der Totalkapitulation befinden würde, konnte entscheidend mitbestimmt werden durch die Art der zu erwartenden Teilkapitulationen. Daher verlangte Stalin von seinen Verbündeten, daß zu weiteren Verhandlungen, die sich an diese erste Fühlungnahme anschließen sollten, sowjetische Offiziere gleichberechtigt hinzugezogen würden. Dies wurde von den westlichen Alliierten abgelehnt, da sie mit Recht vermuteten, daß in diesem Falle eine militärische Teilkapitulation überhaupt nicht zustande kommen werde, da der Sinn dieses aus der deutschen Italienarmee kommenden Angebotes gerade darin bestand, gegenüber dem Westen, aber nicht gegenüber dem Osten zu kapitulieren. Stalin hat damals behauptet, daß es den Deutschen durch diese Verhandlungen gedeckt möglich gewesen sei, mehrere Divisionen aus Italien abzuziehen und an die Ostfront zu verlagern. Er beschuldigte seine Verbündeten des Verrats. In einem Brief an Roosevelt vom 3. April 1945 hieß es: »Meine militärischen Kollegen zweifeln auf Grund der vorhandenen Unterlagen nicht daran, daß Verhandlungen stattgefunden haben und daß sie mit einem Übereinkommen mit den Deutschen abgeschlossen wurden, dem zufolge sich der deutsche Oberbefehlshaber an der Westfront, Marschall Kesselring, bereit erklärt hat, die Front zu öffnen und die anglo-amerikanischen Armeen in Richtung

Osten passieren zu lassen, und die Anglo-Amerikaner als Gegenleistung versprochen haben, die Waffenstillstandsbedingungen für die Deutschen zu erleichtern. Ich glaube, daß meine Kollegen der Wahrheit nahekommen. Andernfalls wäre die Tatsache unverständlich, daß es die Anglo-Amerikaner abgelehnt haben, Vertreter des sowjetischen Oberkommandos an den Verhandlungen mit den Deutschen in Bern teilnehmen zu lassen ... Ich verstehe, daß sich im Ergebnis dieser Separatverhandlungen in Bern oder an einem anderen Ort gewisse Vorteile für die anglo-amerikanischen Truppen bieten, da die anglo-amerikanischen Armeen die Möglichkeit erhalten, fast ohne jeden Widerstand der Deutschen tief nach Deutschland vorzustoßen ... So ergibt sich also, daß im gegenwärtigen Augenblick die Deutschen an der Westfront faktisch den Krieg gegen England und Amerika beendet haben. Gleichzeitig setzen die Deutschen den Krieg gegen Rußland, den Verbündeten Englands und der USA, fort. Es ist verständlich, daß eine solche Situation in keiner Weise zur Erhaltung und Festigung des Vertrauens zwischen unseren Ländern beitragen kann.«[2] Roosevelt, schon damals schwer erkrankt, hat in einem von Generalstabschef Marshall entworfenen Brief mit Schärfe geantwortet. Er verwahrte sich gegen die »niederträchtige Verdrehung«[3] der amerikanischen Handlungsweise. Empfindlich reagierte er besonders auf den Vorwurf, daß die Amerikaner deshalb so große Erfolge in Deutschland hätten, weil die Deutschen aufgehört hätten, im Westen zu kämpfen. Natürlich sei die Schnelligkeit des Vormarsches auch dadurch mitbedingt, daß deutsche Kräfte an der Ostfront gebunden seien. Das entscheidende Verdienst gebühre aber dem operativen Geschick Eisenhowers, der einen großen Teil der deutschen Truppen schon westlich des Rheins vernichtet habe. Im übrigen hätten die vom Westen her geführten Luftangriffe bewirkt, daß der militärische Widerstand Deutschlands immer stärker zusammensinke. Churchill hat damals versucht, Roosevelt zur Unnachgiebigkeit zu veranlassen. »Ich halte es für äußerst wichtig«, so schrieb er, »daß unsere beiden Länder in diesem kritischen Augenblick eine feste und klare Haltung einnehmen, um die Atmosphäre zu reinigen und den Russen klarzumachen, daß es einen Punkt gibt, über den hinaus wir keine Beleidigung dulden. Ich glaube, das ist die beste Möglichkeit, die Zukunft zu retten. Wenn sich in ihnen die Überzeugung festsetzt, wir fürchteten uns vor ihnen, ließen uns einschüchtern und gäben klein bei, dann allerdings würde ich an den künftigen Beziehungen zu ihnen und an vielem anderen verzweifeln.«[4]

Das in diesem Briefwechsel sich ankündigende Zerwürfnis ist mehr als ein Ausdruck typischer Koalitionsrivalitäten, die sich in jedem militärischen Bündnis finden. Den Hintergrund bildet die Entwicklung der Verhältnisse in Ost- und Südosteuropa. In diesen von der Roten Armee eroberten Räumen schickte sich die Sowjetunion trotz getroffener Vereinbarungen mit den Westmächten an, die politische und soziale Entwicklung in eine Richtung zu zwingen, die eine Sowjetisierung dieses Teiles von Europa erwarten ließ. Damit stellte sich die Frage, ob die operative Zielsetzung für den weiteren Vorstoß der anglo-amerikanischen Armeen in das Herz Deutschlands unter dem Gesichtspunkt des rein militärischen Zwecks festgelegt werden sollte, den letzten deutschen Widerstand so schnell wie möglich zu brechen, oder ob die Überlegung bestimmend sein sollte, eine günstige Ausgangsposition für die Beeinflussung der zukünftigen politischen Gestaltung Ostmitteleuropas und Deutschlands zu gewinnen. Nun ist der alliierte Oberbefehlshaber Eisenhower primär von militärischen, nicht von politischen Überlegungen bestimmt gewesen. Er erwartete einen letzten starken deutschen Widerstand im Alpenraum. Der Mythos des »Réduit« hat auch in der deutschen Propaganda eine Rolle gespielt. Nach Eisenhowers Meinung hatte die deutsche Hauptstadt kaum mehr militärische Bedeutung. Daher suchte er irgendwo in Sachsen die Begegnung mit den Russen, um so den deutschen Raum zu spalten. Danach sollte die Masse der Amerikaner zur Verfügung stehen, um das Réduit im Süden niederzuringen. Als er diesen Entschluß am 28. März Stalin telegraphisch übermittelte, fand er dessen begeisterte Zustimmung. Aber Churchill protestierte. Er hielt aufgrund eigener Informationen das militärische Kalkül Eisenhowers für falsch. Das Réduit sei mehr ein Gebilde der deutschen Propaganda als ernsthafter militärischer Planungen. Auch abgesehen davon glaubte er, daß die jetzt zu fällende militärische Entscheidung vorwiegend unter politischen Gesichtspunkten zu erfolgen habe und daß hierfür der militärische Oberbefehlshaber nicht zuständig sei. Er sah in der Ausweitung des sowjetischen Herrschaftsbereiches eine tödliche Bedrohung für die freie Welt und hielt es daher für nötig, die Situation auszunutzen, um bis zum Zeitpunkt der deutschen Kapitulation so weit wie möglich nach Osten vorzurücken mit den Hauptzielen Berlin und Prag. Die Hauptstreitfragen zwischen Ost und West müßten geregelt sein, ehe die Armeen der Demokratien zusammenschmolzen oder die Westalliierten Gebiete aufgaben, die sie besetzt hatten. Demgegenüber war die amerikanische militärische Führung, Marshall nicht weniger als Eisenhower, der Überzeugung, daß es primär darauf ankomme, den letzten im Alpenraum erwarteten Widerstand so schnell wie möglich auszuschalten und sich nicht durch das Nebenziel Berlin ablenken zu lassen. Bei der unterschiedlichen Beurteilung der Situation durch Briten und Amerikaner hat eine Rolle gespielt, daß das historische Verhältnis beider Mächte zu Rußland sehr unterschiedlich war. England und Rußland sind im Verlauf der Geschichte wiederholt weltpolitische Gegner gewesen. Nach Roosevelts Überzeugung waren aber die Vereinigten Staaten und Rußland frei von der britischen Erbsünde des Kolonialismus. Zudem hatte er in verschiedenen Kriegsbegegnungen mit Stalin den Eindruck gewonnen, daß im Gespräch von Mann zu Mann mit diesem Realisten durchaus zu verhandeln sei. In den realen russischen Interessen sah er keinen Anlaß für größere Differenzen mit der amerikanischen Außenpolitik, so sehr Roosevelt das sowjetische politische System als solches ablehnte. Er hoffte aber, daß gerade die Waffenbrüderschaft des Krieges auf die Dauer das Verhältnis zwischen der westlichen Welt und der Sowjetunion auflockern werde. Er rechnete zudem mit der friedensfördernden Kraft der in Entstehung begriffenen Vereinten Nationen, in deren Organisation im Unterschied zum früheren Völkerbund die Sowjetunion von vornherein einbezogen war. Er plädierte für ein absolutes fair deal gegenüber den Russen und den Verzicht auf jede Pression. Am 12. April 1945, dem Tage, an dem die Amerikaner die Elbe bei Magdeburg überschritten, starb er. Sein Nachfolger wurde der bisherige Vizepräsident Truman. Churchill hat diesem gegenüber mit wirtschaftlichen Argumenten sein strategisches Ziel durchzusetzen versucht. Die Russen, so erklärte er, ließen die Absicht erkennen, die ihnen zugedachte Besatzungszone wirtschaftlich abzuschließen. Westdeutschland brauche aber eine breite agrarische Ergänzung. Darum sei es, wenn man schon nicht Berlin erobern wolle, doch nötig, so tief wie möglich in den deutschen Osten vorzustoßen, um hinterher ein Pfand für die Verhandlungen mit den Russen in der Hand zu haben. Truman, noch auf der von Roosevelt vorgezeichneten Linie sich bewegend, entgegnete, daß in der Tat alles getan werden müsse, um eine gerechte Verteilung der in Deutschland produzierten

Nahrungsmittel zu erreichen, und zwar mit Hilfe des vorgesehenen Interalliierten Kontrollrates, daß er aber nicht glaube, diese Angelegenheit der zukünftigen Behandlung Deutschlands dürfe einen Einfluß auf die Frage haben, ob nun die Amerikaner im mitteldeutschen Raum weiter vorstoßen sollten oder nicht. »Die Frage des taktischen Einsatzes der amerikanischen Truppen in Deutschland«, so schrieb er, »ist eine militärische. Meiner Meinung nach muß General Eisenhower ein gewisser Spielraum und eine gewisse Machtbefugnis eingeräumt werden.«[5]

Als solche Überlegungen noch zwischen London und Washington hin und her gingen, durchbrachen am 16. April sowjetische Truppen unter Marschall Schukow die deutsche Ostfront an der Oder-Neiße-Linie. Am 25. April berührten sich bei Torgau die sowjetischen und amerikanischen Spitzen. Am gleichen Tage schlossen die von Küstrin und Sachsen her vorstoßenden sowjetischen Armeen den Ring um Berlin.

Hitler hatte sich entgegen seinem ursprünglichen Plan, sich in das Réduit der bayerischen Berge zu begeben, am 22. April entschlossen, in der Hauptstadt zu bleiben. Hier wurde Haus um Haus ein verzweifelter Kampf geführt, in den er auch die Hitlerjugend hineinwarf. Zeichen eines gespenstischen Realitätsverlustes in der Vorstellungswelt Hitlers, während der letzte Schlag gegen ihn geführt wurde, ist sein Tagesbefehl vom 15. April, einen Tag bevor die sowjetischen Armeen gegen Berlin antraten. Der Tod Roosevelts vier Tage zuvor hatte seine Hoffnungen noch einmal jäh aufflammen lassen. Goebbels redete ihm und sich ein, daß sich nun das im Siebenjährigen Kriege durch den Tod der Kaiserin Elisabeth bewirkte Wunder der Rettung Preußens wiederhole. So endete der Appell Hitlers an die deutschen Ostkämpfer, die unter dem russischen Trommelfeuer lagen und über die dann die überwältigende Macht der Massen und des Materials hereinbrach, mit dem Zuruf: »Im Augenblick, in dem das Schicksal den größten Kriegsverbrecher aller Zeiten dieser Erde hinweggenommen hat, wird sich die Wende des Krieges entscheiden.«[6]

Es ist erstaunlich, in welchem Maße es Hitler und Goebbels bis in die letzten Kriegswochen hinein gelungen ist, wenn nicht überall, so doch weithin in ihrer Umgebung und auch in der deutschen Wehrmacht die Hoffnung wachzuhalten, daß eine Wende der Dinge kommen werde. Nicht zuletzt hatte hierbei der von der Propaganda immer wiederholte Hinweis auf noch zu erwartende, kriegsentscheidende Wunderwaffen eine Rolle gespielt, von denen die gegen England abgeschossenen Raketen einen ersten Vorgeschmack geben sollten. Viele von denen freilich, die an zentraler Stelle standen und Einblick besaßen, erkannten seit längerem, daß der Krieg nicht mehr gewonnen werden konnte. Solche Erkenntnis führte freilich zu sehr unterschiedlichen Verhaltensweisen. Es lassen sich drei Haupttypen unterscheiden. Der erste ist am deutlichsten in der Person Rommels verkörpert: Die Erkenntnis, daß der Krieg verloren sei und Hitler nicht die Einsicht besaß, ihn zu beenden, führte ihn zum Widerstand. Der zweite ist in Dönitz und Jodl verkörpert. Dönitz war nach dem Verlust der Atlantikschlacht überzeugt, daß der Krieg nicht mehr gewonnen werden konnte. Er hielt es aber, obwohl er doch in seiner Eigenschaft als Oberbefehlshaber der Kriegsmarine einer der nächsten Berater Hitlers war, für nicht seines Amtes, Hitler die sich aus einer realistischen militärischen Lagebeurteilung ergebenden Konsequenzen nahe zu legen. Er hatte nicht begriffen, daß im Bereich der Strategie, in dem er Verantwortung trug, das Politische vom Militärischen nicht getrennt werden kann. Ähnlich war Jodl, der Chef des Wehrmachtsführungsstabes, seit der Katastrophe des Winters 1941 überzeugt, daß der Sieg nicht mehr errungen werden konnte. Die Konsequenz daraus mit seinen eigenen Worten: »Ich habe fünf Jahre geschwiegen und gehorcht. Ich bin ein gehorsamer Soldat gewesen. Ich habe in diesen fünf Jahren gearbeitet und geschwiegen, obwohl ich manchmal völlig anderer Meinung war.«[7] Der Generalstabschef Guderian, der seine pessimistische Auffassung von der Kriegslage im Januar 1945 Ribbentrop gegenüber äußerte, wurde seines Amtes enthoben. Einen dritten Verhaltenstypus repräsentierte Albert Speer, der Organisator der Kriegsindustrie. Obwohl in starkem Maße an die Person Hitlers gebunden, bewahrte er die Unabhängigkeit eines eigenen Urteils und den Mut zum eigenen Handeln. Als er sah, daß der Krieg endgültig verloren war, hat er am 15. März 1945 eine Denkschrift hierüber verfaßt und darauf am 18. März seine Gedanken Hitler persönlich vorgetragen. Damals standen im Westen die Amerikaner und Engländer im wesentlichen noch hinter dem Rhein, im Osten die Russen hinter Oder und Neiße. Als es deutlich wurde, daß Hitler für den verbliebenen Kern Deutschlands den Kampf bis zur Selbstzerstörung weiterführen und eine Politik der verbrannten Erde proklamieren wollte, hat Speer dieser selbstmörderischen Absicht die Überlegung entgegengestellt, daß durch eine solche Zerstörung der verbleibenden deutschen Industrie, der Brücken und der Bahnen das Kriegsschicksal nicht mehr geändert werden, aber der Wiederbeginn nach dem Zusammenbruch um so schwerer sein würde. Hitler entgegnete ihm hierauf mit einer nur noch als Wahnsinn zu bezeichnenden Konsequenz aus seinen ideologischen Prämissen, wie es Speer in einem Brief vom 29. März 1945 an Hitler diesem selbst bestätigt hat: »Wenn der Krieg verlorengeht, wird auch das Volk verloren sein. Dieses Schicksal ist unabwendbar. Es sei nicht notwendig, auf die Grundlagen, die das Volk zu seinem primitivsten Weiterleben braucht, Rücksicht zu nehmen. Im Gegenteil sei es besser, selbst diese Dinge zu zerstören. Denn das Volk hätte sich als das schwächere erwiesen, und dem stärkeren Ostvolk gehöre dann ausschließlich die Zukunft. Was nach dem Kampf übrigbleibe, seien ohnehin nur die Minderwertigen; denn die Guten seien gefallen.«[8] Als Hitler aber dennoch am 19. März den Befehl der verbrannten Erde erließ, haben sich Speer und manche Truppenführer seiner Durchführung nach Kräften und Möglichkeiten widersetzt.

Zuletzt klammerte sich Hitler an die politische Illusion, daß es zum Bruch und Zusammenstoß zwischen der Sowjetunion und den Westmächten kommen werde. Man wußte in Deutschland, wie die Grenze zwischen der zukünftigen sowjetischen und den westlichen Besatzungszonen geplant war, beobachtete aber, daß der amerikanische Vormarsch weit über diese Linie hinaus nach Thüringen und Sachsen hineinstieß. Hieran knüpfte sich die politische Hoffnung auf einen Ost-West-Konflikt. Es gab damals keine Führung mehr auf deutscher Seite. Aus dem Bunker der Reichskanzlei heraus konnten die verstreuten Kampfhandlungen im Reichsgebiet nicht mehr koordiniert werden. Soweit sich aus dem verworrenen Auf und Ab der Stimmungen Hitlers in den letzten Tagen überhaupt noch eine Konzeption ableiten läßt, so ist es die Vorstellung, daß die Kampfführung in Deutschland getrennt erfolgen sollte unter Dönitz im Norden, Kesselring im Süden. In Mitteldeutschland aber werde sich der Konflikt zwischen Amerikanern und Russen entwickeln, hier, wo sich deren Armeen an der Elbe berührten. Es käme nun darauf an, Berlin zu halten, bis sich der erwartete Ost-West-Konflikt entzündete und neue Chancen für Deutschland eröffnete. Die politische Hoffnung, daß es zu einem Konflikt zwischen Ost und West kommen werde, war damals weit verbreitet. Sie wurde durch die politische Propaganda in der Öffentlichkeit und in der Truppe vertreten. In dieser Überlegung steckte ein gewisser Kern von Wirklichkeit. Es war nur die Frage, ob die Spannungen und Probleme, die zwischen der Sowjetunion und den Westmächten bestanden, sich so weit verschärfen könnten, daß sich daraus eine Chance für Deutschland oder gar für das Fortbestehen des Hitlerregimes würde ergeben können. Diese Hoffnung, an die sich Hitler und seine Umgebung verzweifelt klammerten, trog. Sie wurde endgültig zerschlagen am 28. April. Damals nämlich hörte man in Berlin über den britischen Rundfunk, daß Himmler mit Hilfe des SS-Generals Schellenberg auf dem Wege über den schwedischen Grafen Bernadotte, der in Deutschland im Auftrage des Internationalen Roten Kreuzes verhandelte, das Angebot einer Teilkapitulation an die Westmächte gerichtet hatte und daß dieses Angebot abgewiesen worden war. Churchill erklärte am 28. April: »Es muß betont werden, daß nur die bedingungslose Kapitulation vor allen drei Großmächten in Erwägung gezogen werden wird und daß unter den drei Mächten das engste Einvernehmen herrscht«[9]. Die Wirkung dieser Nachricht auf Hitler war niederschmetternd. Als auch der Entsatzversuch einer unter General Wenck stehenden, den Belagerungsring angreifenden Armee scheiterte, resignierte Hitler endgültig. Die letzte Szene seines Lebens bietet ein peinlich makabres Bild[10]: Während in der zerschossenen Stadt immer noch, durch seinen Befehl getrieben, das sinnlose Kämpfen und Sterben weiterging, ließ er durch einen Beamten des Propagandaministeriums seine standesamtliche Trauung vollziehen. Am 30. April tötete sich Hitler. Er hinterließ ein tags zuvor diktiertes politisches Testament und eine letzte Botschaft an die Wehrmacht[11]. Es war ein Versuch, sich vor der Geschichte der Verantwortung für das durch ihn und in seinem Namen Geschehene zu entziehen, ein letzter Propagandatrick, um das Bild des Geschehens festzulegen: der Krieg von den Juden angezettelt, vom Generalstab verloren, Hitler selber das Opfer von Verrat. Göring und Himmler verstieß er aus allen Partei- und Staatsämtern, Göring, weil er am 23. April vom Obersalzberg aus an den unbeweglich in seinem Berliner Bunker sitzenden Führer die Frage gerichtet hatte, ob er nun selber entsprechend einem Nachfolgedekret vom 29. Juni 1941 die Führerschaft des Reiches übernehmen solle; Himmler, weil dieser am 23. April, ohne Hitler erst zu fragen, den Westmächten eine Teilkapitulation angeboten hatte. Hitler ernannte zu seinem Nachfolger als Reichspräsidenten und Oberbefehlshaber den Großadmiral Dönitz. Die Kanzlerschaft sollte Goebbels übernehmen, der sich jedoch zusammen mit seiner Familie in Berlin das Leben nahm.

Dönitz[12] sah seine Aufgabe darin, die unvermeidliche Kapitulation so durchzuführen, daß möglichst vielen Deutschen ein Weg aus dem Bereich der Sowjets in die westlichen Teile Deutschlands freigehalten wurde. Zunächst hoffte er dies dadurch zu erreichen, daß er die Elbefront von Lauenburg bis Hamburg gegen die Briten hielt, um die Linie des Elbe-Trave-Kanals zwischen Lauenburg und Lübeck als Zugang nach Schleswig-Holstein offenzuhalten. Aber die Engländer griffen am 2. Mai bei Lauenburg an und stießen am gleichen Tage bis Lübeck durch. Einige Frontabschnitte kapitulierten selbständig, die Italienfront am 28. April, die Front in Süddeutschland am 4. Mai. Am gleichen Tage unterzeichnete Admiral v. Friedeburg im Auftrage von Dönitz im Hauptquartier Montgomerys bei Lüneburg die Kapitulation für die deutschen Streitkräfte in Holland, Nordwestdeutschland und Dänemark. Während nun im Westen die Waffen schwiegen, gelang es, die Gesamtkapitulation um einige Tage hinauszuschieben. Sie wurde am 7. Mai in Eisenhowers Hauptquartier und in Anwesenheit eines russischen Vertreters durch Generaloberst Jodl vollzogen. Unter dem Datum des 8. Mai wurde der Kapitulationsakt im sowjetischen Hauptquartier wiederholt. Die Urkunde wurde am 9. Mai 0.16 Uhr von Keitel, Friedeburg und als Vertreter der Luftwaffe Generaloberst Stumpff unterzeichnet. Die Kapitulation trat mit dem 9. Mai in Kraft[13].

Damals standen deutsche Truppen immer noch weit jenseits der Reichsgrenzen in Holland, Kurland und Norwegen, in Norditalien, Kroatien und Böhmen und auf den ägäischen Inseln. Die bis zum Inkrafttreten der Kapitulation gewonnene Frist machte es möglich, große Teile der noch in Schlesien, Brandenburg und Pommern stehenden Truppen in den Machtbereich der Westalliierten zu führen. Der Handels- und Kriegsmarine gelang es, zahlreiche Flüchtlinge aus Ost- und Westpreußen und Pommern herauszuholen. Der größte Teil der Kurlandarmee aber mußte den Weg in die sowjetische Kriegsgefangenschaft gehen. In Prag und andernorts erhoben sich am 5. Mai die Tschechen. Teilen der hier stehenden Truppen gelang es, sich in den westlichen Teil Böhmens durchzuschlagen, um dann doch als Gefangene mit den Vertriebenen den Sowjetrussen ausgeliefert zu werden. Das gleiche Schicksal erlitten auch die auf deutscher Seite stehenden Verbände des Generals Wlassow und andere Freiwillige und Flüchtlinge aus der Sowjetunion. Sie wurden aufgrund einer zwischen Eden und Stalin im Oktober 1944 getroffenen Vereinbarung ausgeliefert[14]. Insgesamt aber wurde es durch den von Dönitz mit Geschick geleiteten Kapitulationsvorgang zwei bis drei Millionen Menschen möglich gemacht, sich den Sowjetrussen zu entziehen. Die Waffenniederlegung erfolgte geordnet. Eine große Anzahl von U-Booten wurde durch ihre Mannschaften versenkt.

Die Kapitulation war eine militärische. Im Auftrag von Dönitz bildete der frühere Reichsfinanzminister Graf Schwerin-Krosigk eine geschäftsführende Regierung, die ihren Sitz von Plön in Holstein nach Mürwik bei Flensburg verlegte. Hier versuchte Schwerin-Krosigk in Verhandlungen mit den Alliierten die ersten Voraussetzungen zu schaffen, um die Geschäfte einer deutschen Verwaltung in Gang zu bringen. Diese geschäftsführende Regierung wurde am 23. Mai durch Machtspruch der Alliierten abgesetzt. Sie proklamierten die Übernahme der obersten Regierungsgewalt in Deutschland durch Großbritannien, die Vereinigten Staaten, die Sowjetunion und Frankreich.

[1] A. DULLES/G. v. S. GAEVERNITZ, Unternehmen »Sunrise«. Die geheime Gesch. des Kriegsendes in Italien (1967).

[2] Briefwechsel Stalins mit Churchill, Attlee, Roosevelt u. Truman (s. S. 17), Nr. 286.

[3] Ebd., Nr. 287; vgl. Bd. 22, Kap. 3, Anm. 2.

[4] Zit. Ch. WILMOT, Der Kampf um Europa (1954), S. 744f.

[5] Ebd., S. 752f.

[6] HUBATSCH, Hitlers Weisungen (s.o. S. 17), Nr. 75.

[7] J. SCHULTZ, Die letzten dreißig Tage (1951), S. 123.

[8] Text in H.-A. JACOBSEN, 1939–1945. Der Zw. Weltkrieg in Chronik u. Dok. (1961), Nr. 163; ferner A. SPEER, Erinnerungen (1969), S. 459ff.; R. HANSEN, Albert Speers Konflikt mit Hitler, GWU 17 (1966); G. JANSSEN, Das Ministerium Speer (1968), S. 295ff.

[9] Ch. WILMOT, S. 758; zu den Verhandlungen: W. SCHELLENBERG, Memoiren (1959); F. BERNADOTTE, Das Ende. Meine Verhandlungen in Dtld. im Frühjahr 1945 u. ihre polit. Folgen (Zürich 1945).

[10] G. BOLDT, Die letzten Tage der Reichskanzlei (⁴1947), Beobachtungen eines jungen dt. Offiziers; H.R. TREVOR-ROPER, The last days of Hitler (London ²1952, dt. Tb. ³1965); U. BAHNSEN/P. O'DONNELL, Die Katakombe. Das Ende i.d. Reichskanzlei (1975), aufgrund von Befragungen der Überlebenden. – Die milit. Operationen der letzten Kriegswochen schildert der KTB-Führer im Führungsstab Nord J. SCHULTZ, Die letzten 30 Tage (1951); H.G.v.STUDNITZ, Als Berlin brannte. Diarium der Jahre 1943–1945 (1963); Margret BOVERI, Tage des Überlebens (1968); Marschall W. TSCHUIKOW, Das Ende des Dritten Reiches (a.d. Russ. 1966); A. TULLY, Berlin. Story of a Battle, April–May 1945 (1963), Augenzeugenbericht eines amerik. Kriegskorrespondenten; P. GOSZTONY (Hg.), Der

Kampf um Berlin 1945 in Augenzeugenberichten (1970).

[11] H.R. TREVOR-ROPER, op. cit.; ders. (Hg.), Le Testament politique de Hitler (Paris 1959).

[12] W. LÜDDE-NEURATH, Regierung Dönitz. Die letzten Tage des Dritten Reiches (³1964), mit einem Nachwort von W. BAUM, Die Regierung Dönitz in der heutigen wissenschaftl. Forschung; K.D. ERDMANN, Die Regierung Dönitz, GWU 14 (1963); R. HANSEN, Das Ende des Dritten Reiches. Die dt. Kapitulation 1945 (1966); Marlis G. STEINERT, Die 23 Tage der Regierung Dönitz (1967); Ch. WHITING, Finale at Flensburg, The story of Field Marshal Montgomery's battle for the Baltic (London 1973). – Biogr. s. S. 18.

[13] Rundfunkansprachen des Leiters der geschäftsführenden Reichsregierung Graf SCHWERIN v.KROSIGK vom 7. Mai, Rundfunkansprache des Großadmirals DÖNITZ vom 8. Mai u. der letzte Wehrmachtsbericht vom 9. Mai 1945 in: H.-A. JACOBSEN, Chronik u. Dokumente, Nr. 166–168. – Zum Text der Kapitulationsurkunde vgl. Bd. 22, Kap. 2.

[14] Ihr Schicksal schildert N. BETHELL, Das letzte Geheimnis. Die Auslieferung russ. Flüchtlinge an die Sowjets durch die Alliierten 1944–47 (1975).

Übersicht der Taschenbuchausgabe des GEBHARDT

Die erste Auflage des ›Handbuchs der deutschen Geschichte‹, herausgegeben von dem Berliner Realschullehrer Bruno Gebhardt (1858–1905), erschien 1891/92 in zwei Bänden. Von der zweiten bis zur siebenten Auflage wurde das Handbuch unter seinen Herausgebern Ferdinand Hirsch, Aloys Meister und Robert Holtzmann unter immer stärkerer Heranziehung von Universitätslehrern jeweils nach dem erreichten Forschungsstand überarbeitet und ergänzt und fand im wachsenden Maße bei Lehrenden und Lernenden an den Universitäten Verwendung. Nach dem Zweiten Weltkrieg nahm Herbert Grundmann mit neuen Autoren eine völlige Neugestaltung des ›Gebhardt‹ in Angriff, und auf diese 1954 bis 1960 in vier Bänden erschienene achte Auflage geht die nun vorliegende, wiederum überarbeitete und ergänzte, 1970 bis 1976 erschienene neunte Auflage zurück.

Um das bewährte Studien- und Nachschlagewerk vor allem den Studenten leichter zugänglich zu machen, haben sich der Originalverlag und der Deutsche Taschenbuch Verlag im Einvernehmen mit den Autoren zu dieser Taschenbuchausgabe entschlossen. Das Handbuch erscheint ungekürzt und, von kleinen Korrekturen abgesehen, unverändert in folgender Bandaufteilung:

1. Ernst Wahle: Ur- und Frühgeschichte im mitteleuropäischen Raum
2. Heinz Löwe: Deutschland im fränkischen Reich
3. Josef Fleckenstein und Marie Luise Bulst-Thiele: Begründung und Aufstieg des deutschen Reiches
4. Karl Jordan: Investiturstreit und frühe Stauferzeit (1056 bis 1197)
5. Herbert Grundmann: Wahlkönigtum, Territorialpolitik und Ostbewegung im 13. u. 14. Jahrhundert (1198–1378)
6. Friedrich Baethgen: Schisma und Konzilszeit, Reichsreform und Habsburgs Aufstieg
7. Karl Bosl: Staat, Gesellschaft, Wirtschaft im deutschen Mittelalter
8. Walther Peter Fuchs: Das Zeitalter der Reformation
9. Ernst Walter Zeeden: Das Zeitalter der Glaubenskämpfe (1555–1648)
10. Max Braubach: Vom Westfälischen Frieden bis zur Französischen Revolution
11. Gerhard Oestreich: Verfassungsgeschichte vom Ende des Mittelalters bis zum Ende des alten Reiches
12. Wilhelm Treue: Wirtschaft, Gesellschaft und Technik in Deutschland vom 16. bis zum 18. Jahrhundert
13. Friedrich Uhlhorn und Walter Schlesinger: Die deutschen Territorien
14. Max Braubach: Von der Französischen Revolution bis zum Wiener Kongreß
15. Theodor Schieder: Vom Deutschen Bund zum Deutschen Reich
16. Karl Erich Born: Von der Reichsgründung bis zum Ersten Weltkrieg
17. Wilhelm Treue: Gesellschaft, Wirtschaft und Technik Deutschlands im 19. Jahrhundert
18. Karl Dietrich Erdmann: Der Erste Weltkrieg
19. Karl Dietrich Erdmann: Die Weimarer Republik
20. Karl Dietrich Erdmann: Deutschland unter der Herrschaft des Nationalsozialismus 1933–1939
21. Karl Dietrich Erdmann: Der Zweite Weltkrieg
22. Karl Dietrich Erdmann: Das Ende des Reiches und die Entstehung der Republik Österreich, der Bundesrepublik Deutschland und der Deutschen Demokratischen Republik

Sachregister

Sachregister

Sachregister

Monte Cassino, Abwehrschlacht v. (1944) 136
Moskau
- Friede v. (1940) 34 ff.
- Schlacht vor (1941) 75 f., 83

Narvik, Kämpfe um (1940) 39
Nasjonal Samling 40
Nationalkomitee Freies Deutschland 146, 156 A
National Socialistische Beweging 97
Nationalsozialismus
- Rassenpolitik 93, 101 f., 106 f., 110 f.
  → s. Antisemitismus u. Juden
- Raumpolitik u. -gedanke 26–31, 64–67, 70, 94 f., 101 f.
- Propaganda 91, 95, 100, 103, 121, 133, 169–174
- Justizwesen
  → s. Volksgerichtshof
New Deal (1933) 84
Niederlande 38, 42 A–45, 84 f., 93 ff., 97 f., 107, 161, 163 ff., 175
Nimwegen, all. Luftlandung (1944) 161
Normandie
  → s. Invasion
Norwegen 36–43, 53, 55 f., 65, 70, 73, 93–98, 107, 162, 175
NSDAP (Nationalsozialistische Deutsche Arbeiter-Partei)
→ s. Nationalsozialismus
Nürnberger Parteitage 140
Nürnberger Prozesse 64, 71 A, 99, 110, 113, 115 A

Oberschlesien
  → s. Schlesien
Oder-Neiße-Linie 164 f., 171 f.
Österreich (Anschluß) 29, 106 f.
OKW (Oberkommando d. Wehrmacht)
  → s. Jodl, Keitel u. Warlimont
Olympische Spiele (1936) 140
Oradour 97
Organisation Todt 92, 125, 137
Ostpreußen 31, 162, 164, 175

Panamerikanische Konferenz (1939) 87
Panzerkrieg u. -schlachten (1939–45) 34, 43–47, 49 f., 73–78, 92, 121, 126 f., 161
Parti populaire Français 97
Partisanenkrieg (1939–45)
- Balkan 69, 98, 163

- Rußland 73, 77, 100 f.
- Polen 100
- Frankreich 97 f.
- Italien 135
Pazifik, Krieg im (1941–45) 74, 80–91 A, 132
  → s. Japan
Pearl Harbor, Überfall auf (1941) 81, 83–86
Pfeilkreuzler 163
Polen
- Verhältnis z. Deutschland 28 f.
- Verhältnis z. d. Westmächten 27–32
- Krieg u. Besetzung (1939–45)
  → s. Polenfeldzug, Hitler-Stalin-Pakt u. Generalgouvernement
- Exilregierung 34, 100
Polenfeldzug (1939) 26–36
Portugal 94, 118
Posen 26
Protektorat Böhmen u. Mähren 50, 93 f., 99, 108, 129, 164
  → s. Tschechoslowakei
Protestantismus 98, 112

Quarantänerede Roosevelts (1937) 84
Quebec, Konferenzen v. (1943/1944) 136

»rapprochement franco-allemand« 48
Rassemblement National Populaire 97
Rassenideologie u. -politik
  → s. Nat.soz.
Regierung Hitler (Zusammensetzung) 174 f.
Reichsfinanzen
  Kriegsfinanzierung u. -wirtschaft
  → s. dort
Reichskommissariate 93, 101
RSHA (Reichssicherheitshauptamt) 101, 110, 150
Reichswehr 151
Repubblica Sociale Italiana 135
Résistance 96 f.
Römische Protokolle (1934) 49
Rotes Kreuz, Internationales 100, 174
Rotterdam, Bombardierung v. (1940) 45
Rüstung
  → s. Kriegsfinanzierung u. Wehrmacht
Rumänien 34, 49 ff., 60. 66 ff., 73, 94, 107, 134, 163
Rußland
  → s. Brest-Litowsk u. UdSSR

Personenregister

Personenregister

Dimitroff, Georgi M. (1882–1949), bulgar. Min.präs. (1946–49), Gen.sekr. d. Komintern (1935–43) 144

Dönitz, Karl (1891), Großadm., R.präs. (1945) 55, 118, 128, 172–177 A

Dohnanyi, Hans v. (1902–45, hinger.), R.gerichtsrat, Widerstandskämpfer 149

Doriot, Jacques (1898–1945), Gründer d. frz. »Parti populaire Français« 97

Dulles, Allan W. (1893–1969), US-Geh.-dienstchef in Europa (1939–45) 167

Eden, Sir R. Anthony Earl of Avon (1897–1977), brit. Außenmin., kons. (1935–38; 40–45; 51–55), Premiermin. (1955–57) 150, 176

Eichmann, Adolf (1906–1962, hinger.), Leiter d. Judenreferats im RSHA (1939–45), 1962 in Israel verurteilt 110, 114 A f.

Eisenhower, Dwight D. (1890–1969), US-Gen., Ob. d. Bes.truppen u. Mitgl. d. Kontrollrates in Dtld. (1945), US-Präs., Rep. (1953–61) 130, 137, 161, 168–171

Engel, Gerhard (1906), Gen.lt., Heeresadjudant bei Hitler 47

Ernst, Robert (1897), elsäß. Autonomist, Oberstadtkomm. v. Straßburg (1940 bis 44) 103 A

Falkenhorst, Nikolaus v. (1885–1968), Gen.oberst, Wehrm.befehlshaber in Norwegen (1942–44) 39

Feisal II. (1935–58, erm.), Kg. v. Irak 77

Foch, Ferdinand (1851–1929), frz. Marsch., Chef d. Gen.stabs (1917), all. Ob. in Frankr. (1918) 48

Franco y Bahamonde, Francisco (1892 bis 1975), Gen., span. Staats- u. Reg.-chef (1936–75) 27, 57 ff., 94

Frank, Anne (1929–45, im KZ umgek.), 113 A

Frank, Hans (1900–46, hinger.), NSD-AP-MdR (1930–45), Jurist, Gen.gouverneur in Polen (1939–45), bayer. Justizmin. (1933–34), R.min. o. G. (1934–45) 36, 99

Freisler, Roland (1893–1945), Präs. d. Volksgerichtshofs (1942–45) 159

Frick, Wilhelm (1877–1946, hinger.), NSDAP-MdR (1924–45), thüring. Innen- u. Volksbildungsmin. (1931), R.innenmin. (1933–43), R.protektor v. Böhmen u. Mähren (1943–45) 93, 99

Friedeburg, Hans G. v. (1895–1945), Adm. 175

Funk, Walther E. (1890–1960), NSDAP, R.wirtschaftsmin. (1937–45), R.bankpräs. (1939–45) 125

Galen, Clemens A. Gf. v. (1878–1946), Bf. v. Münster (1933–46), Kardinal (1946) 112

Gamelin, Maurice G. (1872–1958), frz. Gen.stabschef, Ob. d. all. Truppen in Frankr. (1939–40) 37, 43, 47

Gandhi, Mohandas K. gen. Mahatma (1869–1948, erm.), Führer d. ind. Freiheitsbewegung 88

Gaulle, Charles de (1890–1970), frz. Gen., Min.präs. (1945–46), Staatspräs. (1958–69) 40 A, 48, 58, 97, 131, 161

Georg II. (1890–1947), Kg. v. Griechenland (1922–24; 35–47) 69

George, Stefan (1868–1933), Dichter 153

Gerstein, Kurt (1905–45), SS-Obersturmführer 109

Gerstenmaier, Eugen K A. (1906), CDU-MdB (1949–69), ev. Theologe u. Politiker, Kreisauer Kreis, B.tagspräs. (1954–69) 157 A

Gigurtu, Ion P. (1886), rumän. Min.präs. u. Außenmin. (1940) 49

Giraud, Henri-H. (1879–1949), frz. Gen., Hoher Komm. in Frz.-Nordafrika (1942–43) 131

Gisevius, Hans B. (1904–74), Reg.rat im R.innenmin., Diplomat u. Schriftsteller, Vizekonsul in Zürich (1940–44) 150

Glaise-Horstenau, Edmund (1882–1946), österr. Militärhistoriker, Gen., Innenmin. (1936–38) u. Vizekanzler (1938), Bevollm. Gen. in Kroatien (1941–44) 72 A

Goebbels, Joseph (1897–1945), NSDAP-MdR (1928–45), R.propagandaleiter d. NSDAP (1929–45), R.min. f. Volksaufklärung u. Propaganda (1933–45) 95, 128, 133, 171, 175

Goerdeler, Carl-F. (1884–1945, hinger.), OB. v. Leipzig (1930–37), R.komm. f.

in Dtld. u. Mitgl. d. Kontrollrates in Dtld. (1945–46) 89, 161, 175

Müller, Josef (1898), BVP/CSU, militär. Widerstand (Abwehrabt. d. OKW), Mitbegr. u. Landesvors. d. CSU (1945 bis 49), bayer. Justizmin. (1947–50) 158 A

Munk, Kaj (1898–1944, erm.), dän. Dichter 98

Murphy, Robert D. (1894), polit. Berater d. Militärreg. d. USA f. Dtld. (1944 bis 49) 19 A

Mussert, Anton A. (1894–1946, hinger.), Gründer d. niederländ. National Socialistische Beweging 97, 104 A

Mussolini, Benito (1883–1945, erm.), Faschistenführer, Min.präs., »Duce« (1922–43), Min.präs. d. Repubblica Sociale Italiana (1943–45) 28, 30, 33 A, 47, 60 f., 134 f.

Nebe, Arthur (1894–1945, hinger.), Leiter d. R.kriminalpolizeiamtes (1937 bis 44), Widerstandskämpfer 150

Oshima, Hiroshi (1886–1975), jap. Gen., Militärattaché (1934–38) u. Botsch. in Berlin (1938–39; 41–45) 83

Oster, Hans (1889–1945, hinger.), Gen.-major, militär. Widerstand 39, 42 A, 149, 153

Ott, Eugen (1890), Gen.lt., Botsch. in Tokio (1938–42) 89 A

Paasikivi, Juho K (1870–1956), finn. Min.präs. (1918; 44–46), Staatspräs. (1946–56) 41 A

Papen, Franz v. (1879–1969), Z (bis 1932), MdR (1933–45), R.kanzler (1932), Vizekanzler (1933–34), Botsch. in Wien (1934–39) u. Ankara (1939 bis 44) 50

Paul (1893), Prinzregent v. Jugosl. (1934 bis 41) 68

Paulus, Friedrich (1890–1957), GFM 79, 133

Pavelić, Ante (1889–1959), kroat. Staatschef (1941–45) 69

Pétain, H. Philippe (1856–1951), frz. Marsch., Ob. (1917–18), Kriegsmin. (1934), Min.präs. (1940–42) u. Staatspräs. (1940–45) 48, 57 ff., 62 A, 96, 130

Peter II. (1923–70), Kg. v. Jugosl. (1934 bis 41) 68 f.

Peters, Gerhard (1900), Gesch.führer d. »Degesch« (1940–45) 114 A

Pieck, Wilhelm (1876–1960), KPD-MdR (1928–33), Mitbegr. d. KPD (1918) u. d. SED (1946), Staatspräs. d. DDR (1949–60) 144

Pilsudski, Józef (1867–1935), poln. Staatspräs. (1918–22), Kriegsmin. (1926–35) u. Min.präs. (1926–28; 30) 100

Popitz, Johannes (1884–1945, hinger.), parteil., R.Min. o. G. (1932), preuß. Finanzmin. (1932–44), Widerstand 148 f.

Puttkamer, Karl Jesko v. (1900), Konteradm., Marineadjudant bei Hitler (1939–45) 71 A

Quisling, Vidkun (1887–1945, hinger.), norweg. Kriegsmin. (1931–33), Führer d. »Nasjonal Samling« u. Leiter d. Nat.reg. (1942–45) 40, 97

Raeder, Erich (1876–1960), Großadm., Chef d. Marineleitung (1928–35), Ob. d. Kriegsmarine (1935–43) 22 A, 38 f., 41 A, 57, 69, 72 A, 92, 118

Rahn, Rudolf (1900–75), Botsch. in Rom u. Fasano, Rep. Soc. Ital. (1943–45) 80 A

Raskiewisz, Ladislaus (1885–1947), poln. Staatspräs. im Exil (1939–47) 34

Rathenau, Walther (1867–1922, erm.), DDP, Kulturphilosoph, Präs. d. AEG (1915), R.wiederaufbaumin. (1921), R.außenmin. (1922) 125

Reichenau, Walter v. (1884–1942), GFM 42 A, 158 A

Reichwein, Adolf (1898–1944, hinger.), soz.dem. Kulturpolitiker, Pädagoge, Kreisauer Kreis 147, 153

Rendulic, Lothar (1887), Gen.oberst 166 A

Renthe-Fink, Cecil v. (1885–1964), Gesandter (1936–40) u. Bevollm. d. Dt. Reiches in Dänem. (1940–42), pers. Repräs. Hitlers b. Marsch. Pétain (1943–44) 94

Reynaud, Paul (1878–1966), frz. Min.

Personenregister

Klett-Cotta

 **Gebhardt**

Neunte, neu bearbeitete
Auflage, herausgegeben
von Herbert Grundmann
WR 4201–4222

Handbuch der deutschen Geschichte